와이키키
브라더스를
위하여

와이키키 브라더스를 위하여 이대근 기자의 한국 정치 읽기

1판1쇄 펴냄 2009년 1월 23일

지은이 | 이대근

펴낸이 | 박상훈
주간 | 정민용
편집장 | 안중철
책임편집 | 최미정
편집 | 박미경, 성지희, 이진실
디자인 | 서진
경영지원 | 김용운
제작·영업 | 김재선, 박경춘

펴낸곳 | 후마니타스(주)
등록 | 2002년 2월 19일 제300-2003-108호
주소 | 서울 마포구 서교동 464-46 서강빌딩 301호(121-841)
편집 | 02-739-9929, 9930 제작·영업 | 02-722-9960 팩스 | 02-733-9910
홈페이지 | www.humanitasbook.co.kr

인쇄 | 표지·인성인쇄 031-932-6966 본문·영창인쇄 031-995-7959
제본 | 일진제책사 031-908-1406

값 13,000원

ⓒ 이대근, 2009

ISBN 978-89-90106-75-9 04300
      978-89-90106-16-2(세트)

이 도서의 국립중앙도서관 출판시도서목록(CIP)은 e-CIP홈페이지(http://www.nl.go.kr/ecip)에서
이용하실 수 있습니다(CIP 제어번호 : CIP2009000135).

와이키키 브라더스를 위하여

이대근 기자의 한국 정치 읽기

이대근 지음

후마니타스

차례

3부 평화

4부 한국 정치에 대한 긴 대화

한국 정치와
신문 그리고 기자

1

후마니타스 친구들이 필자의 칼럼을 모아 책을 내면 좋겠다고 했을 때, 처음에는 덕담으로 들었다. 그래서 가볍게 사양할 수 있었다. 그러나 그 이후에도 그들은 진지하게 제의를 해왔다. 역시 부정적인 뜻을 보였지만, 요구는 거듭됐다. 그들은 포기하지 않았다.

신문 칼럼을 모아 책을 내는 경우를 더러 알고 있었지만, 필자는 평소 그런 책에 호의적이지 않았다. 그래서인데, 칼럼을 모아 책으로 내는 그런 쓸데없는 짓을 왜 하는지 모르겠다는 필자의 평소 험담을 들으신 분들이 이 책을 발견할 때의 배신감을 생각하면 난감해진다. 필자의 말에 현혹돼 '저 친구는 절대 그런 짓을 안 할 거야'라고 믿었던 분이 단 한 분이라도 있었다면 미안하게 됐다는 말을 할 수밖에 없다.

이 책은 지난 5년간 경향신문에 쓴 칼럼을 모은 것이다. 이렇게 칼럼을 모아 놓고 보니 범행 현장을 다시 찾은 범인처럼 얼굴이 화끈거린다. 많은 사람들이 눈치 채지 못하고 넘어갈 수도 있었던 것들을 한눈에 보기 좋게 모서 놓았으니 안 그렇겠는가. 지난 수년간 세상의 한가운데 뛰어들어 어지럽혀 놓은 현장을 공개하는 기분이다.

2

여기에 수록된 글들은 모두 200자 원고지 11장의 분량에 맞춰져 있다. 책에서는 그 틀을 볼 수 없지만, 신문 맨 뒤쪽의 오피니언 페이지를 보면, 사진 액자와 같은, 틀에 잘 들어맞는 칼럼들을 볼 수 있을 것이다. 액자 밖으로 나온 부분이 있다면 잘라내야 하듯 더 쓸 게 있고, 더 말할 게 있어도, 눈을 질끈 감고, 이를 악물고 끊어야 하는 그런 형식에 얽매여서 쓴 글들이다. 그 때문에 늘어질 여유가 없다. 거두절미, 스타카토와 같은 글쓰기라고 할까. 문장을 절약해야 한다. 차분하게 하나하나 짚어 가며 따지고 설명할 여유가 없다. 이따금 세상의 한구석만 보고 천하대세를 논하는 것 같은 모험도 한다. 그래서 이런 종류의 글이란 무엇인가를 주장하기에는 충분하지만, 설득하기에는 늘 부족한 느낌을 준다. 그 때문에 간혹 '내가 선동하고 있는 것은 아닌가'라는 생각을 해보고는 한다. 사실에 근거하는지, 충분히 논리적인지, 추론은 합리적인지 의심해 보기도 한다. 혹시 이 반대의 주장이 더 설득력 있는 것은 아닌지 반문하며 부끄러워질 때도 있다.

이런 한계에도 불구하고 칼럼은 독자와 잘 소통할 수 있도록 진화해 온 대표적인 글쓰기 형식의 하나라는 점은 부인할 수 없다. 정보의 홍수, 텍스트의 범람 속에서 읽혀질 기회를 얻기 위해 투쟁을 해야 하는 시대다. 신문 칼럼은 짧은 시간 안에 읽을 수 있는 적당한 분량, 높은 시사성, 대중적 관심을 끌 수 있는 주제, 그에 맞는 일상적 언어의 사용, 긴장된 문장 구성으로 인해 독자와의 친화성이 높다. 명료함, 단순함의 미덕도 있다. 이런 대중적 호소력으로 인해 칼럼 쓰기는 남들의 혀끝에서 난도질당할 수 있다는 불안과 자극, 즉각적인 반응을 통해 확인되는, 세상과 통하고 있다는 즐거움이 뒤섞인 특별한 감정을 불러일으킨다. 이는 다른 글쓰기에서는 찾기 어려운 신문 칼럼의 특징이자 장점이다. 물론 이런 장점은 더 많은 이야기를 풀어놓고 싶은 욕구를 억제한 결과로 얻어진 것들이다. 그래서 드는 생각인데, 흔히 그렇듯 칼럼을 잡문으로 치부하기보다 하나의 장르로 승격해도 좋을 듯하다.

그러나 독자들은 이 글을 신문으로서가 아니라 책으로서 읽어야 한다. 만일 신문의 오피니언 면에서 읽었을 때 신선함과 긴장감을 느꼈다면, 그것은 시사성이라는 시간적 요소가 크게 작용한 결과였을 것이다. 그런데 이렇게 책으로 묶어 내서 시간이라는 뇌관을 제거했는데도 읽는 맛이 있을지는 장담하지 못하겠다.

독자들은 필자의 가치, 견해, 판단, 분석에 동의하지 않을 수도 있다. 이 책은 동의를 이끌어 내거나 설득하는 데 목적을 두지 않았다. 다른 견해와 관점에서 접근해도 나름의 논리와 근거가 있음을 이해하는 계기가 되었다면 그것만으로도 가치가 있다고 생각한다. 물론 그러기 위해서는 필자의 입장을 분명하게 드러내는 것이 필요하다. 흔히 글쓴이는 설득력을 높이기 위한 전략으로 자기 입장을 숨기거나 중립인 듯 가장한다. '나는 어느 쪽도 아니다, 따라서 나는 공정한 심판자, 그러므로 나의 주장은 객관적이며 편견이 아니라 보편적 견해'라는 점을 강조하려 한다. 그러나 공정성과 객관성은 자기 위치를 감추거나 자기 정체성을 모호하게 하는 방법을 통해서가 아니라, 자기를 분명하게 드러내는 것을 통해 보장된다. 그런 점에서 글쓰기의 투명성도 중요하다.

　신문은 혁명을 꿈꾸지 않는다. 그보다 신문은 대중 사이에 이미 습득된, 가치와 관습, 질서에 의거해 대중의 관심사를 반영하고 전파하기를 좋아한다. 신문이 이 사회의 지배 질서를 부정하기보다 유지하는 일에 더 능숙하고, 종종 고정관념을 반영하기도 하는 것은 이처럼 대중의 언어를 인쇄하는 특성 때문이다. 신문은 혁명의 수단도, 변혁의 도구도 아니다. 그것은 대중 매체로서 피할 수 없는 운명이다. 게다가 신문이 기성 체제의 일부라는 사실도 신문의 언어를 제약한다. 그런 한국 신문에서 '다른 것'을 찾기란 쉬운 일이 아니다. 신문 칼럼 역시 그 한계를 뛰어넘기 어렵다. 보이지 않게 축적된 신문 안팎의 규율, '이런 것은 신문에 쓸 수 없다'는 관행과 자기 검열은 '다르게 쓰는 것'을 매우 어렵게 한다. 글쓰기의 자유, 그것은 신문 언어에 결박당한 자의 영원한 꿈이다.

　그렇다고 필자가 이런 신문의 한계에 도전하는 데 흥미를 느끼지 못했다는 뜻은 아니다. 필자는 그 한계를 넘으려는 어리석은 시도를 포기하지 않았다. 기성 가치와 논리, 상식과 관습에 의존하지 않으려 노력했다. 그런 시도가 만족스럽지 않을 경우에는 최소한 글의 형식이라도 달리하려 했다. 그렇지 않다면, 필자가 수많은 칼럼들의 목록에 하나를 더 추가할 이유가 없었을 것이다. 어떤 의제나 현안이 부상하면 신문에는 그에 관한 논평들이 쏟아지는데 그 논평들이란, 찬성이든 반대든 매우 오랫동안 듣던 익숙한 가치와 논리에 근거하는 경우가 많고, 그 때문에 반복한다는 느낌을 준다. 그래서 필자는 그 상투성을 피하고, 다른 관점, 다른 견해가 있음을 말하려 했다. 고정관념을 깨고, 상식을 뒤집으려 했다. 그 때문에 "지나쳤다"거나 "아슬아슬하다"거나 "좀 심했다"는 걱정도 들었다. 그러나 그런 반응은 오히려 필자를 고무시켰다. 그렇게 신문 문법의 한계를 넘나들었다고 생각한다. 하지만 과연 오랜 반복의 늪에서 벗어났는지, 그런 시도가 만족스러운 것이었는지는 자신할 수 없다. 아마 성공했다 해도 부분적으로만 그랬을 것이다. 그런 점에서 이 글들은 오래된 가치와 새로운 가치, 익숙한 세상과 낯선 세상, 상식과 비상식, 정형과 파격 사이에서 줄타기하고 씨름한 기록이라고 할 수 있다.

독자들은 이 책에서 일정한 편향성 혹은 양면성을 발견할 수 있다. 정치를 변호할 때는 기성 정치의 옹호자로 비춰질 것이고, 비판할 때는 정치적 비관주의자, 냉소주의자로 여겨질 것이다. 민주화 운동 세력의 실패를 지적하며 정권 교체의 가능성을 전망할 때는 보수 세력의 편일 것이라고 의심할 것이고, 진보정당을 비판할 때는 무정부주의자라고 생각할 수 있다. 북한의 도발 행위를 북측 입장에서 쓸 때는 친북주의자로 보일 수 있고, 북한을 맹렬히 비판할 때는 반북주의자로 여겨질 것이다.

이런 편향성과 양면성은 필자 나름의 균형을 추구한 결과다. 필자에게 균형과 공정성은 모호함이나 중간 입장으로 숨는 것에 의해서가 아니라, 치우침을 통해 얻어지는 그 무엇이다. 잘잘못을 따지는 데 있어서 어떤 정파인지, 이념 성향이 어떤지를 가리지 않았다. 어느 특정 세력을 비판하는 것이 다른 세력의 이익으로 돌아갈 것을 걱정해서 비판을 포기하거나 적당히 넘어가는 그런 식의 균형도 추구하지 않았다. 그런 것을 고려하면서 쓰는 정치 평론은 많다. 필자까지 그걸 따를 이유는 없다고 생각했다. 비평할 만한 가치가 있는가 없는가, 중요한 사안인가 아닌가 만을 기준으로 삼았다. 말하자면, 균형이란 필자에게 고른 치우침일 뿐이다.

3

신문 제작에 참여하다 보면, 기사거리가 부족하다고 느낄 때가 종종 있다. 1면을 백지로 내야 할지 모른다는 불안감이 들 정도로 기사 기근 현상이 생기는 경우가 있다. 그러나 다행히 이런 걱정을 오래하는 경우는 드물다. 오전에 아무것도 없었다가 오후에 쏟아지고, 어제는 없었지만 오늘은 봇물 터지는 일이 비일비재하기 때문이다. 사실 한국에서 사건도, 갈등도, 논쟁거리도 없는 조용한 때란 드물다. 그리고 매우 드문, 그 조용한 때조차 진정 조용한 것은 아니다. 조용함이란 폭풍 속의 고요처럼 뭔가 심상치 않은 일이 닥칠 것이라는 예고이기 십상이기 때문이다. 그래서 필자는 기사거리가 없다는 말에 동의하지 않는 편이다. 기사거리에 관한 한 한국 사회는 마르지 않는 샘과 같다. 터지고 깨지고 갈라지고 어긋나고 기울고 충돌하고 갈등하는 일은 한국에서 일상사에 속한다. 한국은 문제 사회, 모순 덩어리 사회다. 질식할 듯한 동질성의 폭력, 숨 막히는 획일성의 억압과 차이를 관용하지 않는 집단주의의 광기가 이미 우리 사회를 짓누르고 있다. 그런 억압과 광기는 한국 사회를 똑같은 주거 공간, 똑같은 교육과정, 똑같은 가치관, 똑같은 욕망에 갇힌 대량 복제 인생의 전시장으로 만들어 놓고, 우리 인생을 조롱한다. 그런 것에 비하면, 한국은 다양한 사상과 가치, 삶의 방식이 공존하는 다원화된 사회라고 믿는 이들이 지나치게 많은 편이다.

그러나 이것이 한국 사회 모순의 전부가 아니다. 불평등은 깊고, 사회적 불균형은 심각하다. 부는 집중되고 가난은 확산되고 있다. 돈이든 명예든 권력이든 가진 자들의 사적 이익은 존중받는데, 공공성은 사라지고 있다. 한국 경제가 세계경제에서 차지하는 지위는 높아지고, 재벌은 더 커지고, 부자는 더 많은 돈을 벌고, 아파트는 더 많아지지만, 나의 경제적 지위는 낮아지고, 나는 더 가난해지고, 나의 아파트는 없으며, 나의 임금은 낮고, 나의 성장은 멈춰 있다. 한국 사회는 점점 더 많은 사람들을 수렁에 빠뜨리고 있다.

그러나 이것 역시 한국 사회의 진짜 문제는 아니다. 진짜 문제는 바로 우리가 이런 모순에 익숙해져 가고 있다는 사실에 있다. 불평등과 양극화의 모순은 어쩔 수 없는 일이라고 생각하는 것, 그것은 국가의 성공과 발전을 위해서 불가피하다고 믿는 것, 이것이 우리가 당면한 절망의 본질이다. 우리의 진정한 문제는 모순을 거부할 수 없는 우리의 일부라며 받아들이기 시작했다는 사실이다. 우리가 되돌릴 수 없는 길로 가고 있을지도 모른다는 불길한 기분이 드는 것은 바로 모순에 대한 그런 익숙함 때문이다.

많은 사람들이 모순과 그 모순이 주는 고통에도 불구하고 아무런 저항도 하지 않는다는 것이 가능한 일일까. 이 기성 체제가 성처럼 더욱더 견고해진 다는 것이 가능한 일일까. 왜 우리는 상상력을 잃은 채 이 고통이 단지 현실 이라는 이유로 순순히 받아들이는 것일까.

우리는 그 답을 쉽게 들을 수 있다. 택시를 탔을 때, 술자리에서 우리들은 흔히 말하고 듣는다. "정치가 다 망친다" "정치인이 형편없다" "정치 때문에 아무것도 안 된다". 해답이 너무 상투적이고 상식적이지만, 그것이 바로 답 이다. 우리는 지금 어디에 문제가 있는지 너무 잘 알고 있다. 우리는 정치가 세상을 망칠 만큼, 우리의 삶을 곤란에 빠뜨릴 만큼 강력한 그 무엇이라는 사실을 이미 알고 있다. 문제는 정치다.

우리가 고통에서 벗어나기 위해서는 다른 세상을 꿈꿀 수 있어야 한다. 그 러나 기존 체제를 그대로 받아들이는 한 꿈을 꿀 수 없다. 정치는 현실을 해 석하고, 그 해석을 통해 세상을 규정한다. 이데올로기와 담론의 생산으로 사 람들의 생각을 지배하고 당대의 가치와 이익을 정의한다. 정치는 우리가 해 야 할 일의 우선순위를 정하고 그 우선 과제에 제한된 자원을 투입하며, 또 한 우리의 삶을 망칠 수도 있는 중요한 결정을 내린다. 한번 공고하게 형성 된 보수 헤게모니의 정치가 한 번도 그 지위를 뺏기지 않을 수 있었던 것도 바로 이런 정치의 힘 때문이다. 보수 헤게모니의 정치는 자기에게 맞는 시민 사회를 만들어 지배하고, 그렇게 식민화된 시민사회는 또한 보수 정치를 떠 받치는 기둥이 된다. 이렇게 보수 정치와 사회는 서로 밀어주고 끌어 주며 보수 헤게모니를 단단히 구축해 왔다. 이런 보수 정치의 재생산 구조가 이 사회의 다수를 구성하는 시민들에게 이익이 된다면 상관없다. 그러나 이런 체제가 불만스럽다면, 원하는 다른 체제를 우리는 가질 수 있다. 혁명이 아니더라도, 정상적인 정치적 과정을 통해 가질 수 있다. 그것이 민주주의의 매력이며, 정치의 힘이다. 그런데도 서민들은 정치가 자신들을 망친다고만 알고 있을 뿐, 자신들을 망칠 수 있는 그 힘이 그들을 위해 쓰여질 수 있다는 생각은 못한다. 물론 한국 정치가 줄곧 그래 왔다는 학습 효과 때문이었을 것이다. 그러나 민주주의는 다수의 통치다. 서민들이 자기들의 고통과 불만을 정치적으로 조직하기만 하면, 정치는 그들의 것이 될 수 있다. 다수의 힘으로 보수 헤게모니를 깰 수 있다. 그런데 이 신나는 일을 왜 아무도 하지 않는가.

흔히 말하길, 한국 사람들은 정치적이라고 한다. 한국의 현실을 고려하면, 이는 대단한 오해다. 한국인처럼 비정치적 동물이 없다. 한국인은 자기의 정치적 의사를 표현하는 데 서투르다. 한국인은 새 정부 출범 수개월 만에 그 새 정부에 항의하기 위해 대규모 촛불 집회를 백 번이나 할 정도로 불만이 많지만, 그 불만으로 인해 기성 정치 구조가 위협받는 일은 없다. 자신들의 불만을 정치적으로 조직할 줄도 모르고, 일상적으로 자기를 대변할 정당을 만드는 데도 관심을 두지 않고 있기 때문이다. 정치가 시민으로부터 멀어진 것인지, 시민이 정치로부터 떠난 것인지, 아니면 둘 다인지 모르지만, 정치는 지금 저 멀리 있다. 그 먼 곳에 있는 정치가 원격 조정하듯 우리 삶을 좌우하고 있는데 우리의 삶이 정치를 좌우할 수 있다고는 믿지 않는다. 이런 현실을 고려하지 않고 불만의 수준이 높다는 것만을 근거로 '한국인은 정치적이다'라고 한다면, 일면적인 평가가 될 것이다. 한국인의 종교와 다름없는 이 정치와의 분리는 대의하지 못하는 정치로 귀결되었고, 바로 그 때문에 정치가 한국인으로부터 버림받았으며, 버림받은 정치는 이 분리를 이용해 시민들을 식민화하고 있다. 이런 악순환이 아니면, 이명박 정권이 20퍼센트 수준의 비정상적인 낮은 지지와 사회적 저항에도 불구하고, 일방적으로 설정한 국가의 신자유주의적 개조를 거리낌 없이 밀어붙이는 현상을 설명할 수 없다. 진보적 시민은 있는데, 진보적 정당은 없는 모순도 설명할 수 없다.

20퍼센트가 다수와 대결하는 이 왜곡과 굴절, 어긋남과 비틀림을 바로잡으려면, 정치를 일상으로 끌어내려야 한다. 정치는 욕할 때, 스트레스 풀 때만 효용이 있는 것이 아니다. 우리는 학교, 직장, 마을, 사회적 모임의 어떤 단위, 어떤 수준에서도 정치화되어 있어야 한다..정치를 생활의 일부로 받아들여야 한다.

이런 정치의 복원을 통한 더 나은 세상 만들기는 정당, 정치 지도자와 함께 해야 한다. 정당은 단순히 시민사회의 반영이 아니다. 정당은 대안이 상상의 세계에 있는 것이 아니라, 현실로 존재할 수 있다는 것을 보여 주는 매우 실효성 있는 제도다. 대안이 될 수 있는 정치 세력이 하나의 강령과 규율과 질서, 공직을 맡을 준비를 갖춘 인사와 조직으로 결속되어 있어야 대항 헤게모니가 형성될 수 있다. 이는 단순 대립 구도를 만들어 주고, 그런 구도는 서민들이 복잡한 논리에 현혹되지 않고도, 혼란과 모호함 없이도 쉽게 선택할 수 있는 길을 열어 준다. 가령 미국 시민은 조지 워커 부시의 공화당 정권이 계속 집권하는 것이 싫다면 복잡한 생각이나 고민 없이 쉽고 편하게 매케인 대신 버락 오바마 민주당 후보를 고를 수 있다. 이게 2008년 11월 미국 대통령 선거 때 일어난 일이다. 정치 지도자도 마찬가지다. 정치 지도자는 다수의 이익과 가치를 대변하는 기능만 하는 게 아니다. 정치적 리더십이란 시민들의 품 안에 있는 잠자는 희망을 끄집어내고, 열정에 불을 댕기고 폭발시키고 결집시켜 현실의 힘으로 바꾸고, 그 힘을 비전으로 빚어냄으로써 세상을 바꾸는 위대한 예술이다.

4

그러나 2008년의 한국에는 다른 선택을 꿈꾸는 '정치적인' 시민도, 시민들 가슴속에 잠자고 있는 열정을 불러일으키는 정치 지도자도, 정당도 없다. 대신 그들이 남긴 빈 공간에는 기독교, 재벌, 신문이라는 유사 정당들이 한자리씩 차지하고 있다. 특히 특정 이데올로기를 선전하고, 권력 쟁취 및 정국주도권 장악을 위해 투쟁하는 '정당으로서의 신문'은 정당을 위해서도, 신문을 위해서도 불행한 존재다.

신문은 정말이지 이런 괴물이 될지는 몰랐다. 모든 언론이 정부 통제를 받던 권위주의 시절만 해도 언론이 그렇게 변해 갈 것이라고는 상상하기 어려웠다. 그때는 언론이 자유를 손에 쥐기만 하면 금방 혁명이라도 할 수 있을 것 같은 분위기였다. 신문이 사실을 보도할 수만 있으면, 군사정권과 그 정권을 지탱해 주는 재벌, 정치 계급, 그 외 모든 기득권 세력은 며칠도 버티지 못하고 무너질 것 같았다. 사실을 보도할 수 있는 언론 자유, 이것만으로도 충분하다고 생각했었다. 그러나 구체제가 붕괴되면서 자유를 얻자마자 언론은 기득권과 보수 헤게모니를 수호하는 선봉대로 재빨리 돌아섰다. 나중에 보수 언론이라는 이름을 얻은 신문들은 권위주의 시절 언론통제를 받아들이는 대가로 얻은 기득권을 확장하는 데 자기들의 자유를 써 버린 것이다. 결국, 이렇게 될 것을 …….

그러나 세상 물정 몰랐던 필자는 경향신문 기자가 되었을 때 언론이 자유를 얻고, 제 역할만 충실히 하면 세상은 나아질 것이라고 믿었다. 아마 자유의 숨소리를 들을 수 없었던 전두환 정권 때였기 때문에 더욱 그랬을 것이다. 그때 모든 신문이 정부 통제를 받았지만, 경향신문은 더욱 가혹한 통제 아래 있었다. 그때의 용어로 관제 언론들이었다.

경향신문사에 들어간 1984년 11월은 대학원 첫 학기를 마칠 무렵이었다. 공부를 좀 더 하고 싶다는 생각과, 생계를 위해 언젠가는 직업을 갖지 않을 수 없는 현실 사이에서 우물쭈물하다 벌어진 사건이었다. 당시 필자가 선택할 수 있는 직업은 제한적이었다. '자본주의의 첨병인 은행이나, 재벌 기업에 들어가 정주영이나 이병철을 보스로 모시고 그들의 명령을 따르며 그들의 돈을 벌어 주고 살지는 않겠다'고 이미 마음을 정했기 때문이다. 그런데 문제가 생겼다. 자본을 피하는 데 성공했지만, 대신 독재 권력의 도구 깊숙이 들어와 버리고 만 것이다. 당시 정세에서 경향신문에 있다는 사실은 견디기 힘든 일이었다. 물론 신문 밖의 세상도 마찬가지였다. 그래서 어떤 일을 한들 별 차이가 없을 것이라고 자위를 했지만, 그래도 고통은 여전했다. 그 고통을 잊기 위해서였을까, 아니면, 역사적 반동에 대해 책임을 져야 할지 모른다는 두려움 때문이었을까. 입사하자마자 이 관제 언론과의 대결을 일로 삼았다. '관제 언론도 군사정권의 일부다. 이것을 안에서 무너뜨리자.' 나중에 알고 보니 필자만 그런 생각을 하고 있었던 것이 아니었다. 이런 생각에 공감하는 동료와 선배들이 있었고, 자연스럽게 모임이 만들어졌다. 시국을 논하며 준비하고 때를 기다렸다. 그 과정에 의미 있는 행동들도 있었다. 몇 차례의 언론 자유 성명이 그것이다. 이어 평기자 대표 모임이 결성되고 이를 토대로 기자협의회가 조직되었으며 1988년 봄 노동조합으로 발전했다. 피가 끓는 한창 젊은 나이, 오직 정의라고 믿는 것을 위해 뛰고 있다는 생각에 흥분되고 신명나던 시간들이었다.

그러나 항상 그랬던 것은 아니다. 절망과 비관도 주기적으로 찾아왔다. 일하겠다는 의욕도 없이, 하루하루 살아가는 재미도 느끼지 못하고 그저 식물처럼 지내야 했던 날도 많았다. 무엇보다 기자로서 쓰고 싶은 것, 써야 할 것을 못 쓴다는 것은 견디기 어려운 일이었다. 훗날 맘껏 쓸 날을 상상하면서 자기를 일상적으로 배신하는 시간을 보상받을 것이라는 믿음을 버리지 않았지만, 매일매일 닥치는 일을 피할 수는 없었다. 그래서 간혹 가치 있는 기사를 못 쓸 바에는 안 쓰는 것도 방법이라며 버티는 경우도 있었다. 기사 쓰기를 거부하거나 위에서 주문한 대로 쓰지 않기를 해보기도 했지만, 그런 문제는 인간적 갈등을 불러일으키고, 주문한 이나 주문받은 자나 서로 적지 않은 마음고생을 하게 만들었다.

1998년 4월 경향신문은 드디어 권력으로부터 독립했다. 수많은 사람들이 갖은 고생을 한 덕이었다. 그러나 권력으로부터의 독립은 곧 대자본으로의 종속으로 귀결되었다. 필자도 결국 그렇게 피하려고 했던 자본의 품에 안기게 되었다. 그것은 필자에게 모욕이었다. 그러나 신문은 나아졌고, 자본과 갈등하기는 권력과의 대결보다 열 배는 어려웠다. 어쩔 줄을 몰랐다. 속으로 치밀어 오르는 것을 누르며 사는 세월이 다시 시작되었다. 그러나 외환 위기로 자본은 철수했고, 그토록 바랐던 것이 찾아왔다. 독립 언론. '이제 우리 마음껏 신문을 만들어 보자.' 모두들 그랬다. 하지만 우리는 홀로 남겨졌다. 준비 없이 맞은 독립을 지키는 새로운 투쟁이 시작되었다. 그 고단함은 과거의 모든 갈등과 번민, 대결과 모욕에 비해 결코 가볍지 않았다. 그리고 권력과 자본이 떠난 자리에 등장한 새로운 적과 다시 싸워야 했다. 바로 우리 자신이었다. 독립 언론 경향신문을 망칠 수 있는 세력은 오직 우리들이었다. 다시 악전고투가 시작되었다.

경향신문의 역사는 한국 현대사의 굴곡을 고스란히 따라간, 그 궤적 때문에 살아 있는 현대사라고 할 수 있다. 해방 공간에서의 창간, 이승만 정권에서 가장 강력한 저항 신문으로서의 활약과 폐간. 4·19혁명과 복간, 5·16군사쿠데타와 기업인의 소유로의 전환. 전두환 정권의 등장과 관제 언론. 민주화와 권력으로부터의 독립, 자본으로부터의 독립. 경향신문은 현대사의 기억을 고스란히 담고 있다. 경향신문이 독립 언론으로 발전해 나가는 과정 역시 정확히 민주화 과정과 일치한다. 그런 점에서 독립 언론 경향신문은 민주화가 준 선물이다. 경향신문 사람들은 바로 그들이 흘린 땀과 눈물 때문에 그 선물을 받을 자격이 있다.

독립 언론 11년째를 맞고 있는 2008년 경향신문은 자기의 존재를 인정받기 시작했다. 경향신문은 진실을 쓰기 위해 노력한다는 사회적 평판을 얻게 된 것이다. 필자로서는 삶과 일터의 화해가 드디어 이루어졌다고 할까. 아직도 수많은 사람들이 이런 화해를 모르고 살아가고 있는 현실과 비교하면 필자는 복을 받은 것이다. 개인의 가치와 삶을 직장에서 구현하면서 살아가는 사람이 얼마나 될까를 생각하면 더욱 그렇다. '내가 다니는 직장을 더 낳은 직장으로 만들고 싶다'는 사적 욕망을 충족하고, '나의 투쟁'이 승리했다는 기쁨도 여전하다. 초년병 사건기자 시절, 시위 현장에서 필자를 둘러싼 시민들이 필자에게 던진 수많은 야유 가운데 한 마디는 아직도 귀에 쟁쟁하다. "젊은 놈이 해먹을 짓이 없어서 민정당 똥구멍을 빨고 있냐?" 2008년 6월 시위 현장에서 필자와 같은 상황에 처한 경향신문의 젊은 사건기자가 있었다. 시민들이 이 기자 주변에 몰려들었다. 그리고 그들은 "경향신문 힘내라"면서 박수를 했다. 그것은 필자가 받을 수 있는 최고의 보상이었다. 아니, 한때 필자를 괴롭혔던 이 세상에 대한 가장 통쾌한 복수였다.

신문을 변화시켜 세상을 바꾼다는 과거 한때 꾸었던 그 모든 꿈들이 지금 헛되다 해도, 철야와 분노, 격정의 그 세월은 언제나 아름답고, 언제나 그립다. 이제 와서 분명해졌지만, 신문은 세상을 바꾸지 못한다. 독립 언론도 마찬가지다. 그것은 모든 시민들이 각자 자기 자리에서 자신의 삶을 개선하기 위해 다함께 노력하지 않으면 달성할 수 없는 거대한 기획이기 때문일 것이다. 특히 지식인이라면 더 말할 나위 없다. 지식인은 가난한 자의 삶에 대해 책임을 져야 한다.

칠레의 피노체트 군부 세력에 의해 살해된 문화 운동가이자 민중 가수이며 저항 시인인 빅토르 하라는 이렇게 말했다. "예술가란 진정한 의미에서 창조자이지 않으면 안 된다. 그래야 그 본질 자체로부터 혁명가가 되는 것이다. …… 그 위대한 소통 능력 때문에 게릴라와 마찬가지로 위험한 존재가 바로 예술가인 것이다." 이제 게릴라니 혁명가 따위니 하는 것은 사라져 버렸다. 그러나 우리는 알아야 한다. 예술가든 지식인이든 소통 능력이 얼마나 위험한 것인지.

5

이 책은 필자가 기자로서 내는 첫 번째의 것이기는 하지만, 24년간의 기자 생활을 정리하는 의미를 띠지 않기를 바라고 있다. 정리할 만큼 남긴 것도 없고, 24년을 기록하기에 이 책이 적당한지도 모르겠고, 어디에서 인생을 매듭지을지 아직 갈피를 못 잡고 있기 때문이다. 여전히 24년 전 그대로라는 생각도 들고, 앞으로는 정말 전환기를 맞을 수 있을 만큼 달라질 수 있을 것 같다는 생각도 든다. 그러나 그걸 누가 장담하겠는가. 정리는 미루어 두는 게 좋을 것 같다.

그러나 필자를 가르쳐 주고 도와주고, 격려해 준 분들의 이름을 불러 보는 것으로 필자의 인생의 한 조각은 정리해야겠다. 공부와 인생의 스승인 서진영, 최장집 선생님에게 머리 숙여 경의를 표한다. 독립 언론의 수레바퀴를 굴리다 그 바퀴에 치인 고 이성수, 이상문, 정요섭 선배의 영전에 독립 언론 경향신문 전체를 바치고 싶다. 악조건에서 사투를 하고 있는 경향신문 여러 분들, 좋은 책을 낸다는 것이 무엇인지를 보여 주고 있는 후마니타스 식구들, 남편과 가족을 위해 희생하고 있는 박은영, 아빠가 필요할 때 자리에 없었다는 뼈아픈 기억을 되새겨 주는 수련이, 가을이에게 존경과 고마움과 미안한 마음을 드린다.

그리고 다른 세상을 꿈꾸고 그 꿈을 이루기 위해 땀 흘리고 있는 사람들, 이 체제로부터 고통받고 있는 이름 없는 수많은 사람들, 익명의 그들을 여기에 기록하고 싶다. 왜냐하면, 그들이야 말로 변화가 왜 필요한지 알려 주는 변화의 전령사이자 그 주체이며, 이렇게 책이 될 만큼 많은 말을 하게 만든 이들이기 때문이다.

2009년 1월
이대근

1부

사람

체제를 비판하기는 쉬우나 사람을 비판하는 일은 불편하다. 그러나 비판이 근본적이려면 사람의 문제까지를 다룰 수 있어야 한다. 이대근은 사람에 대해 유보 없이 쓴다. 그런데 불편해 하는 기색이 없다. 독하다고 할까, 순수하다고 할까. 공동체의 삶을 위협하는 통치자나 재벌 총수, 권력과 관계에 굴종하는 지식인에 대해 그의 글은 매섭다. 그러나 '와이키키 브라더스'와 '권정생'에 대한 글을 보라. 그러면 우리는 그가 순수하기 때문에 매섭고 독할 수 있다는 사실을 알게 된다. _편집부

라면값
걱정하는
부자들

무엇이 그들을 이렇게 용기 있는 고백으로 이끌었을까. '나는 땅을 사랑할 뿐이다' '사랑은 무죄'라는 관습법이었을까. 사랑해서는 안 될 사랑은 없다는, 도저한 낭만주의였을까. 사랑은 아름다운 죄라서 용서받을 수 있다는 믿음이었을까. 아니면, 땅을 사랑할 줄 모르는 서민들을 일깨우려는 충정이었을까. 부자들의 특별한 사랑 이야기를 계속해 보자.

어떤 남편은 암에 걸리지 않았다고 오피스텔 한 채를 아내에게 선물한다. 어떤 아버지는 수석 입학한 딸이 성적 스트레스를 받지 않도록 국적을 포기하게 한다. 그들이 보통 사람과 다른 점은 이 유별난 사랑만이 아니다. 부부 교수가 25년간 30억 원 버는 것은 식은 죽 먹기라는 식의 독특한 관점, 여의도가 사람 살기에 좋은 곳이 못 된다는 남다른 주거 관념도 그들을 특별하게 한다.

맛있는 과자를 먹었다는 친구의 말을 듣고 구멍가게로 달려가는 어린이

26

처럼 친구 집에 놀러 갔다가 친구가 사라고 하는 바람에 오피스텔 한 채를 샀다는 동심의 소유자도 있다. 그들은 35만 원짜리 비눗갑, 4천만 원짜리 붙박이장이 있는 오피스텔을 가진 진정한 부자이지만, 의외로 싸구려를 갖고 있는 경우도 있다. '놀랍게도' 1억, 2억 원짜리 싸구려 골프회원권을 갖고 있는 이도 있고, 한 해 혹은 두 해마다 전세, 월세를 옮겨 다니는 서민보다 더 딱하게도 여름과 겨울철마다 옮겨 살아야 하는 처지에 있는 이도 있다.

그들이 솔직한 성격이라서 이런 부자의 생태를 공개한 것은 아닐 것이다. 말실수로 그랬을 리도 없다. 그럴듯하게 거짓말하거나 임기응변하는 재주가 없어서 그랬던 것도 아닐 것이다. 그들의 몸에 밴 부자로서의 생활 습관은 한마디를 해도 드러날 수밖에 없는 그런 것이 아니었을까.

꾹꾹 눌러 감춘다 해도 그들의 부유함과 그 부유함에서 묻어 나오는 남다른 생활 방식의 노출은 그들도 어쩔 수 없었을 것이다. 그러므로 그들을 무작정 비난해서는 안 된다. 사실 딸의 스트레스 원인을 한국인이라는 사실에서 찾든 말든, 아내에게 오피스텔 한 채를 선물하든 말든, 계절에 맞게 여름집, 겨울집을 바꿔 가며 살든 말든, 자기 딸은 미국에서 태어난 미국인이라고 우기든 말든 신경 쓸 게 없다. 서민들과는 아무런 인연이 없는 일이다. 그게 부자들이 사는 법이려니 하고 가볍게 넘기면 그만이다. 그렇게 마음먹으면 설사 그들이 잠시 보통 사람의 속을 뒤집어 놓았다 해도 어지러워진 마음을 다잡을 수 있다. 바라건대 그랬으면 얼마나 좋았을까.

그러나 불행하게도 그들은 서민과 깊숙이 관계 맺어야 하는 운명이다. 국무위원이자 장관인 이 부자들은 자신의 삶의 방식과는 전혀 다른 서민을 위해 일하고, 자신의 고민거리도 관심사도 아니었던 문제에 매달려야 하는 처지가 된 것이다. 이명박이 대통령으로서 첫 국무회의에서 이 부자들에게 민생을 챙기라고 지시함으로써 이 사태는 분명해졌다.

그들은 이제 라면값 100원 인상의 고통을 체감하지 못하면 상상력을 발동해서 이해해야 하는 고통을 감내해야 한다. 서민들은 그들의 인생과 무관한 부자들의 말이라고 한쪽 귀로 듣고 다른 쪽 귀로 흘려보낼 수 없는 현실에 직면하게 됐다.

부자들이 왜 이런 일을 해야 하는가. 이명박 대통령은 서민의 압도적 지지를 받은 서민 대통령 이미지를 갖고 있다. 부자 정부 이미지가 부담스럽다면 '서민 대통령'만한 보호막이 없다. 선거 때 시장통 아주머니, 할머니가 이명박의 손을 부여잡고 눈물을 흘리며 서민 좀 먹고살게 해달라고 호소하던 장면이 아직 생생하다.

사실 많은 서민이 자기의 꿈과 소망을 성장을 기반으로 한 경제 살리기에 걸었다. 그런데 이명박 정부는 이제 와서 7퍼센트 성장은 이룰 수 없는 꿈이고, 6퍼센트 성장도 어렵다고 고백했다. 총선은 눈앞에 있는데 5퍼센트 성장도 쉽지 않다고 한다. 이것이 이명박 대통령이 부자 내각에 민생 대책을 세우라고 지시한 배경이다.

우리는 곧 이들이 서민을 위해 애쓰는 장면을 자주 보게 될 것이다. 좋다. 부자들이 서민을 위해 잘 할지도 모른다. 그러나 라면값 100원 인상 문제를 왜 35만 원짜리 비눗갑을 쓰는 이들이 해결해야 한다는 건지. 왜 가난한 이들은 자기의 슬픔과 분노와 고통과 꿈을 부자들에게 의탁해 풀려고 하는지.

28

왜 대표하는 자와 대표되는 자는 이렇게 어긋나고야 마는지.

이 부조화, 어긋남이 목엣 가시처럼 불편하다.

• • •

이명박 정부의 주축인 청와대 수석 비서관 및 장관들은 재산 공개와 인사 청문회 과정에서 고소영, 강부자라는 이름을 얻었다. 이명박 대통령은 그런 오명을 씻으려는 듯 첫 국무회의에서 라면값 100원 인상이 서민들에게 얼마나 큰 부담인지 강조하면서 민생을 잘 챙기라고 지시했다. 그러나 의도와 달리 그 발언은 라면과 부자 내각의 대비 효과를 냄으로써 강부자 이미지를 더욱 부각시켰다. 그리고 정부 출범 1년이 지난 시점에서 분명해졌지만, 그들은 일도 서툴렀다. 이 대통령은 스스로 '베스트 오브 베스트'(최고 중의 최고)를 뽑았다고 자평하며, 부자라도 일만 잘하면 된다는 식의 대응을 했는데 결국 모양이 우습게 된 것이다. 일도 못하는 부자들, 정말 밉상이다.

와이키키
브라더스

2006. 08. 31.

우리가 굳이 쉰다섯의 윤기순 씨를 기억할 필요가 있을까. 소양호 근처 어딘 가에서 닭백숙을 파는, 무슨 가든이라고 하는 식당 주인아줌마의 인생살이 를 들어 봐야 할 이유가 있을까.

물론 있다. 그 누구의 인생이라도 경청할 부분은 있게 마련이다. 윤씨는 반야월이 〈소양강 처녀〉 노랫말을 쓸 때 모티브가 된 소녀다. 그 소녀가 수 많은 인생 고개를 넘고 넘어 이제는 오십 줄의 나이가 되어 얼마 전 귀향했 다고 한다.

누구나 그렇겠지만, 그도 한때는 '열여덟 딸기 같은 어린 순정'이었다. 그 소녀가 가수로 성공하겠다는 꿈을 안고 상경했다. 그러나 대개 그렇듯 꿈은 이루어지지 않았다. 그는 대전, 대구, 광주를 떠돌며 밤무대 가수 생활을 해 야 했다. 그동안 '동백 꽃 피고 지는 계절'이 수없이 오고갔다.

노래 〈소양강 처녀〉는 점차 사람들의 가슴에 새겨졌다. 그런 때에 처녀는

30

라면으로 끼니를 때우고, 사글세를 전전하면서 군민 잔치, 면민의 날 행사장에서 춤과 노래를 하는 무명 가수로 살아갔다. 그리고 세상이 〈소양강 처녀〉의 낭만에 빠져 있을 때 '소양강을 떠난 처녀'는 "험한 세월의 쓰디 쓴 기억"을 안고 돌아왔다.

그가 돌아온 소양강에는 열여덟 딸기 같은 어린 순정이 영원하기를 바라는 어리석은 마음으로 세운 12미터나 되는 어마어마한 소양강 처녀상이 있다. 그녀가 말했다. "예쁘기는 하지만, 나하고는 안 닮았어요." 꿈 혹은 낭만과 살아간다는 것의 리얼리티는 처녀상과 식당 아줌마의 차이만큼 커 보인다.

이 '소양강 처녀의 귀향'은 삼류 밴드의 이야기를 다룬 영화 〈와이키키 브라더스〉를 닮았다. 밴드 리더 성우는 서울의 나이트클럽 일자리를 잃은 뒤 회갑 잔치, 고추 아가씨 선발 대회 등에서 반주를 하며 살아간다. 이렇게 밑바닥을 전전하던 성우는 고교 졸업 후 15년 동안 한 번도 찾지 않았던 고향 수안보의 와이키키 호텔에 일자리를 얻는다. 동료들의 말썽, 그리고 다시 실직. 이제는 단란주점 1인조 출장 밴드로 전전한다.

그러던 어느 날 성우는 첫사랑 인희를 만난다. 인희는 남편을 잃고 트럭 야채 장사를 하는 억척스러운 아줌마가 되어 있다. 그는 이제 〈아이 러브 로큰롤〉을 부르며 뭇 남학생들의 가슴을 설레게 하던 그 여고생이 아니다. 성우도 비틀즈를 꿈꾸던 고교생이 아니다. 그들에게 남은 건 남루한 일상뿐이다.

그들은 다시 시작하기로 한다. 그러나 그들이 새 출발하는 곳은 대도시의 화려한 거리가 아니다. 이 영화의 마지막 장면을 기억하는가. 낯선 항구의 작고 보잘것없는 나이트클럽. 그들은 그곳으로 흘러갔다. 그 초라한 무대의 희미한 조명 아래 인희는 롱드레스를 걸친 채 애절하고 구슬픈 노래를 부른다. '그대 내 곁에 선 순간/ 그 눈빛이 너무 좋아/ 어제는 울었지만/ 오늘은 당신 땜에/ 내일은 행복할 거야.' 심수봉의 〈사랑밖엔 난 몰라〉다. 카메라가 점차 밴드에서 뒤로 물러서며 부둥켜안고 춤을 추는 아저씨 아줌마들을 보여 주는 것으로 영화는 끝난다. 인희는 아저씨 아줌마들이 수작하는 이 비열한 밤을 위해 흘러간 뽕짝을 부르고 있는 것이다.

소양강 처녀도, 꿈 많던 고교생도 돌고 돌아 결국 지금 이 자리에 이렇게 서 있다. 이렇게 되려고 한 것은 아닌데, 이게 아닌데. "형, 우리가 어쩌다 이렇게 됐어. 온갖 더러운 꼴 다 견디며 여기까지 왔는데 이게 뭐야." 울기는. 공중 화장실에서 걸린 명구를 보라. '삶이 그대를 속일지라도 슬퍼하거나 노여워 말라─푸시킨.' 왜냐하면, 그것이 인생이니까.

성우는 고교 시절 함께 밴드를 했던 친구들을 찾지만, 그들에게 옛날의 젊고 순수했던 음악의 열정은 없다. 그 중 한 친구는 자살하기 전 묻는다. "너 행복하지? 우리 중에 하고 싶었던 것 하는 놈, 너밖에 없잖아." 성우는 대답을 못한다. 누구라도 마찬가지다. 사는 게 다 그런 걸 뭐라고 대답할 것인가.

꿈과 현실의 틈바구니에서 번민하지 않는 인생이 있는가. 행복해서 사는 게 아니라 살아야 하니까 행복해야 하고, 행복해야 하므로 옛사랑을 만나 싸구려 밤무대 가수라도 하는 것이다. 인생은 그렇게 속된 것이다. 시인 박인환은, 인생은 그저 낡은 잡지의 표지처럼 통속한 것이라 한탄할 그 무엇도 없다고 했다.

아무리 고고한 이상을 좇고, 날카로운 이성을 숭배한들 '서러운 세월만큼

안아 주세요'하는 감정 절제도 없고, 끈적이고 경박스럽기까지 한 속된 유행
가 가락과 술 한잔에 중년의 사나이 가슴이 무너져 내리는 것은 왜인가.

* * *

2006년 8월 〈소양강 처녀〉의 노랫말 주인공인 열여덟짜리 소녀가 귀향했다는 소식을 듣는
순간, 뭔가를 써야겠다는 강력한 충동을 느꼈다. 아마도 '산다는 게 다 그런 거지'라는 인생 이
야기를 하고 싶었던 것 같다. 임순례 감독의 〈와이키키 브라더스〉는 필자가 가장 좋아하는 한
국 영화다. 〈와이키키 브라더스〉에 관해 말하거나 쓴다는 것은 큰 기쁨이다.

권정생,
그의 반역은
끝났는가

2007. 05. 24.

2007년 5월 17일 출판사로부터 부음 하나를 전해 들었다. 그리고 두어 시간 지나 망자(亡者)를 돕는 분으로부터 전화가 왔다. 영정으로 쓸 사진이 없다면서 경향신문에 게재됐던 그의 사진을 보내 줄 수 없느냐고 물어왔다.

영정으로 쓸 사진 한 장 남기지 않고 떠난 그는 누구인가. 평생 살아온 다섯 평짜리 흙담집은 남김없이 헐어 자연 상태로 되돌려 놓고, 인세로 들어온 돈은 북한, 아시아, 아프리카의 가난한 어린이에게 나눠 주고, '나를 기념하지 말라'며 나이 일흔이 남긴 흔적을 이 세상에서 말끔히 지워 버리려는 그는 누구인가.

권정생. 도쿄 혼마치 빈민가 뒷골목에서 태어났다. 식민지, 분단과 전쟁, 굶주림의 골짜기를 넘은 그는 제대로 배우지도 먹지도 못했다. 초등학교를 졸업하자마자 나무장수, 고구마장수, 담배장수를 했고, 십대에 결핵, 늑막염, 폐결핵, 신장결핵, 방광결핵을 앓았다. 그래도 살아남아 경상도를 떠돌며 걸식을 했고, 운 좋게도 가난한 예배당 종지기 자리를 얻었다.

그의 거처는 예배당 부속 토담집. 겨울엔 춥고 여름엔 더운 그곳에는 찢어진 창호지로 개구리가 들어와 놀다 갔고, 잠자는 밤에는 쥐가 발가락을 깨물고 갔다. 그는 거기에서 동화를 썼다.

그리고 어지러운 세상을 담아내기 턱없이 부족한 지면에서도 그의 부음이 한구석을 차지할 정도로 그는 꽤 알려지게 되었다. 어느새 아름답고 감동적인 글을 쓰는 유명 아동문학가가 된 것이다. 그는 자기 인생처럼 못나고 버림받고 가난하고 하찮은 것들에 관해 써 왔다.

그런데도 사람들은 그의 글을, 이 풍지고 흐벅진 세상의 지루함을 달래 주는, 추억의 당의정이 입혀진 '힘들었지만 아름다운 시절'의 이야기로 소비하고 있다. 그러나 그의 동화는 세상을 예쁘게 포장한 선물 세트가 아니다. 그것은 그가 살아온 방식도 글 쓰는 방식도 아니다. 그는 전사였다.

그는 살아 숨 쉬는 동안 생활이라는 최전선에서 그가 보고 듣고 알고 겪은 모든 모순과 부딪치며 하루도 쉬지 않고 싸웠다. 그는 농민들이 낫과 곡괭이를 들고 착취계급에 저항하다 실패한 역사를 슬퍼했다. 물질이 한정된 세상에서 몇 사람이 풍요롭게 살기 위해 나머지는 가난하고 고통스럽게 사는 현실을 받아들일 수 없었다.

승용차를 버리면 기름 걱정 안 하고 전쟁할 이유가 없어지고, 우리가 파병을 안 해도 된다고 믿었다. 미국은 절대악이었다. 약탈과 살인으로 강국이 되고, 전 세계 인구의 5퍼센트가 세계 자원의 50퍼센트를 소비하는 미국은 그의 눈에 악마였다. 그리고 그 악에 맞선 테러리즘을 "새끼 빼앗긴 엄마 닭이 적한테 자기 목숨을 내놓고 달려드는" 것처럼 어쩔 수 없는 것이라고 주장했다. 이 얼마나 위험한 인물인가!

　반공주의와 국가주의의 서슬이 퍼렇던 1985년에는 『초가집이 있던 마을』을 썼다. 아버지는 월북하고, 남은 복식이는 동족을 살상하는 무기를 들 수 없다며 징집을 거부하는, 양심적 병역 거부가 주제다. 이게 그가 스스로 꼽은 최고 작품이다. 석유, 자동차, 전쟁, 미국, 자본주의와 터럭만큼의 타협도 용서도 화해도 하지 않았다.

　신채호, 장준하, 함석헌을 존경하는 그는 히틀러를 죽이기 위해 암살단을 조직한 디트리히 본회퍼 목사를 닮고 싶어 했다. 물론 그는 안중근처럼 권총도 없고, 화염병을 던지지도 않고, 테러를 하지도 않았다.

　그러나 그는 그 이상의 것들을 했다. 저 깊은 곳에서 울렁거리는 분노를 삭이고 녹여, 그 진액을 짜내 시와 동화, 산문을 쓴 것이다. 그는 탐욕과 죽음의 공포로 가득한 이 세상의 전복을 꿈꿨다. 이 세상의 한구석을 바꾸는 것이 아니라 이 세상 전체에 대한 반역을 꿈꿨다. 욕망의 체계인 자본주의 한가운데에서 그는 무욕, 절제, 가난을 무기로 정면 대결했다.

　사람들이 그의 베스트셀러 『우리들의 하나님』을 어떻게 읽고 있는지 모르지만, 31쪽에는 "함께 일해 함께 사는 세상이 사회주의라면 올바른 사회주의는 꼭 이루어져야 한다"는 주장이 있다.

　가난하고 늙고 병든 아동문학가는 이 사회에서 전혀 위험하지 않다고 생각했다면 잘못이다. 버림받고 병들고 가난한 자가 세상과 잘 어울린다는 것 자체가 기만이다. 그는 매우 위험하고 불온한 사상가였고 반역자였으며 혁명이 사라진 시대의 혁명가였다. '위대한 부정의 정신'의 소유자였다.

그런데 왜 그의 죽음은 인생의 종말이 아닌 평화를 느끼게 할까. 그에게 소멸은 무엇이기에 슬프기보다 아름다워 보일까. 한 줌의 흙, 한 포기 풀과 같이 살았기 때문일까. 그는 "싸움이라는 삶이 끝났을 때라야 평화라는 안식을 얻을 수 있다"고 했다.

지지배배 짖던 작은 새가 숲 속으로 날아가듯 그는 그렇게 가 버렸다. 가장 치열하게 싸운 전사에게만 돌아가는 휴식이다.

. . .

권정생 선생님이 돌아가셨다는 소식을 접하는 순간 떠오른 것은 선생님의 『강아지똥』이었다. 그의 인생과 문학을 대변한다고 생각했기 때문이다. 그래서 이 책을 요약 소개하기로 하고 글을 쓰기 시작했다. 그러나 곧 그만두었다. 그의 인생을 다시 들여다보고 난 뒤였다. 이 칼럼을 쓴 몇 달 뒤, 권 선생님의 『우리들의 하느님』이 국방부가 선정한 23권의 불온 도서 목록에 포함됐다는 소식을 들었을 때는 묘한 기분이었다. 권 선생님의 '위험성'과 '불온성'에 대해 필자와 국방부 간 견해가 일치했다는 점, 이 칼럼이 그 책을 불온 목록에 오르게 하는 데 손톱만큼이라도 기여했을지도 모른다는 생각 때문이었다.

김지하,
황석영,
손학규

2007. 03. 29.

중도의 도가 조화와 균형의 정신을 말하는 것이라면 분열과 대립, 치우침과 쏠림의 한국 사회에 이만한 덕목도 없을 것이다. 한국 사회에서 균형을 추구한다는 것의 가치는 과소평가될 수 없다.

시인 김지하는 좌우의 양극단에 기울지 않으면서 그렇다고 가운뎃길도 아닌, 그 전체를 함께 싸안고 들어 올려 차원 자체를 변화시키는 융합과 초월의 길을 중도의 도로 제시했다.

소설가 황석영은 진보와 보수, 좌우를 뒤섞어 둥근 공 같은 세계를 이루어 내는 일이라고 했다. 백번 들어도 옳은 말이다. 이들의 중도 철학에 공감한다. 그러나 이 중도 철학은 우리에게 몇 가지 과제를 던져 주고 있다.

먼저 중도를 어떻게 구현하느냐의 문제가 있다. 일제강점기, 해방 공간에서는 강력한 좌우의 두 세력이 경쟁했고, 이 대결을 중화시킬 중간파의 역할이 필요했다. 그러나 좌우의 원심력이 너무 강했고, 그로 인해 중간파가 제

역할을 다하지 못했던 역사를 갖고 있다.

김지하가 신간회, 임정, 백범, 몽양, 조봉암으로 이어지다 단절된 중도주의가 오늘날 재현되어야 한다고 강조한 것도 그런 역사적 교훈 때문일 것이다. 사회가 분열되어 있는 이 시점에서도 중도의 균형 잡는 역할은 절실하다.

그런데 요즘의 분열이란 좌우로 양분했던 그런 과거의 방식이 아니다. 지금 분열은 야당과 집권당을 번갈아 해온 보수정당들이 당파적 이익을 위해 작은 차이로 대립한 결과로 나타난 매우 이상한 현상이다.

대립할 만한 한 축으로서의 좌파란 실재하지 않는다. 오랜 반공주의로 좌파와 중도는 붕괴되었다. 민주화 20년을 맞는 올해 중도는 복구되고 있지만, 좌파는 아직 시민권을 획득하지 못했다. '좌파'는 여전히 입에 올리기에 불편한 단어다. 다른 사람의 시선을 끌지 않고는 스스로 좌파라고 말할 수 없는 보수 헤게모니 사회에 우리는 살고 있다.

좌파는 여전히 익명으로 존재하는 소수파일 뿐이고 그 익명성 때문에 민주화 20년을 맞는 지금도 성장 장애를 앓고 있다. 그나마 좌파가 숨 쉴 공간이었던 진보 진영마저 위기라고 한다.

그런데 한때 진보에 한쪽 발을 걸치고 있던 인사들이 이미 과잉이라고 해도 좋을 만큼 차고 넘치는 중도로 옮겨 가고 있다. 현실 정치 세력들도 중도로만 몰린다. 또 쏠림 현상이다.

사회를 지탱하는 한 축이 무너지고 있다. 김지하는 균형을 위해 중심 이동을 하는 '살아 있는 중도' '기우뚱한 균형'을 강조한다. 그렇다면 한쪽으로 기울어진 배의 균형을 잡기 위해 중심 이동을 해야 한다. 그러나 김지하와 황석영은 그렇게 하지 않는다.

그들은 중도의 도를 실현시킬 중도 정당의 출현을 메시아처럼 기다리고 있다. 중도 세력이라면 열린우리당, 탈당파, 민주당 등 꽤 많다. 그러나 그들의 관심은 손학규 전 한나라당 경선 주자에게만 쏠려 있다. 하필 민주주의 기초적인 룰을 깬 그인가.

세 번의 국회의원, 주요 당직, 장관, 도지사를 시켜 준 '군정 잔당' '개발독재의 잔재'들과 13년이나 잘 어울려 지내던 보수 정치인을 골랐을까. 이 논리적 단절을 설명할 수 있는 실마리는 과거 운동권 인맥 말고 없다. 오랜 친구 사이에 그럴 수는 있다. 그게 한국인의 정이고, 인지상정 아닌가.

하지만 친구끼리 격려해 주는 것이라고 쳐도 이건 너무 거창하다. 김지하는 "중도가 본디 개인의 깨달음, 한 문명의 대전환으로 등장하는 법"이라고 했다. 정치인 친구에게 벅찬 숙제를 내준 것 같다.

한나라당에 남아 한나라당을 개혁해서 건강한 보수를 우뚝 세워 이 사회의 균형을 잡으라고 하는 게 중도 철학의 관점에서나 현실 정치적 고려에서 더 타당해 보인다. 중도 철학 실천과 중도 정당의 출현이 손학규에 의해 이루어져야 한다는 주장에는 아무런 논리적 인과성이 없기 때문이다.

김지하와 황석영이 펼치는 중도 철학은 가슴을 울리고, 그들의 정치 비평은 칼날처럼 번득인다. 그러나 그들의 정치 개입의 실력은 그들의 철학과 자기 분야에서 쌓은 업적에 미치지 못한다. 그들이 탁월한 논리와 언변, 합리적 이성은 현실 정치와 닿는 순간 신기루처럼 사라져 버린다.

현실 정치는 시와 소설만큼 어렵다. 물론 그들만 그랬던 것은 아니다. 그동안 수많은 지식인들이 현실 정치에 개입할 때 어떤 인연으로 특정 정파, 특정인에 몰입하다 결국은 그들과 동일시하고 본래의 자기 입장을 잃어버리곤 했다. 지식인의 빛나는 성취가 정치적으로 몰락하는, 이런 오래된 실패가 되풀이되는 것을 지켜보는 것은 정말 안타까운 일이다. 세 사람은 지금 한국 정치를 후퇴시키고 있다.

• • •

2007년 손학규는 한나라당 대통령 경선에서 승산이 없음이 확실해지자 탈당이라는 정치적 반칙을 했다. 당연히 시중 여론은 비판적이었다. 그러나 김지하, 황석영은 그에 아랑곳없이 손학규를 중심으로 범개혁 진영이 뭉쳐야 한다고 주장했다. 황석영은 경향신문과의 인터뷰에서 그런 일을 위해 총대를 멜 수도 있다고 했다. 이들이 이렇게 상식에 어긋난 정치적 견해를 드러낸 가장 큰 이유는 손학규가 친구였기 때문이라고 생각한다. '친구와 정치'. 한국 사회의 한 단면을 보여 주기에 충분한 주제다.

누가
'노무현 죽이기'를
하나

2003. 08. 05.

강준만. 어떤 격렬한 논쟁을 생각하지 않고는 떠올리기 힘든 이름이다. 그만큼 그는 '호남' '김대중' '서울대' '보수 언론' 등 동시대의 가장 민감한 문제를 건드리며 논쟁을 이끌어 왔던 당대의 지적 싸움꾼이다. 한국 사회의 허위의식을 발가벗기고 공격하는 데 아무런 두려움도 느끼지 않는, 우리 사회에서 보기 드문 용기 있는 지식인이다.

그가 쓴 『노무현 죽이기』도 거센 '노무현 비판' 흐름에 정면으로 맞서는, 그의 특유한 전략을 잘 살린 책이다. 그러나 이 책은 뭔가 잘못 짚었다. '노무현 문제'를 정확하게 인식하지 못하고 있거나 피하고 있다.

그는 '노 정권의 무능'이 현 난국의 근본적인 이유가 아니라고 한다. 진짜 이유로 노 대통령의 '현실적 개혁주의' 노선을 제시한다. "(이) 노선은 보수와 진보 사이를 왔다갔다 해야만 성공할 수 있고 …… 원초적으로 많은 갈등을 불러일으킬 수밖에 없다 …… 좌우협공을 당할 수밖에 없는 것이다"(58쪽).
그동안의 국정 혼선은 미리 프로그램된 결과이며, 따라서 그 혼선의 책임은
노 대통령이 아니라 노선에 있다는 말처럼 들린다. 이상한 논법이다.

지금 '노무현 문제'는 좌우 이념, 노선의 문제가 아니다. 그 이전의 '정권
능력'에 관한 문제다. '현실적 개혁주의'에는 책임을 물 게 아무것도 없다.
그 노선은 '밥 먹으면 배부르다'와 같이 아무 뜻도 없는 빈말이기 때문이다.
정치언어라는 게 본래 그렇다. 어느 정부가 수구적 보수주의, 비현실적 개혁
주의, 급진 좌파 노선을 내세우겠는가. 한 정부의 정책이 보수적이기도 하고
진보적이기도 하다는 것은 비난거리도, 심각한 논쟁거리도 못 된다. 지금 그
런 것 갖고 시비하는 게 아니다.

문제는 우리 사회의 분열 구조에 노 대통령과 노무현 정부의 자기 분열이
상승작용을 하면서 나타나는 무질서와, 그 무질서가 예고하는 '개혁의 표류'
에 있다. 진보와 개혁 세력의 비판은 노 대통령이 무조건 '예측 가능한 일관
된 진보 노선'을 추구하지 않았기 때문은 아닐 것이다.

그런데 강준만은 진보와 개혁 진영은 '진보 콤플렉스'나 "친노무현으로 보
이는 걸 두려워하는 자격지심"(46쪽) 때문에, 과거의 주류들은 박탈감과 상실
감을 조금이나마 위로받기 위해 '노무현 때리기'를 한다(22, 23쪽)고 주장한다.

이게 '노무현 정부의 실패'에 관한 그의 최종 결론이 아니길 바란다. 연극
을 보러 와서 무대를 지켜보지 않고, 돌아서서 객석의 표정을 보고 쓴 연극
평 같기 때문이다. 그런데도 그는 '수구 신문 음모론'으로까지 나아간다. 진
보적인 매체와 지식인의 비판은 그 음모에 놀아나거나 영향을 받은 결과처

럼 말한다(10, 30쪽).

강 교수가 보는 것처럼 야당과 보수 언론의 모함과 공격은 집요하지만, 그들이 이 세상의 유일한 지배자는 아니다. 보수 언론의 활약도 어제오늘의 일이 아니다. 그렇게 공격을 받고도 햇볕정책이 국민적 합의를 얻고, 노 대통령이 당선된 사실은 강 교수가 느끼는 '보수 언론의 공포'가 과장임을 말해 준다.

'노무현 당선'으로 긴장하던 보수 언론이 기를 펴게 만든 일등 공신이 누군가. '노무현 죽이기'를 하는 세력은 누구인가. 바로 노 대통령 자신과 그 집권 세력이다.

그들은 개혁의 중심을 끊임없이 이탈시키는, 포스트 모던한 '해체주의 정치'를 하고 있다. 민주당 중진들이 하는 행태를 보라. 맹수도 무리 한가운데로 뛰어들지 않고 흩어질 때 약한 놈을 낚아챈다.

반복되는 '실수와 실패'는 보수 세력의 좋은 먹잇감이라는 것을 알아야 한다. 노 대통령이 휴가를 하루 앞두고 또 '언론 전쟁'을 선포했지만, '노무현-보수 언론'이 한 조가 되어 펼치는 아슬아슬한 묘기는 이제 그만 보고 싶다. 그보다는 우선 집권 세력의 자기 분열증을 치료해야 한다. 자살할 때 아파트 밖으로 자식을 내던지는 엄마처럼 돌봐야 할 국민을 집어던지는 '정치적 동반 자살'을 막아야 하기 때문이다.

다행히 집권 5개월밖에 안 됐다. 남의 일처럼 '노무현 비판'을 즐기고 있을 만큼 한가한 상황이 아니다. '노무현 살리기'에 나서야 한다. 그러나 강 교수의 처방은 위험하다. "맷집 좋은 것도 죄인가, *꿋꿋하게 버텨라*"(9쪽). 노무현을 영원히 죽이는 길이다.

• • •

당시 강준만의 『노무현 죽이기』는 장안의 화제였다. 노무현 정부 출범 초기 노무현 대통령에 대한 때 이른 실망이 퍼져 나갈 때였는데도 매우 용기 있게 그를 변호하는 책을 냈기 때문이다. 그러나 강준만은 비판적 지식인답게 이 책이 나온 지 오래 되지 않아 노무현 비판자로서의 역할로 돌아왔다. 노무현 정부 초기 국정이 흔들렸던 때 쓴 이 글을 다시 보면, 적어도 취임 초기의 이명박 대통령은 노무현 대통령의 잘못을 그대로 따라가고 있음을 알 수 있다. 그래서 노무현 대통령과 이명박 대통령의 차이를 분별하기가 쉽지 않다.

이명박 대통령의
여섯 가지
실수

2008. 05. 15.

총선 압승, 정치의 보수화, 재벌의 지원, 보수 언론의 응원, 시민들의 새 정부에 대한 높은 기대라는 풍부한 정치적 자산을 보유한 이명박의 이 갑작스러운 침몰과 고립무원은 어찌된 일인가. 생후 3개월을 넘기지 못하고 자꾸 주저앉는 이 낯설고 이상한 사건에 대해 놀랄 게 없다는 듯한 세상 사람들의 낯익은 시선이란 또 뭔가.

그는 머슴처럼 국민을 섬기겠다고 했다. 주인인 국민의 뜻을 충실히 따르겠다는 다짐이다. 그러나 그게 말처럼 쉽지 않다. 주인이 항상 원하는 것을 분명하게 말하는 것은 아니기 때문이다. 주인이 말하지 않거나 시키지 않아도 머슴이 스스로 알아서 해야 할 때가 있다. 바로 여기에 함정이 있다. 주인이 원하는 것이 무엇인지 머슴 마음대로 정의를 내리는 일이 발생할 수 있는 것이다. 그러면 머슴이 주인 되고 주인이 머슴 된다. 그가 이 오류를 범했다.

그는 긴급히 값싸고 질 좋은 쇠고기를 대량 공급하는 게 국민의 요구라고 믿었다. 그러나 아무런 안전장치 없이 미국산 쇠고기를 수입해 할 만큼 한국인들이 단백질 부족으로 집단 아사하는 비상사태가 발생한 것도 아니다. 그런데도 타당성이 입증되지 않은 한미 자유무역협정(FTA)이라는 불확실한 이익을 위해 확실한 이익을 내줌으로써 주인의 의사에 반하는 결정을 했다. 이것이 그의 첫 번째 실수다. 그리고 이명박 정부는 이 실수를 은폐하기 위해 확률 장난을 했다.

광우병으로 죽을 확률을 골프에서 홀인원을 하고 벼락 맞을 확률, 떡 먹다 죽을 확률, 로또 복권 1등 당첨 뒤 벼락 맞아 죽을 확률과 비교해 보게 한 뒤 광우병 사망 확률이 더 낮거나 같으면 수입이 정당하다는 논리를 폈다. 이는 바보에게 "나한테 다섯 대 맞을래, 열 대 맞을래, 백 대 맞을래"라고 묻자 바보가 "다섯 대 맞겠다"고 대답했다는 바보 시리즈와 같은 수준의 이야기다. '안 맞겠다' '쇠고기 수입하지 않겠다' '안전조치한 뒤 수입하겠다'는 선택지를 뺀 나머지 가운데 고르라는 이런 잘못된 확률 게임으로 국민들의 판단력을 잠시라도 흐려 놓으려 했다.

이렇게 이익, 논리, 명분이 없는 행위를 호도하기 위해 주인을 바보 취급하며 속인 것, 이것이 세 번째 실수다. 시민들이 유언비어, 괴담, 선동, 정치 음모에 현혹돼 자기들을 공격하고 있다는 이명박 정부의 주장은 마치 이 나라에 이명박 사람 말고는 제정신 가진 인간이 없다는 말처럼 들린다.

국민을 모욕하고, 적반하장으로 죄를 뒤집어씌워 국민을 자극한 것, 이것이 네 번째 실수다. 그러나 네 가지 실수는 다섯 번째 실수에 비하면 사소해 보인다. 그것은 대통령은 한국인이 아니라 미국인, 한국 축산업자가 아니라 미국 축산업자, 한국의 국익이 아니라 미국의 국익을 위해 일하고 있다는 의심을 불러일으킨 점이다.

한국인의 미움을 사더라도 미국인의 사랑을 받으려는 한국 대통령이 존재할 수 있다는 생각, 한국인의 생명을 그 확률이 아무리 낮더라도 미국이 좌우하게 되었다는 사실이 바로 우리 사회에 확산되고 있는 불안과 공포의 실체다. 유언비어와 괴담이 퍼뜨린 근거 없는 광우병 공포는 곧 사라지겠지만, 국가의 행위는 항상 선이고 국익으로 정의된다는 막연한 믿음, 대통령은 공동체를 위해 매사를 신중하게 결정하리라는 사회적 기대가 깨졌을 때 밀려오는 불안은 쉬 사라지지 않을 것이다.

민주적 통제를 벗어난 국가와 대통령이 주인의 허락 없이 주권을 외국에 넘김으로써 광우병 확률보다 더 높은 가능성으로 시민의 이익을 침해할 수 있음을 알게 한 것, 이것이 그의 중대 실수가 불러온 진정한 공포다.

여섯 번째 실수는 이 모든 실수를 인정하지 않은 것이다. "세게 훈련했다"는 그는 "이럴 때 일수록 일회일비하지 말고 더 일관되고 꾸준한 자세를 견지하겠다"고 했다. 현대건설 사장, 서울시장 시절 악조건과 반대 여론 속에서 성공 신화를 구축한 그는 이런 때에 더 전의를 느낄 수 있다.

그의 성공 신화는 그에게 패배나 실수, 양보를 가르친 적이 없다. 게다가 그가 자기 능력을 평가받았다고 인정하기에는 3개월이 너무 짧다. 따라서 성공의 기회가 열려 있다고 믿는 그가 쉽게 굴복하기는 어렵다. 그의 성공 신화가 그와 그의 정부, 그리고 우리 모두를 힘들게 할 것이다.

●　●　●

촛불 집회 초기 이명박 대통령은 효과적으로 대응하지 못했다. 첫 단추를 잘못 꿴 것이다. 이후 그는 바로잡을 기회를 번번이 놓치면서 같은 실수를 반복했다. 그의 위기관리 능력도 점차 바닥을 드러냈다. 이 모두 어느 정도 예상한 것이긴 하지만, 그래도 여전히 놀랍다. 민주주의 사회에서도 대통령이라는 자리는 외부로부터 변화를 강제당하지 않는 한 스스로 변화하기가 쉽지 않은 모양이다.

누가
이명박 대통령의
발목을 잡고 있나

2008. 03. 20.

이명박 대통령은 아직도 야당을 하는 것 같다고 했다. 동감이다. 그는 많은 시민들이 느끼고 있는 바 그대로를 정확하게 표현했다. 전 정부가 발목을 잡아서 그런 건지는 따져 보면 알겠지만, 정권 교체를 실감할 수 없다는 말에는 전적으로 공감한다. 도처에 노무현이란 유령이 어른거리고 있다.

반대를 무릅쓴 밀어붙이기 인사를 보자. 몰매를 맞으면서도 박미석, 김성이를 안고 가는 그 모습은 누구를 닮은 것 같은가. 아직도 4강국 대사 자리를 비워 놓고, 임기가 보장된 정부 산하 기관장을 강제로 쫓아내고 있는 게 여당 공천 탈락자와 낙선자에게 한자리씩 주기 위한 것이라는 이야기는 어디에서 많이 들어 보던 것 같지 않은가.

선거에 개입하는 대통령, 누구를 닮은 것 같은가. 선거를 코앞에 둔 민감한 시기에 전국을 돌며 강원도에 가서 '강원도 내각'이라 하고, 구미에 가서는 구미공단에 선물을 검토하겠다고 하고, 군산에 가서는 제2의 고향이라고 하고, 새만금에 가서는 새만금 연내 개발을 공약하고, 충청도에 가서는 이회창 출마 예정지 방문 논란을 불러일으킨다.

다른 사람의 가슴에 상처를 주는 사려 깊지 못한 말투, 별 것 아닌 일로 시민들을 놀라게 하는 돌출 발언, 직설적이고 거친 거리 언어의 구사, 누구를 닮은 것 같은가. 전 정부의 비협조로 취임 날부터 열흘간 컴퓨터가 작동하지 않았다며 이 나라의 사령탑이 열흘간 먹통이었음을 폭로해 시민을 깜짝 놀라게 해놓고는 사실이 아니었다고 한다.

새 정부의 장관과 차관을 모두 모아 놓은 자리에서는 이란, 이라크 전쟁 때 "군복이 필요하니까 양쪽에 다 팔아먹었어요"라고 털어놓는다. 두 나라 군인 간 육탄전 때 그가 판 비슷한 군복 때문에 서로 피아를 구별 못하는 사태가 발생했다는 에피소드도 소개했다.

대통령이 고결한 성품의 소유자일 필요는 없다. 그러나 자기의 최고 지도자가 전쟁상인이었다는 고백을 불편해 하는 시민들도 있을 수 있다는 점을 살필 줄 알아야 하지 않을까. "불법체류 노동자들이 활개치고 돌아다니게 해서는 안 된다"고도 했다. 그렇지 않아도 온갖 편견과 비인간적 악조건에 시달리고 있는 미등록 이주노동자들의 가슴에 비수를 꽂는 말이다.

노무현을 다른 노무현으로, 낙하산을 낙하산으로, 정연주를 최시중으로, 좌파 신자유주의를 좌파 척결 실용주의로, 수도 이전을 대운하로 바꾼 것은 바꾼 것인가 아닌가. 6개월 된 것 같다는 이명박의 호소처럼 그동안 얼마나 소란스럽고, 정신없었는데 이제 와서 뭐가 바뀌었는지 모르겠다는 이 이구동성은 무엇인가. 이 모든 것이 그들 주장대로 김대중과 노무현 추종 세력,

좌파들이 발목을 잡아서 그런 걸까.

이명박의 최고 정책인 대운하와 영어 교육 강화를 총선 공약에서 제외함으로써 이명박 정부에 타격을 가한 것은 집권당이다. 영어 몰입 교육, 학원 24시간 개방으로 이명박 인기를 깎아 먹은 세력은 이경숙의 인수위와 한나라당 일색의 서울시의회이며, 이를 막는 데 큰 역할을 한 단체도 보수 교총이다.

코스콤 비정규직의 농성에 공권력을 투입하자 "비정규법의 허점을 악용하는 사용자들에게 철퇴를 내릴 생각은 않고, 노동자만 때려잡는 일이 정부가 할 일인가"라고 한 것은 이명박을 위해 전력투구했던 한국노총이다. 한나라당이 원칙과 기준에 맞지 않는 잘못된 공천을 했다고 비판한 정치인은 이명박의 측근 박형준과 남경필이다.

"직무를 수행하기 힘들다고 지적되고 있는 자들(박미석, 김성이)을 계속 감싸고돌거나 오기로 장관 인선을 감행한다고 하면 이명박 정부는 크나큰 역풍을 맞이하게 될 것"이라고 비판한 단체는 이명박 노선의 산실 '선진화 국민회의'였다.

노무현을 붕괴시킨 것은 한나라당이 아니라 노무현의 지지 세력이다. 지금 이명박을 위협하는 세력도 이명박을 지지하고 그의 성공을 갈구해 온 이들이다.

아직 보수층의 지지가 두텁다고 안심해선 안 된다. 붕괴는 내부의 작은 균열, 작은 신호로부터 시작된다. 노무현 정부가 그랬다. 이명박의 실수와 실패는 그에게 기대를 걸고 있는 이들이 더 민감하고 그만큼 더 빨리 알아챈다. 노무현은 지지 세력 내의 균열을 무시했다.

이명박도 보수 세력이 보내는 신호를 무시하거나 감지하지 못하는 것 같다. 그런데 아직도 죽은 노무현이 산 이명박의 발목을 잡고 있다고 믿는가.

• • •

이명박 정부는 정부 출범 한 달 겨우 넘긴 시점에 보수층 내부의 이반이 생길 정도로 위기를 맞았다. 그러자 노무현 대통령 핑계를 대기 시작했다. 국정 곳곳에 대못을 박아 새 정부가 일을 할 수 없게 가로막았다고 주장했다. 그러나 노무현 대통령 핑계가 유효한 물리적 시한이 있다. 그게 한 달인지 두 달인지 모르겠지만, 이명박 정부는 2008년 10월 정기국회가 시작될 때까지 노무현 타령을 했다.

부시,
"이명박은
최고의 지도자"

2008. 05. 01.

조지 워커 부시 미국 대통령은 최근 임기 말 대외 정책 점검을 위해 백악관으로 외교안보팀을 부른 적이 있다. 마침 한미 정상회담도 했고, 7월 중 아시아 순방길에 서울 방문도 예정된 터라 한미 관계가 잠시 화제로 올랐다. 이자리에는 콘돌리자 라이스 국무장관, 스티븐 해들리 국가안보 보좌관, 크리스토퍼 힐 미 국무부 차관보, 데니스 와일더 국가안전보장회의(NSC) 아시아 선임 보좌관, 성 김 한국 과장이 참석했다. 참석자 가운데 한 사람이 부시 대통령의 발언을 메모했고, 이 메모는 대학으로 자리를 옮긴 전직 NSC 간부에게 전달되면서 워싱턴의 한국 문제 전문가 사이에 광범위하게 퍼졌다. 이름을 밝힐 수 없는 이로부터 입수한 이 메모의 일부 내용을 소개한다.

"여러분들도 느꼈겠지만, 나는 정말 캠프 데이비드에서 이명박 대통령을 오랜 친구처럼 극진히 대접했어요. 로라도 식탁 등 사소한 것까지 신경을 썼고. 왜 그랬겠어요. 솔직히 테러와의 전쟁 이후 미국을 두고 일방주의한다고 비난하는 나라는 많아도 앞장서 지지해 주는 나라는 별로 없어요. 그런데 아시아의 한 지도자가 전폭적 협력을 자처했어요. 왜 내가 그를 반기지 않겠어요. 그는 김대중, 노무현 대통령과 비교가 안돼요. 두 사람은 시도 때도 없이 내 대북 정책에 제동을 걸려고 했고, 특히 한 사람은 내가 요청한 것은 다 들어주면서도 내 속을 긁어놓는 말을 자주 했지요. 그 때문에 그가 미국에 엄청나게 기여했으면서도 좋은 평판을 못 얻었어요.

하지만 이 대통령은 달라요. 그는 말과 행동, 겉과 속이 일치하는 사람입니다. 내가 말하기 전에 알아서 다해요. 쇠고기 개방 하나만 봐도 알 수 있어요. 그러니 내가 환대했지요. 공짜 점심이 어디 있어요.

그리고 그가 뭐랬는지 알아요. 전 세계 미국이 가는 곳이면 달려가겠다, 전략 동맹하자 그랬어요. 믿을 수 있겠어요. 우리가 전쟁하는 곳이라면 지구 어디라도 가겠다는 겁니다. 그는 진심으로 미국을 위해서 일할 지도자입니다. 내가 장담해요. 그래서 내가 내친김에 기자회견 말미에 중국 견제도 미국, 한국이 함께하자 그런 뜻으로 한마디 덧붙였지요.

대북 정책? 그것도 우리와 하나도 다르지 않아요. 콘디가 내게 보고했지만, 그가 '위협적인 발언 때문에 북한을 도와주고 협상하는 일은 없다' '과거 북핵보다 남북 관계를 중시한 것은 잘못이다'라고 했다면서요? 내가 그동안 수없이 해왔던 말과 이렇게 같을 수가 있을까요. 사실 북핵이 중요하지, 남북 관계가 경색되든 말든 그게 뭐 그렇게 중요해요. 나는 이 대통령을 믿어요. 정치, 경제, 군사, 문화 모든 부문에 걸쳐 한국을 미국으로 만들어 놓을 겁니다. 내가 그 증거를 대볼까요. 우리가 광우병에 걸리면 그들도 걸리고, 우리가 안 걸리면 그들도 안 걸립니다. 놀랍지 않아요? 그들은 이미 미국인입니다. 정치 지도자의 역할이 이렇게 중요해요.

한국인들은 내가 자기네 대통령을 예우해 줬다고 이번 회담을 성공이라고 한다면서요. 기분은 좋지만, 솔직히 난 그런 문화에 적응이 잘 안돼요. 내가 환대하면 성공이고, 그렇지 않으면 실패라? 무슨 그런 일방적인 관계가 있어요? 스티브, 말해 봐요. 나도 정상회담을 수없이 해봤지만, 갈등할 때는 해야 하는 거 아닌가요.

갈등은 국익을 추구하는 과정에서 나타날 수 있는 정상적인 현상입니다. 그런데 한국인들은 내가 굳은 얼굴만 해도 자기들이 뭘 잘못했는가 자책하고는 자기 지도자를 두들겨 대지. 내가 2006년 북한 장거리 미사일 발사를 막으려고 주요 국가에 전화하면서 노 대통령에게는 일부러 전화 안 한 일 기억하죠. 그때 어땠어요. 관계 악화니 하면서 한국 언론이 요란했잖아요. 그만큼 한국인은 이중적이에요. 겉으로는 미국이 거만하다고 비난하면서 미국인이 되고 싶어 얼마나 애써요. 사실 그들은 미국인보다 더 미국을 사랑하는 사람들입니다.

내가 7월 2차 한미 정상회담을 걱정하는 것도 그 이중성 때문이에요. 이 대통령이 나를 위해서 너무 앞서 가거나, 북핵 문제가 진전될 경우 한국은 돈만 대고 뭐하는 거냐면서 반미 역풍이 불 수 있거든요. 이 대통령이 잘해야 할 텐데, 너무 미국만 생각하고 밀어붙일까 걱정이에요."

눈치 빠른 분들은 이미 감을 잡으셨겠지만, 이 글은 상상력의 소산이다. 그렇지 않다면 얼마나 끔찍한 일이겠는가.

• • •

2008년 4월 18일, 19일은 이명박 대통령에게뿐 아니라, 한국인 전체에게도 매우 중요한 날이다. 이틀에 걸쳐 발생한 두 개의 사건이 2008년 한국의 봄과 여름을 내내 흔들었기 때문이다. 대선에 이어 총선에서도 압승한 이명박 정권이 그 여세를 몰아 무조건 미국산 쇠고기 수입을 결정한 날이 18일이고, 미국산 쇠고기 수입 결정으로 부시의 마음을 산 이명박이 부시와 처음 만나면서도 오랜 친구처럼 화기애애한 분위기에서 '성공적인' 첫 한미 정상회담을 한 날이 19일이다. 이 두 사건은 한국인의 심장을 두들겼다. 이 칼럼이 나온 다음 날 첫 촛불 집회가 청계 광장에서 열렸는데, 십대들이 그렇게 많이 거리로 나오리라고는 누구도 예상하지 못했다. 이후 이명박 정부는 적어도 석 달 이상 이 촛불에 시달려야 했다. 그리고 그 유례없는 촛불 집회로 인해 부시 대통령의 7월 방한이 취소되었다. 부시 미국 대통령은 7월 초 일본에서 열리는 G8 정상회담 참석차 방한할 계획이었으나 한국 내의 심상치 않은 분위기를 고려해 계획을 바꾼 것이다.

이명박
성공의
조건

2008. 02. 21.

2007년 4월 10일 아랍에미리트의 두바이. 국왕 셰이흐 모하메드가 접견실에서 외국의 한 정치 지도자를 만나 환담하고 있을 때였다. 모하메드의 휴대전화가 울렸다. 두바이에 진출한 외국인 투자자의 전화였다. 모하메드는 통화했고, 대화는 중단되었다. 결례였다. 그러나 외국의 정치 지도자는 이런 모하메드의 행동에 기분이 상하기는커녕 배워야 할 자세라며 감동했다. 그는 이명박이다.

그는 대통령에 당선되자 본 대로 했다. 다른 누구보다 먼저 재계 총수를 만났고, 애로 사항이 있으면 언제든지 전화하라고 했다. 전방에서 사병을 만났을 때는 "일자리가 없으면 내게 전화하라"고 했다.

그가 이렇게 따라 배우고 싶을 만큼 존경하는 인물로는 모하메드 외에 마하티르 전 말레이시아 총리가 있다. 마하티르는 외국인이 투자하겠다고 하면 직접 위치도 안내해 주고, 절차도 신속하게 밟아 다 해결해 주었다고 한

58

다. 전화 한 통화, 말 한마디로 해결하는 그 신속성과 효율성은 최고 경영자(CEO) 출신 이명박을 매료시키기에 충분했을 것이다.

이제 나흘만 지나면 그는 대통령이 된다. 자신을 감동시킨 두 지도자의 통 크고 시원스러운 국정 지휘 방식을 적용할 수 있을 것이다. 그러나 두 지도자의 '한 통화, 한마디의 통치'는 사유화된 절대 권력 없이는 불가능하다. 모하메드는 왕권을, 마하티르는 22년간 독재 권력을 갖고 있었다. 과연 이명박은 그런 권력을 가질 수 있을까.

그는 이미 한나라당 일색인 지방정부와 의회에 이어 중앙정부도 차지했다. 곧 총선을 통해 국회도 지배할 것이다. 한나라당 내 비판 세력은 위축되고 있다. 당정 일체화를 하지 않아도 당이 대통령의 도구가 되는 데 별다른 장애가 없다. 그를 지지하는 신문들은 여론 시장을 장악하고 있다. 게다가 그는 강력한 무기를 하나 더 갖고 있다. 경제 살리기다.

경제 살리기는 이명박의 어떤 정책도 정당화하는 힘을 갖고 있다. 그와 인수위원회의 잇단 실언과 실책으로 많은 이들이 실망했지만, 이명박 사람들은 전혀 의기소침해 하지 않는다. 경제 살리기만 확실히 하면 된다고 믿는다.

이 때문에 그들은 어느 장면, 어느 순간에도 일관되게 경제 살리기 신호를 보내려고 한다. 청와대 외교안보수석 내정자가 처음 한 말도 외교를 어떻게 "하겠다"가 아니라, 외교가 경제의 걸림돌이 "되지 않도록 하겠다"였다. 이명박은 이렇게 권력, 권력 정당화 이데올로기, 그 선전 수단을 모두 갖고 있다. 모하메드나 마하티르 같은 정도는 아니지만, 민주화 이후 유례없는 권력 집중이다. 그러면 이런 권력은 이명박의 성공을 보장할 것인가.

그러나 견제와 감시 없는 권력 집중은 위험하다. 권력은 본래 쏠리고, 확장하려는 속성이 있다. 인간 또한 욕망의 체계다. 하나의 제도는 다른 제도에 의해, 하나의 생각은 다른 생각에 의해, 하나의 욕망은 다른 욕망에 의해 견제되지 않으면 안 된다. 그래야 민주주의가 위기에 빠지지 않고, 정부는 실패하지 않는다.

그렇다면 이명박은 '너무 많은 권력, 너무 적은 견제'의 상황에 처하지 않았는지 긴장해야 한다. 민주주의 체제에서 권력은 분할되고, 사회는 서로 경쟁하고 대립하고 갈등하는 다양한 이해와 세력, 가치로 구성된다. 따라서 비판은 반대를 위한 반대가 아니라, 국정의 한 요소라는 사실을 알아야 한다.

경제 살리기도 단순히 성장률로 환원되는 문제가 아니다. 성과를 누구에게 더 배분해야 하는가를 놓고 갈등하고 타협할 준비를 해야 한다. 영어 교육 확대는 그로 인해 더 고통받고 소외되는 사람들을 양산할 수 있다는 걸 알아야 한다.

숭례문 화재를 보고, 복원 공사를 생각하기에 앞서 자존심이 상한 시민들의 가슴을 느낄 줄 알아야 한다. 영남, 서울대, 남성의 기득권으로 대표되는 정부를 구성할 때 기득권이 없는 더 많은 사람들의 박탈감도 살필 수 있어야 한다.

사회적 약자에 대한 배려는 노점, 재래시장을 찾는 것으로 충분하지 않다는 것도 깨달아야 한다. 이 사회는 이렇게 다양한 욕구와 이해의 조화와 균형에 의해 유지되며, 그 균형은 작은 쏠림으로도 잃을 수 있는 매우 민감한 것이다.

이명박은 이런 조화와 균형 위에서 성공을 추구해야 한다. 모하메드나 마하티르 같은 쾌도난마의 행운은 그에게 돌아오지 않는다. 그 사실을 인정한다면 이명박의 과단성, 단순 명쾌함, 강함은 섬세함과 민감성, 유연성으로 보완되지 않으면 안 된다.

● ● ● ●

이명박 대통령은 취임도 하기 전에 벌써 많은 문제를 드러냈다. 숭례문 화재에 대한 그의 대응은 그의 리더십이 심상치 않다는 불길한 예감을 드러냈다. 국보 1회가 허망하게 사라질 수 있다는 사실에 시민들의 가슴이 까맣게 타 버렸는데 그가 한다는 말은 시민 성금으로 복원하자는 것이었다. 숭례문 화재는 시민을 동원한 복원이 아니라 우리 사회 전체의 성찰을 요구하고 있다는 점을 그는 이해하지 못했다. 그는 시민과의 소통에 이렇게 서툴렀다. 또 다른 불길한 징조는, 이명박 대통령이 당선자 시절 모하메드나 마하티르와 관련한 에피소드를 자주 거론했다는 점이다. 두 사람을 21세기 한국의 미래를 이끌 이상적 지도자 모델로 삼는 것이 적절한지 논란을 불러일으킬 만했지만, 이명박 대통령은 아랑곳하지 않았다.

이명박의
'국가 정체성'을
묻는다

2008. 06. 26.

두 달 가까이 계속되는 촛불 집회도 예상치 못한 놀라운 일이지만, 이명박의 흔들리지 않는 꿋꿋한 태도 역시 예상한 것 이상이다. 이 나라 전체가 촛불로 뒤덮여 아우성일 때도, 대응이 너무 늦는 것 아니냐며 여당이 발을 구르며 초조해 할 때도, 지지율이 한 자릿수를 향해 추락할 때도 그는 흔들리지 않았다. 촛불이 지칠 때까지 참고, 또 기다렸다.

이런 그의 인내와 기다림은 보상을 받았다. 촛불 집회 규모가 지난 6·10 백만 대행진을 정점으로 작아진 것이다. 숫자를 중시하는 그에게 이 사실은 결정적이다. 재협상을 거부하고, 대운하 외에는 아무것도 포기하지 않을 수 있었기 때문이다. 공기업 민영화는 선진화로, 무한 경쟁의 교육 자율화는 교육제도 개선으로, 재벌 중심 경제정책은 규제 개혁으로 이름만 바꾸고는 "차질 없이 추진해 나가겠다"고 했다. 그게 불만이라면 백만 촛불 대행진을 또 해보는 수밖에 없다.

그러나 이미 촛불은 할 말을 다했다. 그렇게 오랫동안, 그렇게 많은 사람들이 모여 호소했으면 된 것 아닌가. 촛불은 지쳤다. 그러나 지칠 줄 모르는 이명박은 더 해보자고 한다. 수석뿐 아니라 장관을 다 내주는 한이 있어도 기존 국정 방향과 통치 방식을 고수할 테니 저항할 힘이 남아 있으면 더 해보라고 한다. 촛불이 졌다. 이명박이 이겼다.

이런 승리는 그가 시민 의사에 귀 기울였다면 결코 얻을 수 없는 전과(戰果)다. 이명박 대통령이 국민과 소통한다면서도 촛불 집회의 시민들과 한 번도 만나지 않은 이유가 있다. 반대 세력은 늘 있게 마련이라는 게 그의 생각이다. 반대 세력의 존재와 규모는 대통령의 잘잘못의 크기와 별 상관이 없는 일이라고 그는 믿는다. 따라서 그들의 의견은 국정 운영에 참고할 만한 가치가 별로 없다. 그가 국정에 반영하지도 않을 의견을 듣는 것처럼 위선을 부릴 필요가 없는 것이다.

그는 이렇게 국민의 뜻을 받들지도 않았고, 반대 의견에 귀 기울이지도 않았다. 그런데 "국민의 뜻을 받들겠습니다. 반대 의견에 귀를 기울이겠습니다"라고 했다. 반대 의견에 귀를 기울여야 할 가장 중요한 때에도 그렇게 하지 않았는데 앞으로 그렇게 하겠다는 말은 믿을 수 없는 빈말로 분류하는 게 마땅하다.

뼈저리게 반성했다는 그의 말도 오해해서는 안 된다. 그것은 국정 방향과 정책의 잘못을 반성한다는 뜻이 아니라, 시민들이 자기가 제시한 국정 방향과 국익을 제대로 이해하지 못할 수 있다는 점을 간과했던 자신을 자책한다는 의미다.

추가 협의가 건강권과 검역 주권을 확보해 시민의 상한 자존심을 회복시킬 것으로 믿은 것도 잘못이다. 김종훈 본부장은 미국 측에 백만 촛불 대행진 사진을 보여 주며 이게 과학으로 설명되는 것이냐고 설득했다고 말했다. 미국 역시 한국의 주장에 일리 있어서가 아니라, 동맹 차원에서 고맙게도 양보해 주었다는 것이 청와대 대변인의 자랑이다.

당당하게 과학적 근거를 바탕으로 건강권과 검역 주권을 확보하라는 것이 시민의 요구였다. 그러나 정부는 과학, 권리, 논리로 설득하는 대신 정서적 호소를 했다. 미국이 잘못한 것은 없지만, 과학을 잘 모르는 한국인들이 떼를 쓰고 있으니 달래 줘야 한다고 매달리자, 부시가 그런 한국의 처지가 안쓰러워 조금 양보해 줬다는 게 그들이 말하는 추가협상이다. 한미 양국 정부가 시민을 바보로 만들고 모독했다.

이명박 대통령이 시민을 가벼이 여긴다는 사실이 믿어지지 않는다면 사례를 더 들 수 있다. 촛불의 숫자가 많을 때 빈말일지언정 두 번 사과하고, 여러 번 국민을 편안하게 모시겠다고 다짐했던 그는 그 숫자가 줄면서 촛불이 사위어 가고 시민들이 지치고 약해 보이자 국가 정체성에 도전하는 세력이라며 역습을 가했다. 돌아서는 촛불의 등에 칼을 꽂았다.

국가 정체성이란 무엇인가. 어떤 국가여야 하는가에 대한 시민들의 의사의 총체다. 시민들은 촛불 집회에서 그것을 표출했다. 시민들은 신자유주의 난폭성으로 인한 삶의 파괴, 주권과 건강을 양보한 대외 관계, 우리 사회가 기반하고 있는 가치와 합의의 붕괴를 막기 위해 나섰다. 국가 정체성을 수호하기 위해 촛불을 든 것이다. 그런데 시민에 의해 선출된 대통령이 시민을 반국가 세력으로 모함했다. 적반하장이다.

　누구의 국가인가. 시민들과 다른 생각을 하는 그의 국가인가. '다른 국가'를 꿈꾸며 국가를 다른 방향으로 이끄는 그는 누구인가. 이명박 대통령의 국가 정체성을 묻는다.

• • •

이 칼럼이 나간 3일 뒤 정부가 발표한 담화문에는 '국가 정체성' 대신 '정부의 정체성'으로 바꿨다. 그러나 이명박 대통령은 2008년 10월 다시 좌파가 국가 정체성을 위협한다는 발언을 했다. 그리고 또 그 이후에도 수시로 정부 안팎에 국가 정체성을 부정하는 세력이 있다면서 이념 대결의 고삐를 늦추지 않았다.

제3의 길,
자주파,
그리고 가짜들

2008. 01. 17.

당내 대통령 경선에서 패배가 예상되자 탈당해 상대 당으로 옮겨 다시 경선할 기회를 얻었지만 거기서 또 패배한 정치인이 있다면, 그는 정치적 사망 선고를 받았다고 보아야 한다.

물론 이런 판단은 정치가 정상적이라는 것을 전제로 한 것이다. 정상적이지 않을 때는 어떤 일이 일어날까. 주요 정당의 최고 지도자가 된다. 손학규가 그렇다. 대통합민주신당의 대표로 선출된 그는 이 당을 살릴 구원자로 부활했다.

남들이 안 가진 무슨 기사회생의 묘약을 갖고 있어서가 아니다. 그는 남들이 안 가진 것을 가져서가 아니라, 남들이 가진 것을 안 가져서 대표가 되었다. 그는 한나라당에서 넘어왔다는 이유로 대표가 된 것이다.

그래서인지 그가 병자를 살리겠다며 내놓은 처방이 이미 이 동네에서는 말만 들어도 식상한 '진보의 수사학'이었다. 5년 전 등장했다 사라진 가짜 진보(노무현 정권)가 이 엄동설한에 죽지도 않고 또 나타난 것이다.

그래도 초기 노무현이 진보 수사를 구사할 때는 사람을 속일 수 있을 만큼 그럴듯했다. 그에 비하면 손학규의 진보 수사는 그냥 해보는 말이라는 게 바로 드러난다. 사실 그의 성향이 다 알려진 마당이라 그도 차마 진보라고는 말을 못하고 새로운 진보, 제3의 길을 꺼냈을 것이다.

그러나 진보면 진보고 아니면 아닌 것이다. 진보에 수식어가 필요 없다. 새로운 진보니 제3의 길이니 하는 것 자체가 수상한 것이다. 유시민이 탈당하면서 온건, 유연한 진보를 주장하며 또 속임수를 쓴 것을 보면 알 수 있다.

그런 것이 신선하게 느껴진다면 이걸 알아야 한다. 한국 사회는 민주화 이후에도 시장주의, 성장 지상주의가 지배했을 뿐 그 대안의 길을 밟아 본 적이 없고 그 대안 세력이 목소리 한번 제대로 낸 적도 없다. 진보를 한번이라도 제대로 해보고 나서 싫증나 제3의 길을 가겠다면 시비할 일이 못 된다. 그러나 있어 본 적도 없는 것을 극복하겠다면 그건 망상이다.

이런 혼돈은 열린우리당 몸통에 한나라당 머리를 얹은 인공 조합의 불가피한 결과이지만, 본질적으로는 역사 구조적 산물이다. 권위주의 시대는 물론 민주화 이후에도 상당 기간 진보를 대표할 정치조직의 부재로 인해 진보는 보수정당에 진보의 대표권을 위임해 왔기 때문이다. 이런 보수와 진보의 미분화는 정당의 정체성 상실 등 정치를 일상적으로 왜곡해 왔다.

이제 진보는 진보 정치조직이 대표하고, 그 결과에 책임지는 정치의 정상화가 이루어져야 한다. 그런데 불행하게도 우리에게는 온전한 의미의 진보 정당이 없다. 민주노동당? 자주파가 의미 있는 세력으로 잔존하는 한 민주노동당을 진보당이라고 할 수는 없다.

자주파는 한국의 주요 모순을 민족(분단) 문제로 본다. 분단이 해소되면 다른 문제의 해결의 길도 열릴 것으로 믿는다. 그러나 그것은 군사독재하의 상황 인식이다. 민주화 이후 민족문제는 북한 문제로 바뀌었다.

한반도인을 고통스럽게 하는 것은 분단이 아니라 북한의 기아, 피폐한 삶, 열악한 인권, 핵무기다. 따라서 우리의 과제도 북한 경제 재건, 북한 인민의 삶 개선, 핵 폐기, 평화로 변했다. 다행히 포용정책은 사회적 합의를 얻었고, 남북 간 대화와 협력은 국가적 과제로 자리 잡았다. 그런 과제는 김대중, 노무현 정부가 잘해 왔고, 통일부를 없앤다지만, 이명박 정부도 크게 잘못하지는 않을 것이다. 이런 상황이면 자주파가 따로 할 일이 없다.

억압적인 김정일 정권을 변명하고, 핵보유 정당성을 설파하며, 부족한 자원을 군비에 쏟는 선군정치를 옹호하는 게 자주파의 일은 아닐 것이다. 그런 일은 보수나 반동들이 하는 것이다. 진보는 불평등과 맞서고 억압받고 소외된 자, 가난한 자, 소수자를 위해 일해야 한다.

그러나 민노당 다수파인 자주파가 비밀결사처럼 활동하며 항상 당 패권 장악에 골몰한 결과, 민노당 노선을 오도하는 데 성공했지만 그 대가로 당은 따분하며 낡고 진부한 집단으로 변질되었다.

이제 자주파의 시효는 소멸했다. 북한 문제는 차기 정부와 야당에 맡기는 게 좋다. 모든 번뇌를 잊고 해산하기 바란다.

진보당이라면 서민들이 지금 겪는 고통을 자기 가슴으로 느끼고, 그들의 고민을 자기 고민으로 받아들임으로써 그들과 공명할 줄 알아야 한다. 다른 공상에 빠져 있는 가짜 진보당에 서민이 흥미를 느낄 것 같은가.

심상정 비대위가 민노당을 진보정당으로 바꾸는 작업을 떠맡았다. 진보적이지 않은 요소들을 청소하고 겉과 속을 다 바꾸는 비타협적인 투쟁을 기대한다. 우리에게도 이제는 반듯한 진보정당 하나는 있어야 하는 것 아닌가.

• • •

열린우리당은 민주당으로 통합한 뒤 2008년 총선에서 패배하고 촛불 집회 때도 주목받지 못하다가 2008년 말부터 2009년 초 '국회 입법 전쟁'에서 국회 본회의장 점거 농성을 통해 투쟁적 야당으로 거듭나는 듯했다. 그러나 농성 해제 직후 민주당 아홉 명의 의원들이 부부 동반 해외 골프 여행을 한 사실이 알려지면서 다시 격렬한 비판에 직면했다. 한나라당의 야당 시절을 연상케 하는 행태라는 점에서 한나라당의 전철을 밟는 것이 아닌가 하는 의구심이 들기도 한다.

여전한 이건희,
돌아온 이회창

2007. 11. 08.

이건희는 단순한 장사꾼이 아니다. 삼성을 초일류 기업으로 일으킨, 한국 경제의 신화이며 미래 경제의 흐름을 읽을 줄 아는 탁월한 경제 전문가다. 세상 사람들이 삼성에 하고 싶은 말이 무엇인지도 잘 아는 감각 있는 기업인이다. 그는 이미 윤리 경영을 하겠다고, 삼성을 세계에서 가장 존경받는 기업으로 만들겠다고 호응했다. 글로벌 기업의 총수다운, 자신의 평판에 어울리는 말이 아닐 수 없다. 많은 사람들은 그런 그를 '자랑스러운 한국인'으로 부른다.

그래서 삼성 속사정에 정통하다 한들 김용철 변호사의 고백을 좀체 믿을 수가 없는 거다. 삼성의 반론과 해명이 더 그럴듯하게 느껴질 정도로 김 변호사의 고백은 초현실주의적이다. 천하의 이건희가 심복들과 함께 검찰, 국세청, 정치권, 재경부, 금감원, 언론, 시민단체 등 이 사회 구석구석에 빈틈없이 돈을 뿌리려 했다는 폭로를 듣는 것처럼 난감한 일이 없다.

이건희가 정말 금품을 누구에게 어떻게 얼마나 주는 게 좋은지 그토록 상세하게 지시했을까. 돈 안 받는 깨끗한 사람에게는 호텔 할인권이나 비싼 와인을 줘보라고 했을까. 세계에서 가장 영향력 있는 100인의 한 사람이자 대학생이 가장 존경하는 기업인인 그가 정말 "일본 대기업은 도쿄지검장 애첩까지 관리한다, 관리하려면 그 정도는 해야 한다"고 했을까.

설사 그게 사실이라 해도 놀라지는 말자. 그런 정도는 따지고 보면, 이미 3년 전 세상에 알려진 안기부 X파일에 다 있는 것이기 때문이다. 홍석현 중앙일보 사장과 이학수 삼성 비서실장이 만나 누구에게는 한 장 주고, 누구에게는 두 장 주자고 했을 때 그게 '회장님의 방침' '회장님의 지시'라고 했다.

사실 이건희가 회장에 취임한 20년은 불법 정치자금 제공의 시기이기도 했다. 김영삼의 경우는 드러나지 않았지만, 삼성은 전두환에서 노무현에 이르기까지 역대 대통령과 대통령 후보에게 빠짐없이 돈을 주어 왔다. 달라고 해서 주고, 달라고 하지 않아도 주고, 안 받는다는데도 주려고 했다. 그게 이건희와 삼성의 사업 방식이 되었다. 삼성은 임원에게 매수라는 범죄를 지시했고, 그걸 이행하는 것은 임원의 기본 임무였다고 김 변호사는 주장했다.

그러나 이런 문제가 오직 이건희와 삼성 때문이었다고 주장해서는 안 된다. 이건희에 대해 우리가 그렇게 관대하지만 않았어도 그가 20년간이나 돈 주는 일을 반복하지는 않았을 것이다. 전두환, 노태우 비자금이 나왔을 때, 아니 1997년 대선 때라도 차단했다면, 늦었지만 2002년 대선 비자금만 엄정하게 다뤘어도, 지금까지 이렇게 마음 놓고 돈 잔치를 하지 못했을 것이다.

그리고 두 번의 대선에서 삼성의 검은 돈을 받고 국세청을 동원한 불법 모금으로 국세청을 망가뜨린 이회창이 전군표 국세청장 구속으로 '국세청의 불행'이 계속되고 있음이 분명하게 드러난 날 당당하게 세 번째 대통령 출마 선언하는 일도 발생하지 않았을 것이다.

그러나 누구도 이건희를 말리지 않았다. 모두 침묵했다. 삼성 돈을 받은 사람만이 아니다. 삼성 돈을 받을 기회가 있을 것이라고 믿는 지식인뿐 아니라, 그럴 가능성이 거의 없는데도 불구하고 삼성의 덕을 볼 때가 올 거라는 기대를 포기하지 않은 이들도 발언하지 않았다. 어차피 나서 봤자 뿌리 깊은 비리를 발본색원할 수 없다는 비관론조차 삼성 편들기의 명분이 되었다.

삼성공화국은 바로 이런 침묵, 비겁, 비관론을 먹이로 무럭무럭 성장했다. 전군표는 삼성의 돈을 먹은 게 아니다. 너도나도 삼성의 성공 사례를 따라 배워 기꺼이 돈을 주려고 한다. 교환가치가 있는 그 어떤 권력도 돈이 될 수 있는 것이다. 이게 모두 이건희 때문인가. 아니다, 우리 모두 병들었기 때문이다.

이건희 부패 동맹의 한 파트너였던 이회창의 출마는 그 질병의 심각성을 드러낸다. 삼성과 관료에 휘둘려 국정의 중심을 잃은 노무현에 실망한 이들은 이명박으로 몰려들었고, 그 이명박에 실망한 이들이 불러낸 이가 바로 이회창이다.

건전한 상식이 통용되는 사회라면 어떻게 이명박 의혹이 사실이라 해도 지지하겠다고 말할 수 있는가. 정치의 기본을 무너뜨리고, 정경유착으로 얼룩진 이회창의 출마 소문만 듣고 어떻게 20퍼센트의 지지를 보낼 수 있는가. 그게 절망의 표현이었다 해도 그렇다. 무능도, 부패도 선택의 대상이 될 수 없다. 그런데 우리 앞에 놓인 무능 아니면 부패라는 양자택일은 무엇인가.
어째서 부패라도 상관없다고 하기에 이르렀는가.

• • •

이명박 대통령이 독주하던 흥미 없는 대선 국면을 그나마 조금이라도 흔든 두 개의 사건이 있었다. 이회창 전 한나라당 대표의 대선 출마와, 삼성 출신의 김용철 변호사에 의한 이건희 삼성 회장의 상상을 초월하는 비리 의혹 폭로다. 필자는 이건희가 뉴스의 인물로 등장할 때마다 가감 없이 비판해 왔다. 그런 때의 흔한 반응은 "이건희와 삼성이 없는 한국은 없는데, 그렇게 이건희를 비난해서야 앞으로 문제가 없을까" "개인적으로 불이익을 당하지 않을까"였다. 필자의 답은 이렇다. 왜 이런 일이 생기지.

노무현과
김정일

2003. 06. 17.

노무현 대통령이 선거전에서 '깽판' '미국에 사진 찍으러 안 간다'는 등 거친 말 때문에 공격을 받을 때, 내게는 그런 파격이 오히려 신선해 보였다. 갑갑한 이 정치, 사회 구조를 깨뜨리며 '대형 사고'를 칠 것 같은 어떤 '힘'이 불끈 느껴졌다. 견고하고 낡은 체제를 상대하기에는 그렇게 펄펄 살아 있는 목소리가 제격일 것 같았다.

그런데 지금 이상해졌다. 그의 파격은 계속되지만 전혀 '힘'이 느껴지지 않는다. 사람들은 점차 놀라움과 두려움 대신 짜증과 조소로 반응한다. 삼삼오오 모이기만 하면 그를 찍었든 안 찍었든, 애정 어린 비판이든 적의에 찬 비난이든 그의 흠을 잡고 흉보느라 신이 난다. 그의 말은 최신 유행어가 된다. 이제 '노무현 비판'은 국민적 오락이 되었다.

그의 불평이 하루가 멀다 하고 나오지만, 이렇게 된 것에 대해 그 말고 탓할 사람이 없다. "미국에 지나친 모험(대북 공격)을 삼가라고 요청하겠다"고 엄포를 놓고는 워싱턴에 가서 북한 수용소 발언 등으로 '오버'하며 미국으로 기울더니, 도쿄에서는 우호국의 순서를 일본-중국-미국으로 매긴다. 미국에서 "북한 하자는 대로 따르지 않겠다"고 한 말은 일본으로 건너가면 "북한을 너무 위험하다고 보는 게 위험한 것"으로 변한다.

대북 정책이 변하는가 싶으면 "햇볕정책을 훼손하지 않고 그대로 간다"고 한다. 바다를 넘을 때만이 아니다. 어제 말이 다르고 오늘 말이 다르다. 그런데 말만 허공에서 맴돌지 실제 바뀌는 것은 별로 없다. 한미 관계는 과거로 돌아가고, 대북 정책은 변한 듯 안 변한 듯하며, 언론 개혁은 그냥 끝없이 '입씨름'(긴장 관계)이나 하자는 게 전부다.

정치 개혁은 '좌지우지하지 않는 (대통령의) 무능력'을 보여 주는 것으로 그만이다. 새만금, NEIS도 그대로다. 몇 번의 뒤섞임과 시끌벅적함, 요란한 소동의 끝에는 아무것도 없다. 가히 '무위(無爲)의 정치'다.

그가 대통령으로서 가장 하고 싶어 하는 것의 하나로 '우리 사회의 문화 바꾸기'를 꼽을 때 이를 알아챘어야 했다. 그의 주요 연설, 언론 인터뷰에서 빠지지 않는 말이 '문화'다. '정치 문화' '대통령 문화' '문화 개혁'.

문화라는 게 무엇인가. 사회적으로 학습되고 집단 기억으로 유전되면서 한 공동체의 '삶의 방식'을 지배하는 가치와 의식의 총체다. 이건 임기 5년짜리 대통령의 정책 목표가 되기에는 너무 큰 것이다. 뾰족한 정책 수단도 없다. 무엇을 하지 않음으로써 무언가를 이루겠다는 '숭고한 철인정치'(?)의 발상이다. 이런 철인 정치가는 작지만 뜻있는 '의식'을 하고 싶어 한다.

그는 2003년 4월 문화일보 인터뷰에서 "대통령이 큰 사건, 큰 비중이 아니더라도 전면에 나서서 아무데든 가서 하나씩 직접 문제를 해결할 수 있다. 그때 적용하는 방안이 하나의 모델이 될 수 있다”고 말했다. 조흥은행 매각 문제에 대해 그와 노조가 협의한 것을 두고 한 말이다.

이 순간 북한의 김일성 김정일이 떠올랐다. 김일성 전 주석은 대안전기공장, 청산리협동농장에서 ‘조흥은행식 사업’을 한 적이 있다. 그 결과 나온 것이 ‘대안의 사업 체계’ ‘청산리 방법’이라는 사업 모델이다.

사실 노 대통령은 김정일 국방위원장과 유사한 점이 많다. 그는 끊임없이 지방을 돌며 지시한다. 군부대 양어장을 방문해서는 고기 기르는 법을, 닭 공장에서는 닭 가공 방법을 가르친다. 다변가다. 그래서인지 ‘수령의 말씀’인데도 실천되지 않는 것이 많고 서로 충돌하는 것도 많다. 원칙을 견지하지만 실리주의자로 자처하며, 파격을 좋아하고 인터넷 서핑을 즐긴다.

두 사람 모두 꿈이 크다. ‘강성 대국’ ‘동북아 중심 국가.’ 그런데 그 꿈을 실현하기 위해 자신이 갖고 있는 ‘힘’을 어디에 어떻게 쓸 줄은 모른다. 겉멋은 제법 부릴 줄 안다.

대통령 모욕이 아니다. 어느 서유럽의 총리처럼 멋지고 우아한 정치 지도자로 살고 싶겠지만, 팍팍한 현실의 한반도 어디에도 그런 ‘대통령의 놀이터’는 없다. 신선놀음에 도끼자루 썩는 줄 알아야 한다. 북한에는 ‘멋진 지도자’ 노릇하다 체제가 망가져도 말릴 사람이 없다. 그러나 노 대통령을 말리는 사람은 많다. 말릴 때 그만둬야 한다.

소중하게 얻은 개혁의 기회다. 개혁이 우화(偶話)나 소극(笑劇)으로 끝나는 마지막 장면은 보고 싶지 않다.

• • •

이 시간을 그대로 5년 뒤로 옮겨 보면 이명박 대통령의 모습 그대로다. 노무현 대통령 취임 초기의 국정 난맥과 불안정성은 불행하게도 임기 중 교정되지 않고 반복되었기 때문이다. 이 글이 노무현 정부 출범 4개월도 안 된 시점에 쓰였다는 점에서 노무현 정부가 얼마나 이른 실망을 안겨 주었는지가 잘 드러난다.

노무현 대통령에게
권하는 동화

2006. 05. 08.

2004년 7월 21일 노무현 대통령은 독도를 '다케시마'라고 말한 적이 있다. '대통령이 그런 실수를 하다니'라는 반응이 나왔지만, 나는 이해했다. 일본과 소모적인 영유권 분쟁을 하지 않겠다는 잠재의식이 실언이라는 메커니즘을 통해 불쑥 모습을 드러낸 것이라고 생각했다. 그런 심리 분석이 엉터리였다고는 생각지 않는다.

한일 관계에 관해 그가 한 말들이 근거가 될지 모르겠다. 그는 2003년 "모든 것을 후벼 파서 감정적 대립 관계로 끌고 가는 것은 한일 미래를 위해 도움이 되지 않는다. 과거사를 말로 해서 끊임없이 시빗거리로 삼을 것이 아니다"라고 강조했다.

2004년에는 "임기 동안 과거사 문제를 공식 의제로나 쟁점으로 제기하지 않으려 한다"고 선언했다. "독도 문제는 말을 많이 하지 않으려고 한다. 정부 의지가 박약해서가 아니다"라고도 했다. 정말 노 대통령의 어록인지 믿어지

78

지 않지만, 당시까지만 해도 그는 한국을 '동북아 평화와 번영의 허브'로 만드는 외교정책 구상에 충실했다.

이런 파격적 대일 정책을 추구하던 그가 2005년 일본과의 '각박한 외교전쟁'으로 세상을 놀라게 하더니 얼마 전 특별 담화를 통해서는 선전포고 때 아니면 쓰기 어려운 최상급 표현으로 일본을 공격했다. 이제 그가 '다케시마'와 같은 실수는 하지 않을 것이다.

노 대통령은 이 극적 변화를 일본의 제2침략 행위 때문이라고 설명하고 있다. '독도 병탄 100년이 지난 지금도 자기네 땅이라고 하니 제2의 침략 행위 아닌가'라는 것이다. 정말 한국 땅이었던 독도를 일제가 100년 전 침탈한 것이 역사적 사실일까.

고구려연구재단 배성준 연구위원의 견해는 다르다. 독도는 한국인의 인식과 관심 너머에 존재했고, 19세기 말 근대 민족국가 형성기에야 '발견'됐다는 '낯선 진실'을 그는 말한다. 이 견해에 따르면 노 대통령의 주장은 과장이다.

아니 노 대통령의 말이 다 옳다고 해도 상관없다. 일본의 독도 영유권 주장과 망언이 잦아졌다고 해서 그것이 동북아 평화 구상 실현 노력을 포기할 이유는 되지 않는다. 한국이 동북아 평화의 주도자가 되겠다는 구상은 바로 그런 약점을 지닌 일본을 이끌어 가겠다는 원대한 기획이기 때문이다.

그런데 요즘 노 대통령은 대일전(對日戰)을 진두지휘하면서 그 앞길을 막았다. '고음 외교'의 효과는 거의 없다. 대일 성토가 '외교의 혼'을 담은 것인지 모르지만, 나라 안팎에서 국내용 이상으로 취급해 주지 않는다. 이렇게 '외

79

교의 힘'이 없는 국가가, 분노의 감정 촉발에 더 능력을 지닌 지도자가 동북아 평화의 선도자가 되기는 어렵다.

노 대통령이 동북아 시대를 열겠다고 할 때 비웃는 이들이 많았다. 그러나 지지하는 이들도 있었다. 그 말을 믿어서가 아니다. 동북아 평화가 언제 올지 모르지만, 그 목표를 의식하며 작은 노력과 성과를 축적해 가는 게 중요하다고 생각했기 때문이다.

노무현 외교가 실패했다는 비판을 받는다면 그것은 한국을 동북아 평화의 허브로 만들지 못해서가 아니라, 그런 일관된 노력을 안 했기 때문이다.

어린 딸에게 잠자리에서 가끔 읽어 주는 『난 황금알을 낳을 거야』라는 동화가 있다. 황금알을 낳겠다는 꼬마 닭의 황당 공약에 코웃음 친 큰 닭들이 점점 공약에 진지해져 가는 과정을 다루고 있다. 이 동화를 노 대통령에게 권한다.

어느 시골 농장에 많은 닭이 모여 살았다. 그런데 닭장이 너무 좁고 공기가 나빠 깃털이 숭숭 빠지고 기침이 났다. 어느 날 꼬마 닭이 말했다. "나는, 이다음에 크면 황금알을 낳을 거야." 큰 닭들은 모두 웃었다.

그러나 꼬마 닭은 모퉁이를 날마다 쪼아 구멍을 냈다. 그 구멍 밖으로 빠져나온 꼬마 닭은 눈이 동그래졌다. 신선한 공기, 눈부신 햇빛. 꼬마 닭은 매일 구멍을 조금씩 팠고, 결국은 모든 닭이 빠져나가 널따란 밀밭에서 놀 수 있었다. 주인은 하루 꼬박 걸려 닭을 다시 가두어야 했다.

꼬마 닭은 또 막힌 구멍을 조금씩 쪼았다. 이제 큰 닭들도 빠져나갈 수 있게 되었다. 구멍이 커지자 모든 닭들이 우르르 바깥세상으로 몰려 나갔다.

많은 사람들이 와서 닭을 붙잡아 가두려 했지만, 사흘이 되어도 잡지 못했다. 결국 주인은 닭이 바라는 대로 바깥에 새 닭장을 커다랗게 지어 줬다.

닭은 이제 자유로워졌다. 건강하게 뽀송뽀송한 새 깃털이 자랐고, 기침도 하지 않게 됐다. 세월은 흘러 꼬마 닭이 드디어 알을 낳을 때가 되었다. 모든 닭이 모여들어 숨죽이며 지켜보았다. 그러나 꼬마 닭이 낳은 것은 평범한 갈색 알. "황금알이 아니잖아. 거봐. 넌 그동안 쓸데없는 짓을 한 거야."

그러자 꼬마 닭은 이렇게 말했다. "정말 믿고 있었군요, 내가 황금알을 낳을 거라고 말이에요."

• • •

어느 자리에서 왜 동화를 즐겨 인용하느냐는 질문을 받은 적이 있는데 동화를 인용하는 이유는 다음과 같다. 첫째, 아이에게 책을 읽어 주면서 동화가 상당히 흥미 있는 장르라는 것은 알았기 때문이다. 둘째, 동화에 틀린 말이 하나도 없다는 사실이다. 셋째, 비유와 은유가 풍부하다. 넷째, 교훈적이다. 그래서 인용하는 데 아무런 위험 부담이 없다. 위인들의 한마디 못지않게 감동을 줄 때가 있다.

이건희, 정몽구,
박용성과
올리가르히

최근 러시아의 블라디미르 푸틴 대통령이 올리가르히와 만났다. 올리가르히는 러시아 경제를 지배하는 소수의 재벌을 말한다. 올리가르히는 대통령 선거 때 검은 돈을 대고, 각종 이권을 따내고 특혜를 누렸다. 주요 언론사의 지분을 장악하고, 언론사를 세우기도 했다.

대통령은 이 올리가르히와 협상을 해왔다. 2000년에는 '세금을 내고, 법을 지키고, 정치에서 손 떼라. 그러면 의혹이 많은 당신들의 제국을 보장해 주겠다'고 홍정했다. 대통령과 재벌의 만남. 우리에게도 낯익은 장면이다. 2006년 말에도 노무현 대통령과 4대 재벌 총수가 만난 적이 있다.

물론 한국은 러시아와 다른 점이 있다. 그 하나가 노 대통령의 권력은 푸틴만 못하고, 올리가르히는 한국의 재벌만 못하다는 점이다. 푸틴은 "재력과 권력을 가진 올리가르히가 국가를 주무르는 시대는 끝났다"고 선언한 바 있다. 그러나 노무현 대통령은 "권력은 시장으로 넘어갔다"고 선언했다.

재벌은 지금 역사상 최고의 전성기를 구가하고 있다. 외환 위기 10년 만에 재벌로의 경제 집중은 더 심화되고, 총수의 재벌 지배력은 더 강화되었다. 그 결과, 한국인은 이제 쥐라기 공원에 사는 처지가 되었다. 어디서, 무엇을 하든 재벌에서 벗어날 길은 없다.

그들의 돈, 그들의 이데올로기, 그들의 담론, 그들의 정책은 우리의 뼛속까지 침투하고 있다. 삼성과 이건희 회장은 부러움과 존경의 대상이 되었다. 분단 이래 이런 재벌 헤게모니는 없었다.

삼성과 이건희 회장은 역대 정권에 줄기차게 불법 정치자금을 댔다. 그러나 한 번도 처벌받은 적이 없다. 정몽구 현대자동차 회장은 거액을 횡령해 3년 징역형을 받고도, 기적처럼 법정에서 걸어 나왔다. 박용성 전 두산 회장은 천문학적인 규모의 회사 돈을 몰래 빼돌려 사사로이 썼는데도 구속은커녕, 그 모든 죄를 사면받았다.

분식 회계를 해서 거액을 횡령하고, 불법 정치자금을 제공하고, 편법 상속해도 입법부, 사법부, 행정부, 제4부 언론 등 감시와 견제 기능을 해야 할 이 나라의 모든 제도는 깊은 침묵에 잠겨 있다.

재벌에 매우 충성스러운 국회는 이회장이 증언할 수 있다고 하는데도 증인 채택을 마다한다. 법원은 검찰이 잡아넣어라 해도 풀어 준다. 삼성 기사를 통째로 들어내면서 촉발된 시사저널 사태는 언론 현실의 단면일 뿐이다.

이렇게 재벌 총수의 비리는 적발도 어렵고, 적발되어도 죄가 되기 어렵고, 죄가 되어도 처벌하기 어렵다. '재벌 총수 3불(不)'이다. 법무부가 이번에 재벌 총수들을 사면하면서 낸 보도 자료도 이 3불에 근거하고 있다.

법무부는 사면이 '묵은 갈등 치유' '국민대통합 차원'이라고 했다. 없는 자를 잡아넣고, 있는 자는 풀어 줘서 갈등과 분열이 초래된다는 말을 들어봤어도, 죄지은 자를 벌했다고 갈등과 분열이 초래된다는 말은 처음 들어 보았다.

"과거의 관행적 구조적 부패 구조하에서의 잘못"이라고 했는데 재벌 총수들은 남이 만들어 놓은 부패 구조의 희생양이 아니다. 스스로 부패 동맹의 축이다.

'사면은 과거의 관행적 비리 구조 청산을 위한 조치'라고 했다. 사면하면 비리구조가 청산된다는 논리도 금시초문이다. 경제 질서를 어지럽힌 자를 사면해 서민에게 좌절을 안기고, 열심히 일하고 싶은 욕구를 떨어뜨려 놓고는 "경제 살리기에 전념할 수 있는 사회 분위기를 조성했다"고 자평할 수 있을까.

법무부만 이렇게 막무가내인 것은 아니다. 교육부는 재벌의 공식 모임인 전경련과 함께 재벌 세상을 찬양하는 경제 교과서를 내 어린아이들을 가르치겠다고 나섰다.

이렇게 한국 사회는 이미 세습 재벌의 인질이 되었다. 실감 나지 않는다면, 외환 위기 직후 한국 사회의 화두였던 재벌 개혁론이 지금 얼마나 불온하게 들리는가 생각해 보라.

삼성 간부들은 "삼성은 운이 좋다"고 말한다. 똑똑하고 능력이 있는 이재용 씨가 삼성을 물려받게 됐다고 하는 말이다. 만일, 이회장이 못난 자식을 낳아서 그가 삼성을 망쳐 놓고, 이 나라 경제를 망치면 정말 걱정이다. 이 회장이 아들 잘 낳은 것은 우리에게도 운 좋은 일이 아닐 수 없다. 그러므로 우리 모두 나서 재벌 총수들이 자식 잘 낳아 주기를 정화수 떠놓고 빌어야 한다.

일부 개혁적인 학자와 여당 지도자조차 재벌의 기득권과 세습을 묵인해 주고 일정 대가를 받아 내는, '재벌의 자비에 의존한 생존'을 주장한다. 이것은 자본주의도 아니다. 가족이 자본을 창출하는 체제라면 가족주의 아니면 가산제(Patrimonialism)가 어울린다. 아리스토텔레스의 과두정(oligarchy)도 괜찮다.

과두정은 소수가 지배하고 소수가 혜택을 보는 체제다. 정말, 이렇게 한국의 운명을 몇몇 가족에게 맡겨도 좋을까.

* * *

재벌 총수들이 무슨 죄를 저질러도 감방에 가지 않고, 가더라도 오래 있지 않는다는 것은 이제 상식이 되었다. 그들이야 말로 이 사회의 진정한 오너들이며 창업주들이다. 삼성 이건희 회장 문제는 2007년에만 불거진 것이 아니다. 김용철 변호사가 2008년 11월 삼성과 이건희 회장의 놀라운 행태를 폭로한 것에서 드러나듯 이들의 문제는 계속되고 있으며, 공고한 법적 보호를 받는 상태에도 변함이 없다. 이런 반복성과 고질성 때문에 이를 비판하는 것이 얼핏 식상한 일처럼 여겨질 수 있지만, 사실 그렇지 않다. 이들 행태의 문제점을 세상이 다 안다 해도, 이들을 공공연히 비판하는 지식인은 눈을 씻고 찾아봐야 할 만큼 극소수에 불과하기 때문이다.

바보

2006. 11. 09.

버웰 벨 주한 미군 사령관이 2006년 10월 30일 "북핵 실험으로 (한반도의) 군
사력 균형에 차질을 빚지는 않을 것"이라고 말했다. 그의 말은 아무런 시비
를 불러일으키지 않았다. 사흘 뒤. 노무현 대통령이 같은 말을 했다. "북핵
실험으로 한반도 군사적 균형이 깨지지 않았다고 생각한다."

그러자 융단폭격이 가해졌다. '핵무기를 가졌으면 이미 균형이 깨진 것인
데 말이 되느냐' '군 통수권자가 할 말이냐' '안이한 안보 인식이다' '인의 장
막에 갇혔나.' 온갖 비난이 쏟아졌다. 청와대는 "외국인 투자자가 참석한 투
자 유치 보고회에서 대통령이 핵 위협을 과장해야 한다는 말이냐"고 항변했
지만, 소용이 없다.

생각해 보자. 핵실험 한번 했다고, 미국의 핵우산 아래 있고 한미가 천문
학적인 군사비를 쓰는 한반도의 군사력 균형이 깨질 수 없다는 사실은 삼척
동자도 안다. 벨 사령관의 말에 시비가 없었던 것도 바로 그 때문이다. 그런

데도 '한반도 군사력 균형'을 '남북 군사력 균형'으로 살짝 바꿔 놓고는 '왜 균형이 안 깨졌단 말이냐'며 몰아치는데 이게 그렇게 잘 먹혀들어 갈 수 없다.

10월 31일 북, 미, 중 3자는 6자회담 복귀에 전격 합의했다. 그러자 바로 3자회담 과정에서 '한국이 완전 배제됐다' '왕따됐다'는 비판이 쇄도했다. 한국 외교부가 3자간 협의 과정에 대해 미국과 사전 협의를 해왔다고 설명했는데도 그랬다. 10월 26일에는 김승규 국정원장이 사퇴 의사를 밝혔다. 마침 '386 간첩단 사건'이 공표됐다.

김 원장 사의와 '간첩단 사건' 사이에 어떤 인과관계가 있는지 알려진 것이 전혀 없었다. 그런데 '간첩 사건 축소 은폐를 위해 여권 386들이 김 원장 사퇴 압력을 가한 것 아니냐'는 공세가 시작됐다. 청와대는 '창의적 상상력을 엉뚱한데 쓴다' '소설이다' '황당하다'라며 최상의 방어를 했다. 김 원장도 사실이 아니라고 했다. 그러나 정부는 고삐 풀린 의심을 제어하지 못했다. 결국 김 원장은 간첩잡으려 '간첩 같은 정권'의 압박에 물러나는 것으로 인식되어 있다.

인쇄된 것이 모두 진실은 아니다. 지금 술자리에서 믿거나 말거나 하며 꺼낼 수 있는 이야기, 다른 이에게 옮길 가치 없는 그런 종류의 말이 인쇄되고 전국에 뿌려진다. 지상(紙上)에서 춤추는 말들은 마음속 깊이 억누르고 있던 막연한 적의에 정당성을 부여하며 '그럼 그렇지' 하는 공감을 순식간에 확산시킨다.

지금 사람들은 노무현 정부가 콩으로 메주를 쑨다고 해도 믿지 않는다. 누구 탓인가. 무턱대고 의심부터 하는 믿음 없는 야당, 일부 보수 세력 때문인

가. 노 대통령은 하늘이 두 쪽 나도 부동산값을 잡겠다고 했다. 이 말을 믿었으면 어찌될 뻔했나.

노 대통령이 김대중 전 대통령을 찾아갔다. 청와대는 '예의와 순리'에 따른 자연스러운 일이라고 설명했다. 당, 정치, 정계 개편 이런 이야기는 절대 안 했다고 한다. 그럴 수 있다. 그러나 한나라당 대변인 성명처럼 "곧이곧대로 믿을 사람은 아무도 없다." 이제 누구를 믿어야 하나. 노무현 정부인가, 반대쪽인가. 정부의 말 가운데 믿어야 할 것은 뭐고, 믿지 않아야 할 것은 뭔가. 무엇이 합리적 의심이고 무엇이 터무니없는 정치 공세인가.

다 쓸데없는 고민이다. 신뢰 잃은 정부는 무엇을 하든 미덥지 않은 법이다. 시시콜콜 따질 필요가 없다. 믿다가 배신당하면 마음만 아프다. 몸도 상할 수 있다. 집살 기회를 놓치고 돈을 잃을 수도 있다. 믿지 않는 게 좋다. 그렇다고 정부에 대한 신뢰의 위기가 반대쪽의 신뢰를 증명해 주는 것도 아니다. 반대쪽은 상대가 약하니 아무렇게나 때려도 된다는 생각에 공격하는 자의 긴장감도 없이, 경중과 강약도 없이, 시도 때도 없이 비틀고 찌른다.

균형이 무너졌다. 옳음과 그름, 진실과 거짓의 경계가 불분명해졌다. 이렇게 신뢰의 위기는 정부에서 전 사회로 확산되고 있다.

부시 대통령은 대통령의 '말하는 권력'을 언급한 적이 있다. 다른 사람이 자기에게 말할 때는 이유를 설명해야 하지만 자기는 그것 없이 그냥 말하면 된다는 것이다. 그것이 권력이다.

노 대통령은 지금 그것을 잃었다. 한마디하면 두 번, 세 번, 네 번 그 이유를 해설하고 설명하고 해명해야 한다. 이래도 욕먹고 저래도 욕먹는다. 잘못

해도 욕먹고, 잘못하지 않아도 욕먹는다. 억울하게 당하는 게 한두 가지가 아니다. 김기춘 전 법무부 장관은 장관 좋은 줄은 장관해 봐야 안다고 했다. 장관되면 적어도 억울한 일은 안 당하기 때문이라는 것이다. 노 대통령은 대권을 쥐고 있다. 왜 억울한 일을 당하고 있나.

• • •

'바보'라는 단어와 몇 가지 부주의한 표현 때문에 노무현 대통령 사모곡으로 오인되어 한동안 얼굴을 못 들고 다녔다. 한 분은 "노무현이 감동하겠네"라고 했다. 노무현 대통령은 잦은 돌출 발언으로 정권 차원에서, 혹은 개인적으로 손해를 봤지만, 그의 말이 다 문제가 있었던 것은 아니다. 그의 말에는 일리 있는 것들이 왜 없었겠는가. 그런데도 그가 말만 하면, 보수 언론들은 난리였다. 그런 현상은 노 대통령의 말이 신뢰를 잃었기 때문이지만, 노 대통령의 정당한 발언을 변명해 주는 지식인은 드물었다.

노무현보다
못한
정동영

2006년 5·31 지방선거 완패 후 국민에게 상처 준 것을 사죄하고 독일로 떠났던 정동영은 3개월 만에 신중도의 깃발을 들고 서울로 돌아왔다. 좌우의 양 극단을 배제하고 중도의 길을 가겠노라고, 독일에서 한물간 1990년대 사회민주당의 우경화 노선을 수입한 것이다.

개혁 구상을 가다듬고 있을 줄 알았던 사람들에게는 의외였다. 지방선거 패배는 노무현 정부가 실정과 개혁 실패를 거듭한 것에 대한 심판이었고, 그것이 바로 노무현 정부가 인기 없는 이유라는 것은 너무나 명백했기 때문이었다. 그런데 정동영은 노무현 정부를 좌파로 규정하는 보수의 프레임을 받아들여 존재하지도 않는 좌파 정권과 정책을 거부하겠다고 선언했다. 급진 개혁이 노무현 정부 인기 하락의 원인인 듯한 논리를 폈다. 우회전이었다.

지난 7월에는 '조세를 통한 재분배'를 좌파 논리라고 비판하며 달나라로 가자는 정책을 내놓았다. 그래서 결국 그가 보수 정객으로 거듭났느냐 하면,

그렇지도 않다. 어느 순간 다시 좌회전을 했다. 대통합민주신당의 대통령 후보로 지명되면서 갑작스레 모든 것을 바꾸었다. 그는 차별 없는 성장, 시장주의 반대, 약육강식과 정글 자본주의 배격, 재벌 개혁을 주창하며 이명박과의 대결을 별렀다.

노무현의 표류가 열린우리당 좌절의 원인이라며 노무현의 독선과 오만을 질타하던 목소리도 순식간에 사라졌다. 후보가 되자마자 그는 노무현에게 사과했다. 친노 세력의 상처부터 치유하라는 노무현의 요구를 실천하겠다는 다짐도 했다. '당을 깨고 나를 쫓아낸 일부터 해명하라'는 노무현의 모욕도 너그럽게 받아넘긴다.

그뿐 아니다. 아예 정동영은 참여정부가 실패했다고 생각하지 않는다고 했다. 과거에도 그런 말을 한 적이 없다고 했다. 맞다. 그는 참여정부가 성공하지 못했다고 말했을 뿐이다. '성공하지 못한 것'과 '실패'의 차이가 무엇인지, 성공하지 못했지만 실패하지도 않은 정부란 어떤 정부인지 알 수 없지만, 정동영은 지금 그렇게 말하고 있다.

노무현을 밟고 갈 것처럼 하던 그가 이제 노무현 앞에 무릎 꿇었다. 통합말고는 노무현과 다른 게 단 하나도 없다고도 했다. 그는 이 정권이 서민과 중산층의 가슴에 못을 박고, 국민에게 준 상처를 치유하는 일보다 서민에게 상처를 준 노무현의 상처부터 치유하겠다고 나섰다. 그런 다음에 한 일은 구정치인 박지원의 영입 추진이었다.

정동영은 바람보다 먼저 눕고 바람보다 빨리 일어난다. 그게 정동영이다. 노무현은 지금 지지자와의 약속을 다 뒤집고 마음 내키는 대로 국정을 운영하고 있지만, 대통령 되기 전만해도 원칙과 신념의 화신이었다. 그렇게 굳은 소신을 가진, 천하의 노무현도 대통령이 되면서 과격하게 변했다.

노무현을 기준으로 하면 정동영의 앞날에 어떤 무궁무진한 변화가 펼쳐질지 충분히 상상해 볼 수 있지만, 우리는 이미 우회전과 좌회전, 신정치와 구정치, 친노무현과 반노무현, 시장주의와 반시장주의를 넘나드는 그의 현란한 곡예를 목격하고 있다.

그들은 이게 바로 외연 확대를 위한 득표 전술이고 정치 잘하는 것으로 알고 있다. 이쪽저쪽 세력을 모아 가고 있다고 생각하고 있다. 그러나 그것은 바보 산수(算數)다. 밑 빠진 독에 노무현표, 호남표, 보수표, 진보표가 차곡차곡 쌓일 것 같은가. 외연 확대는 분명한 정체성과 확고한 자기중심의 구축을 전제로 한다.

보따리 싸서 이리저리 떠도는 것은 외연 확대가 아니다. 부평초일 뿐이다. 그는 표를 찾아 부유하지만 정작 표는 찾아갈 곳도, 머물 곳도 없다. 소탐대실. 작은 표를 쫓다가 산맥을 지나치고 있다.

물론 정동영의 경선 승리 그 자체가 신당의 불운이라는 뜻은 아니다. 그가 지명됨으로써 대통령 되기에 유리한 쪽을 찾아 경선 중에 당을 옮겨 간 손학규가 후보가 되는 재앙을 막고, 노무현의 실패를 상징하는 이해찬의 부활을 차단했기 때문이다.

그러나 좋은 일은 그게 전부다. 정동영은 모호한 정체성이라는 점에서 손학규를 닮고, 노무현 계승이라는 점에서 이해찬을 닮았다. 게다가 정동영 자신의 문제가 있다. 정동영, 손학규, 이해찬의 결점을 합친 것이 정동영이다.

제2의 노무현 정권을 막자는 호소만으로도 이길 수 있는 쉬운 상대다. 사실 선거가 두 달 앞으로 다가왔는데 정동영의 지지는 이제 겨우 20퍼센트에 육박하고 있다.

정동영에게는 시간이 없다. 이리저리 흩어지는 표를 쫓아다닐 때가 아니다. 표가 스스로 모이도록 해야 한다. 정동영과 이명박의 차이가 30퍼센트포인트를 넘는 데는 이유가 있다. 그것을 찾아라.

• • •

제대로 된 정치 지도자가 없는 한국적 현실을 개탄하다 보면 바로 그런 과도한 비판이 정치 지도자를 크지 못하게 하는 것은 아닌가라는 고민을 할 때가 있다. 이른바 비판의 효용성 문제다. 비판이 부담스러울 정도로 취약한 정치적 리더십, 이제 한국 정치의 한 본질이라는 생각이 든다.

그는
한국 대통령이
아니다

조지 워커 부시는 미국 대통령이다. 미 대통령 선거 승리를 확인한 그는 자신을 '미국 대통령'이라고 불렀다. 그의 거짓말 버릇은 유명하지만, 적어도 그가 미 대통령이라는 주장은 부인할 수 없다. 이것은 내가 동의하는, 몇 안되는 그의 주장 가운데 하나이기도 하다.

그가 재선 이후 가진 첫 기자회견에서 이렇게 말했다. "미 대통령이 말하면, 말한 그대로 해야 세계가 평화로워질 수 있다." 하늘을 찌르고도 남을 기세다. '세계 대통령'의 명령 같다. 그 기분은 이해할 수 있다.

사실 이번 미 대통령 선거는 전 지구적으로 치러졌다. 일본, 호주, 이탈리아 총리, 푸틴 러시아 대통령이 부시 대통령을 공개적으로 지지했다. 프랑스 르몽드 신문은 케리를, 독일 빌트 신문은 부시를 밀었다. 영국 가디언 신문은 미국인에게 반 부시 편지 보내기 운동을 조직했다. 이런 '세계대전'을 치르고 이겼으니 자만해도 할 말은 없다.

그러나 미 대선은 불공평한 게임이었다. 미 대통령은 다른 나라 지도자와 정권을 바꾸고, 미사일을 쏘아 수많은 사람을 죽일 수 있다. 그런데 세계인에게는 투표권이 없다. 그들은 자기 운명이 걸린 이 한판의 게임에서 단 한 표도 행사하지 못했다. 세계는 미국인이 정해 준 운명을 그대로 받아들여야 하는가.

선거가 있던 2004년 11월 3일. 미국 공영 라디오인 NPR를 듣기 시작할 때였다. 미 대선의 향방이 걸린 오하이오에서 공화당원의 환호가 터져 나왔다. 오하이오 촌사람들이 세계의 미래를 결정하는 순간이다. 한국인도 오하이오 주민의 선택을 자기 운명으로 받아들여야 할까.

자칭 미국통, 국제정치 전문가의 다수, 보수 세력, 한나라당은 그럴 것을 요구한다. '한미 동맹 강화'를 내세워 이제는 부시가 하라는 대로 다해 주라고 정부의 등을 떼민다. 이들은 모르는 것 같다. 정부는 이미 그렇게 해왔다. 이라크 파병 두 차례, 주한미군 감축 수용, 용산 기지 이전 비용 전액 부담, 남북 관계 진전 포기 등 미국이 해달라는 것은 거의 다 들어주었다.

그래도 이 세력들은 미국이 불편하게 여길 만한 것을 찾아낼 재간이 있는 모양이다. 정부의 대미 라인을 더 친미적으로 바꾸란다. 부시가 한국 대통령이 된 줄 안다. 착각하지 마라. 조지 워커 부시는 미국 대통령이다. 그리고 우리의 운명이 아직 그의 손에 완전히 넘어가지도 않았다. 그동안 부시는 북한을 '악의 축', 김정일을 '피그미' '폭군'으로 부르며 '북한'과 '김정일'을 인정하지 않았다. 그러나 그는 북한 정권 교체의 꿈을 이루지 못했다. 주변국이 모두 반대했기 때문이다.

우리의 의지와 정책이 확고부동하다면, 이렇게 부시가 할 수 없는 것도 많다. 그러나 노무현 대통령은 부시의 행동반경을 벗어나지 못했다. 자신의 정치 기반 상실을 각오하면서까지 부시의 마음에 들고 싶어 했다. 바로 그 때문에 북핵 문제, 남북 관계에 특별한 진전 없이 그의 1년 9개월은 그냥 흘러갔다.

그런데 2005년이면 집권 3년차다. 더 허송세월할 여유가 없다. 그동안 부시에게 투자한 것을 제값을 쳐서 받아 내야 할 때가 됐다. 부시 2기 행정부의 대북 정책 검토가 끝날 때까지 기다리기에는 너무 늦다. 먼저 행동해야 한다. 이종석 국가안전보장회의 사무차장이 오늘 미국으로 떠나고, 곧 한미 정상회담이 있다.

좋은 기회다. 미국에 북한과의 협상에 응하고 유인책도 내라고 해야 한다. 북한의 완전 굴복을 기다리는 미련한 짓도 그만두라고 말해야 한다. 그리고 한미 공동 협상안을 마련하자고 설득해야 한다. 필요하다면, 유사시 대북 제재도 포함시켜야 한다. 바로 이런 일에 대통령직을 걸어야 한다.

우리의 정책은 우리가 선택해야 한다. 우리의 행복과 평화를 몽땅 부시에게 바치라고 하는 사람들은 이것을 알아야 한다. 조지 워커 부시는 미국 대통령이다.

• • •

이제 미국을 포함한 전 세계는 부시 대통령이 지난 8년 동안 어떤 잘못을 했는지 다 알게 되었지만, 부시 집권기 한국의 경우는 그렇지 않았다. '부시의 힘을 거부할 수 없다' ' 부시는 무조건 옳다'는 현실론과 당위론이 지배했다. 특히 취임 전 미국을 한 번도 가 본 적이 없는 노무현 대통령을 가르치겠다는 태도의 미국 박사 출신 학자들은 앞을 다퉈 부시가 하라는 대로 하라고 줄기차게 요구했다. 그러나 부시를 거부할 힘과 논리, 명분이 우리에게 있었고, 부시가 옳지도 않았다.

걸핏하면 "못하겠다"
툭하면 "내놓겠다"
푸념하는 대통령

2006. 11. 29.

"저 큰 나무가 죽으면 옆의 작은 나무도 죽을까." 어느 휴일 노무현 대통령은 부인 권양숙 여사와 경복궁 산책을 하다 불쑥 이런 말을 던졌다고 한다.

즉시 참모들 사이에 비상이 걸렸다. 사퇴 이후를 고민할 정도로 노 대통령이 진지하게 사퇴를 생각하고 있을지 모른다고 믿었던 것이다. 그날 이후 참모들은 대통령직에 의욕을 느낄 수 있는 분위기를 조성하려 무던히도 애를 써야 했다고 한다.

참모들의 노력이 실패한 것일까. 전효숙 헌법재판소장 지명을 철회한 노무현 대통령이 어제 또 사퇴 이야기를 했다. "임기를 다 마치지 않는 첫 번째 대통령이 되지 않았으면 좋겠다." 그런데 이번의 어법은 좀 다르다. 물러나지 않게 해달라는 주문형이다.

누가 물러나라고 했는가. 그동안 물러나겠다고 말한 이는 대통령 자신이었다. 그는 취임한 지 3개월 만에 "대통령직을 못해 먹겠다는 생각이 든다"

고 했다. 취임한 지 8개월이 되어서는 국민투표로 재신임을 묻겠다고 했다.

취임 10개월째는 불법 대선 자금이 야당의 10분의 1이 넘으면 대통령 자리를 내놓겠다고 했다. 취임 2년 6개월째는 대연정을 주장하며 권력을 통째로 내놓을 수 있다고 했다. 취임 3주년 때는 "임기 5년이 길게 느껴진다"고 했다.

출근하는 어느 날 아침 대통령 사임 소식을 들을까 노심초사했던 시민들의 마음을 조금이라도 헤아리는 대통령이었다면, 이런 말도 한두 번에 그쳤을 것이다. 그런데 이제 와서 물러나지 않게 해줬으면 좋겠다는 식이라니, 시민들을 겁주려는 것인가.

대통령 사퇴를 바라지 않으면, 국정 혼선이 있다고 해서 너무 따지거나 불평하지 말고 고분고분 따르라는 압력인가. "대통령 인사권이 사사건건 시비가 걸리고 있어서 대통령의 권한 행사가 대단히 어려운 상황입니다." 대통령은 자신의 무기력증을 위로받고 싶어 하는 것 같다.

그러나 지금 위로받아야 할 쪽은 대통령이 아니라 그를 최고 지도자로 선출한 대가로 고통받고 있는 시민들이다. 대통령은 자기 직무를 성실히 수행할 의무만 있다. 헌법의 명령이다. 다른 방법은 없다. 그렇게 해야 공무원들이 움직이고 정부가 작동되고 시민들이 기꺼이 세금을 낸다.

그런데 어찌된 일인지 대통령이 '부당한 횡포'를 고발하고, 그 횡포에 '굴복'했다고 선언했다. 제대로 된 나라가 아니다. 대통령이 '헌재소장 표결 방해'를 헌법위반의 불법행위 및 부당한 횡포로 규정하고는, 그 불법에 "대통령이 굴복했습니다"라고 광고를 하는 나라가 있다니.

그런 대통령이 지휘하는 정부를 누가 믿고 따를 것이며, 그런 정부의 정책에 누가 신뢰를 보낼 것인가. 지금 우리는 대통령으로부터 나올 수 있는 최악의 발언을 들었다. 그는 왜 "국민의 뜻을 겸허하게 받아들이겠습니다"라고 함으로써 대통령, 정부, 국민이 모두 이기는 길을 택하지 않았을까.

그는 왜 '굴복'을 선택함으로써 대통령과 정부, 국민들이 모두 패배자가 되는 길로 갔을까.

• • •

노무현 대통령은 2006년 8월 16일 전효숙 헌법재판관을 헌법재판소장 후보자로 지명했다. 그러나 소장 임기가, 재판관으로서 잔여 임기 3년인지 소장으로서 6년인지를 둘러싼 여야 간 대립으로 인사 청문회가 파행을 겪다 한나라당의 표결 불참으로 임명 동의안 본회의 상정이 무산됐다. 결국 헌법재판관 지명 103일 만인 11월 27일 노무현 대통령이 지명을 철회하면서 사태는 일단락되었다. 그러나 노 대통령은 다음 날인 28일 국무회의에서 대통령직 중도 사퇴 가능성을 비치고 야당의 잘못된 요구에 굴복했다는 폭탄 발언을 함으로써 시민을 난감하게 만들었다.

2부

정치

악정은 호환 마마보다 무섭다. 정치가 좋지 못하면 공동체는 분열되고 우리의 일상도 위협을 받는다. 급기야 우리의 영혼까지 교체를 강요당할 수 있다. 그래서 이대근은 나쁜 정치에 항의하는 데 주저하지 않는다. 발본적이다. 그러면서 지금까지와는 다른 새로운 정치를 말하고, 그것을 위해 버리고 조직하고 발언하라고 정치 세력들에게 요구한다. 정치에 대한 글도 이대근처럼 쓰면, 나쁜 정치에 지친 서민들에게 위안이 될 수 있다. _편집부

전국노래자랑

2008. 08. 21.

혹시 일요일 낮에 시간 있습니까. 영화 보러 가자는 것은 아니고요. 어디 놀러가자는 것도 아닙니다. 시간이 있으면, TV를 한번 켜 보십시오. 당신이 대한민국 국민이 맞다면 지난 한 주 분명히 갑갑하고 짜증나는 일을 겪거나 보았을 겁니다. 그런 당신을 위해 제안합니다. 일요일 낮 TV를 켜십시오.

천문학적인 돈을 횡령하고 회계 조작해 경제 질서를 어지럽히고 납치와 폭행으로 사회질서를 무너뜨린 재벌 총수들을 다 용서해 준 대통령이 법질서 확립에 나서겠다고 했다는 이야기를 아십니까. 그렇게 통 크고 관대한 정권이 촛불 집회 참가자를 싹쓸이 체포한다고 포장마차에서 떡볶이를 먹던 남성을, 커피숍에서 커피 마시던 여성을 잡아갔다는 기사를 보셨습니까. 속이 불편해지려 한다고요. 그렇다면, 일요일 낮에 TV를 켜십시오. 주요 정치인이 여야의 대립으로 국회를 열지 못하는 그때가 바로 놀기 좋은 때라고 평일 골프에 해외 골프 여행을 갔다는 이야기는 들으셨습니까. 갑자기 열이 오르기 시작한다고요. 아직 끝나지 않았습니다. 올해 1/4분기 소득 상위 20퍼센트의 소득은 더 늘었지만, 나머지 80퍼센트의 소득은 더 낮았다는 통계 결과는 아십니까. 모든 것이 다 오르는데 남편 월급과 아이 성적만 안 오른다면서요. 공연히 짜증이 납니까. 은근히 부아가 난다고요? 일요일 낮에 TV를 켜십시오.

대통령은 자기가 하는 일이 올바르기 때문에 확고하게 밀고 나갈 각오가 되어 있다고 말했다면서요. 그러면, 국민도 각오하고 있어야겠네요. 대통령의 임기는 2013년 2월 24일 자정까지입니다. 그때까지 참아야 합니다. 촛불집회는 백번해도 소용없다고 하더군요. 고달파도 어쩝니까. 이명박의 국민으로 살아갈 각오를 해야 할 것 같습니다. 이런 국민을 누가 위로해 줄 수 있을까요. 대통령은 이렇게 말했다는군요. "영국의 대처 총리나 미국의 레이건 대통령이 초기에 나보다 더 어려움을 겪었지만, 결과는 더 좋았던 것을 보면서 나도 그렇게 위로를 받고 있습니다." 그러면 가슴이 답답하고 화병 난 시민들은 어떻게 위로를 받아야 할까요.

이런 방법은 어떻습니까. 일요일 낮 12시 10분에 TV를 켜고 KBS1에 채널을 맞춰 보세요. 딩동댕하는 아주 맑은 소리가 나면 곧 탁음에 키 작고 얼굴은 거무스름한 팔순 노인이 등장해 자기를 '일요일의 남자'라고 소개할 겁니다. 〈전국노래자랑〉이 시작되는 거죠. 이 노래자랑에는 도대체 낯선 게 없습니다. 모두 이웃에서 쉽게 마주치는 그런 얼굴들이니까요. 노래 역시 익숙하지요. 노래와 춤 솜씨는 당신보다 별로 낫지 않을 겁니다. 아마 월 소득도 그렇겠지요. 경쟁심은 생기지 않습니다. 이번 일요일뿐 아닙니다. 지난주 일요일에도 그랬습니다. 지지난 주에도 그랬지요. 그렇게 28년 되었다고 합니다. 생각해 보세요. 반만년 역사에 오래된 게 별로 없어요. 한국. 우리를 끊임없이 낯설게 합니다. 부수고 다시 짓고 또 부숩니다. 정겨운 골목길은 다 어디 갔습니까. 단골 선술집이 얼마나 오래 가겠습니까. 잠시 한눈파는 사이에도 얼마나 빨리 변하고 뒤집어지는지요. 그런데 28년째 그대로인 게 있네요. 그래서인데, 〈전국노래자랑〉은 절대로 당신을 긴장시키지 않아요. 놀라게 하지도 않고 흥분시키지도 않습니다. 경청할 필요도 없어요. 비스듬히 누워서 보는 게 제격이고, 졸면서 보면 더 좋지요. 랩, 뽕짝, 댄스곡, 발라드 다 나오지만 무슨 상관입니까. 흘러나오는 노래가 귓가를 스쳐가기만 하면 됩니다. 그 이완된 분위기에 살짝 올라타기만 하면 되니까요. 그러면 느낌이 올 겁니다. 세상이 참 한가롭구나! 아무리 노랫소리 요란해도 뙤약볕 내리쬐는 한 여름, 인적은 없는데 매미는 요란하게 울고 누렁이는 마당에 엎드려 자는 권태로운 장면과 다르지 않아요. 아무 일도 없구나! 지난주 무엇에 시달렸든 마음속의 파도가 잔잔해지면서 갈등도 번민도 잦아들 겁니다.

이걸 한마디로 뭐라 할까요. 내 안이 편안해지면서 세상도 무고한 것. 그렇습니다. 평화. 당신은 지금 평화를 경험하고 있습니다. 이것이 바로 〈전국노래자랑〉이 전하는 진정한 메시지입니다. 그건 다 거짓이라고요? 월요일 다시 전쟁터로 돌아가야 한다고요? 당신은 지금 완전한 평화를 원하고 있군요. 그날이 올 것 같습니까. 다시 어지러운 세상 한가운데 뛰어들더라도 당신에겐 휴식이 필요합니다. 사막에 옹달샘이라도 있어야지요. 이 작은 평화라도 있어야지요. 그래야 살지요.

• • •

초등학교 6학년 큰딸 수련이는 이 글을 보고는 단박에 "아빠는 위선적"이라고 공격했다. 일요일도 출근하느라 낮에 집에서 TV를 볼 일이 없는 아빠가, 남들에게 일요일 낮 집에서 TV를 보라고 하는 것은 이중적인 태도가 아니냐는 항변이었다. 유구무언. 사실 〈전국노래자랑〉은 필자가 일요일 점심 때 신문사 근처 식당에서 즐겨 보는 프로그램이었다.

말

2008. 10. 02.

"수만 명이 입주하는 기숙사를 지을 경우 어떤 일이 생길지 잘 판단해야 한다. 근로자들의 집단화로 노사 갈등과 체제 간 갈등이 생길 수도 있다." 이명박이 지난달 10일 충남 천안에서 중소기업인을 만났을 때 개성공단 입주 업체 대표로부터 숙소에 관한 질문을 받자 이렇게 말한 것으로 전해지고 있다. 2007년 말 남북은 개성공단 노동력 부족 문제를 해결하기 위해 1만5,000명 수용 규모의 숙소를 짓기로 합의한 바 있다. 그러나 정권 교체 이후 이명박 정부는 가타부타 말이 없었고, 입주 기업들은 애를 태웠다. 그러던 차에 최고 정책 결정권자의 말이 나왔으니, 드디어 방향을 정했나 보다 했다. 말하자면, 숙소를 포기해야 하는 것이다. 그런데 통일부는 아직 결정된 바 없다고 한다. 어떻게 된 일일까. 추측컨대 즉흥 발언이었던 것 같다. 한쪽 귀로 듣고 다른 쪽 귀로 흘려버리면 그만인 그런 말. 그러나 이왕 듣게 되었으면, 흘려버리기보다 그의 말을 찬찬히 음미해 보는 것도 방법이다. 짧은 한마디지만, 그의 말을 통해 그를 더 잘 알 수 있기 때문이다. 이명박의 말이 바로 이명박이다. 그를 알아보자.

첫째, 이명박은 북한을 너무 모른다. 노동자는 당의 외곽 조직에 소속하도록 명문화되어 있다. 노동자는 철저히 당의 통제를 받는다는 뜻이다. 집단행동은 불가능하다. 중소기업이 개성공단에 진출하고 싶어 하는 것도 바로 그때문이다. 낮은 임금을 주는데도 노사 갈등을 일으킬 줄 모른다는 사실이 중소기업을 개성공단으로 유인해 왔다. 만일 노동자가 당의 통제를 벗어나 분규를 일으킨다면, 그것은 북한의 상당한 변화, 즉 개혁, 개방 때나 가능한 일이다. 아마 집단행동 전에 먼저 개혁, 개방이 올 것이다. 물론 대통령은 북한을 잘 모를 수 있다. 모르는 게 죄가 아니다. 문제는 모르면서 함부로 말하고, 그럼으로써 상황을 오도하고, 정책 판단을 그르칠 수 있다는 점이다.

둘째, 이명박은 개성공단에 관심이 없다. 그렇지 않아도 공단 노동력이 부족한데 1단계 사업이 본격화하면 더 할 것이다. 개성시 밖의 먼 곳에서 사람을 데려오는 수밖에 없다. 그러자면 통근 버스로 몇 시간씩 걸려 비좁은 비포장길을 돌아다니며 출퇴근시켜야 한다. 당연히 근무시간은 줄고 피로도는 높아지면서 생산성이 떨어진다. 비효율적이다. 대신 공단 옆에 숙소를 지으면, 그 비용을 줄일 수 있다. 건설 회사 회장 출신인 이명박 대통령이 이걸 모를 리 없다. 그런 그가 숙소 문제가 나오자 집단행동 이야기부터 했다. 그는 도대체 관심이 없다. 무지 이전의 무관심이다.

셋째, 이명박은 노동자에 대한 편견이 있다. 그에게 노동자는 분규를 일으키는 불편한 존재다. 그러므로 노동자는 서로 분리시켜 놓아야 한다. 이 신념은 너무 확고해서 현대 계열사 공장 옆에 사옥을 지었을 때 집단행동을 못하게 일반인을 입주시켰다는 사실을 자랑하는데 거리낌이 없다. 그의 편견 또한 깊어 체제가 전혀 다른 북한에서의 경협조차 노사문제로 환원시켜 이해한다. 넷째. 이명박은 북한에 관해 말할 때도 북한을 의식하지 못한다. 그는 노동자 집단화에 따른 노사 간, 체제 간 갈등이니 하며 마음껏 편하게 말했다. 북한이 들으면 펄쩍 뛸 내용이다. 집단행동을 체제에 대한 중대한 도전으로 간주하는 북한이다. 그런데 그 도전을 예고했으니 노동신문이 나서서 험한 소리를 토해 낸 것이 이상할 게 없다. 북한 무서워 할 말도 못하면 되겠느냐고? 물론 그러면 안 된다. 문제는 북한에 대해 어떻게 말하느냐가 아니라, 북한에 관해 말할 때 북한이란 존재를 인식하느냐는 것이다. 자기 말을 누가 들을지는 생각하고 말해야 한다.

다섯째, 이명박의 말은 조리나 논리가 없다. 숙소는 말이 숙소지 각종 편의 시설을 고려하면 신도시나 다름없다. 그는 그런 것이 노동자의 집단화 때문에 신중해야 한다고 했는데, 그렇다면 공단 인근의 개성시는 어떤가. 그곳이야말로 개성시당위원회가 철저하게 집단화한 곳이다. 개성 구도시는 괜찮고, 개성 신도시는 안 된다는 것인가. 그리고 체제 갈등이라니. 지금 거론되는 숙소는 북한 노동자 전용이다. 남북 노동자가 함께 있는 것도 아닌데, 어디에서 체제갈등이 발생하나. 대통령의 말은 시민을 설득하고 동의를 이끌어 내는 중요한 수단이다. 그런데 안타깝게도, 그가 끊임없이 말을 하지만 그의 말은 말로써 기능하지 못하고 있다.

108

• • •

개성공단에 대한 이명박 대통령의 한마디는 개성공단에 대한 이명박 정부의 정책을 그대로 드러낸 것이라고 할 수 있다. 북한은 이 말에 보복이라도 하듯 한 달 지난 뒤인 2008년 11월, 12월에 걸쳐 개성 관광 중단, 남북 열차 운행 중단, 군사분계선을 통한 남북 통행 엄격 제한, 개성공단의 남측 상주 인력 절반 축소 등 잇달아 남북 차단 조치를 취했다. 그러나 한나라당 박희태 대표는 이런 조치에 아랑곳 않고 "개성공단 정도는 우리에게 수백 개 있다, 그거 하나가 우리 경제에 무슨 큰 악영향을 미치겠나"라며 신포도론을 설파했다.

질주하는
18퍼센트

2008. 08. 07.

이명박의 뒤집기, 역공이 꽤 과감하다. 과격하다. 두 번 사과하고 재협상까지 했던 정부의 관리가 "미국산 쇠고기 수입은 미국이 한국에 준 선물"이라고 했을 때 그것이 바로 공격 신호였던 것 같다.

왜 이런 발상의 전환을 했을까. 그의 속으로 들어가 보자. '여야 간 합의니 대화니 하며 야당에 끌려갈 거면 왜 고생하면서 총선을 치렀나. 국회를 장악해야 한다. 야당이 장관 후보 청문회니 특위니 틈만 나면 정부를 흔들어 보려고 하는데 그건 다수로 밀어붙이면 된다. 정국 주도 의지를 과시하고 야당의 발목 잡기에 흔들리지 않는다는 것을 보여 주기 위해서라도 장관 임명 강행은 불가피하다. 국회 원구성? 어차피 늦었다. 여당을 전투력 있는 당으로 단련시키고 야당을 길들이기 위해 필요하다면, 좀 지연돼도 상관없다. 지금 한가하게 KBS의 정치적 중립성을 따질 때가 아니다. MBC〈PD수첩〉프로그램 하나로 정권이 휘청했는데, KBS를 못 잡으면 정권 잡은 것도 아니다.

또 낙하산이냐는 시비에 마음이 약해져서는 안 된다. 그것마저 없으면 누가 이 정권을 지키겠다고 나서겠는가.' 이러지 않았을까 싶다.

그의 이런 공격적 자세를 설명할 수 있는 특별한 상황 변화는 없었다. 다만 그를 고무시킬 수 있는 몇 가지 요인들은 있었다. 내각 전체를 삼킬 듯하던 시민의 분노는 이미 진압되었다. 금강산 피격 사건은 남북 관계를 회복하라는 압박에서 그를 해방시켜 주었다. 일본과는 아니지만, 미국과 독도 문제를 해결했다. 이명박 심판 무대라던 서울시 교육감 선거에서는 이겼다. 그가 그동안 얼마나 안 풀렸었는가를 고려해 볼 때 이 정도라면 매우 좋은 소식에 해당한다. 그러나 그런점을 감안한다 해도 역공세는 의외다. 아무리 찾아봐도 그렇게 할 수 있는 명분, 정당성, 합리적 근거가 없기 때문이다. 그는 겨우 자신을 옥죄던 최악의 상황을 벗어났을 뿐이다. 여전히 나쁜 상황에 처해 있다는 사실에는 한 치의 변화가 없다. 국정 지지도는 촛불 집회가 한창일 때인 18퍼센트로 내려와 있다. 촛불 집회가 시야에서 사라졌다고 문제가 해결된 것으로 판단하면 안 된다. 지도자는 안 보이는 것도 볼 줄 알아야 한다. 교육감 선거도 정치적 승리가 아니다. 이 정권이 강남에 고립되어 있다는 것을 드러낼 뿐이다.

착각은 금물이다. 냉정해야 한다. 이 상태에서는 국정의 정상화를 기대할 수 없다. 18퍼센트로는 그가 하고 싶은 것 하나도 제대로 할 수 없다. 그렇다면 앞으로 무엇을 해야 할지는 분명하다. 비전으로 시민들을 재결집시키고 이견과 반대를 설득하고 동의를 이끌어 내며, 작은 성공 사례라도 만들어 지지를 조직해야 한다. 그가 스스로 제시한 방법도 있다. 국민 통합, 신뢰의 회복, "나도 진보적"이라고 했을 때의 포용적이고 유연한 사고, 정치의 존중. 그러나 자신감을 잃었는지, 포기했는지 다시 시작해 보겠는 각오가 보이지 않는다. 대신 자기 권력만이라도 지켜야 한다는 조급성과 위기감이 느껴진다. 그럴 때 선택할 수 있는 것은 권력 집중과 친정 체제다. 한나라당은 청와대 정무수석실 부속 기관으로 만들고, 박희태, 홍준표와 같은 유화파의 힘을 빼 야당과의 고리를 끊어 놓는다. 검찰과 경찰은 물론 감사원, 방송통신위원회와 같은 정치적 중립 기구도 대통령의 직접 통제 아래 둔다. 그리고 다 떠난 자리에 남아 있는 소수의 보수 강경파들을 붙잡고라도 정면 돌파를 한다.

그러나 이명박이 한 줌도 안 되는 보수 강경파의 보스가 된다는 것은 슬픈 일이다. 한나라당은 잘 쓰면 큰 힘이 된다. 거수기로 쓰다 버리기엔 너무 아깝다. 검찰, 경찰, 방통위, 감사원은 다른 훌륭한 일을 위해 쓰일 때가 있다. 권력의 도구로서 신뢰를 잃는 순간 다 쓸모없어진다. 방송도 정권에 장악되는 순간 힘을 잃는다. 그런 국가기구와 방송이라면 이명박에게 도움이 못 된다. 늦기 전에 멈춰야 한다. 18퍼센트로 역주행하는 결과는 불을 보듯 뻔하다. 〈식스 센스〉라는 영화가 있다. 주인공은 자신이 살아 있다고 믿었다. 그러나 사실 그는 오래전에 총 맞아 죽었으며, 살아 있다고 믿었던 그는 이미 죽은 자신의 유령이라는 것을 영화가 끝날 때가 되어서야 알게 된다. 이명박은 촛불 집회로 치명상을 입었다. 상처는 여전히 깊다. 정면 돌파도 정국 주도도 불가능하다. 이 사실부터 직시해야 한다. 다행하게도 이명박은 영화로 치면 겨우 도입부에 있지 않은가.

• • •

이명박 정부는 촛불 집회에 대해 공안 정국에 가까운 탄압으로 복수를 한 것으로 그치지 않았다. 이후에도 계속해서 다양한 '좌파 척결 활동'을 전개하며 이념 대결을 유도했고, 그 결과, 일부 보수 세력을 결집하는 데 성공했다. 지지율 30퍼센트를 넘기도 했다. 그런 점에서 역공세는 성공적이었다고 할 수 있다. 그런 전략이 먹히고 있다는 생각에 고무된 이명박 정권은 대결 정치로 지지율을 40퍼센트로 끌어올려 정국을 주도하겠다는 목표까지 세웠다. 과연 그 목표를 달성할 수 있을까. 우리 모두 흥미진진하게 지켜보자. 박희태는 2008년 말 유화파에서 졸업했다. 원외대표로서의 약한 입지가 온건 이미지로 인해 더욱 흔들린다고 생각했는지, 이 대통령을 맹목적으로 추종하는 강경파 역할로 전환한 것이다.

정권 교체인가,
영혼 교체인가

2008. 01. 31.

최근 한 시민 단체가 이명박 정부의 대북 정책을 주제로 개최한 정책 토론회에 참석했을 때였다. 토론회장으로 들어서는 순간 적이 놀랐다. 입추의 여지가 없었다. 100명 정도 될 거라고 했다. 이런 토론회에 종종 참석해 봤지만, 이렇게 많은 자발적 청중은 처음이었다. 토론을 듣는 그들은 무엇이 어떻게 달라질지 궁금해 하고 걱정하는 표정이 역력했다. 아, 이게 정권 교체라는 거구나!

이명박이 요즘 외교 안보 문제에 대해 상식을 깨는 파격적인 언행을 하고 있는데 이는 그 분야에 대해 잘 모르기 때문에 가능한 것이다. 이명박은 북한에 인권 문제를 제기하겠다면서 "솔직하고 열린 마음으로 대화하자는 의도"라고 설명했다. 낭만적인 생각이다. 잘 알지도 못하는 사이에 만나서 상대 약점을 찌르며 솔직하게 대화 한번 해보라. 어떤 일이 일어나는가.

그는 "남북 관계를 잘하기 위해서 한미 관계가 멀어져야 한다는 등식은

114

맞지 않다"고 했다. 누가 그랬다는 말인가. 김대중인가, 노무현인가. 금시초
문이다. 쌀과 비료 지원 업무를 대한적십자사로 이관해 공짜 지원할 것처럼
했는데, 그동안 쌀과 비료를 협상의 지렛대 역할을 한 줄은 알고 있다. 한강
하구에 시멘트를 쳐 섬으로 만든 뒤 공단을 조성한다는 나들섬 구상에 이르
면 만세를 부르게 된다. 그것은 한강 하구 자연생태계를 파괴하고 물길을 막
아 홍수의 재앙을 부르는 기상천외의 공약이다.

정권이 바뀌었으니 정책을 바꿀 이유는 있다. 그러면 정책을 제대로 가다
듬을 생각을 해야 하는데, 아직도 대북 정책을 정리하지 못하고, 통일부를
그대로 두면 어떤 심각한 문제가 발생한다는 건지 설명도 못하면서 폐지부
터 결정했다. 알다가도 모를 일이다. 그런데 이명박은 이런 반응과 평가에
개의치 않는다.

사실 그는 경제를 살린다고 해서 대통령에 당선된 거지, 남북 관계 잘 하
겠다고 해서 당선된 것은 아니다. 그래서 남북 관계를 잘 모른다거나 정책이
부실하다는 것은 그에게 전혀 흠이 되지 않는다. 오히려 칭찬이 될 수 있다.
다른 일에 신경 쓰지 못할 정도로 경제 살리기에 매달리고 있다면 아름다운
장면 아닌가.

사실 그의 무지와 부실도 따지고 보면 너무 걱정할 게 못 된다. 이명박 정
부가 출범하면 현실에 직면할 것이고, 그때부터 천진난만한 생각을 버리고
진지해질 것이기 때문이다. 지금도 그런 징후는 있다. 그가 "남북 간 화해와
평화를 유지하기 위한 노력은 더할 것"이라고 한 사실을 기억하라. 그러면
서도 딴소리하고, 통일부 폐지는 협상용이 아니라느니 하는 차기 정부 사람들

의 이중성과 혼선, 혼란은 첫째, 총선에서 이회창과 함께 보수 표 획득 경쟁을 해야 하는 사정 때문일 것이다. 둘째, 정책 바꾸기는 어렵지만 폐지 소문 내기는 쉬워서가 아닐까.

이런 시행착오는 야당 집권이란 점을 고려하면 불가피하다. 문제는 하지 않아도 될 시행착오로 인해 과도한 수업료를 지불하는 것이다. 이를 막으려면, 모든 것을 다 바꿀 수 없다는 사실을 깨닫는 데 너무 많은 시간이 걸리지 않아야 한다. 정권 교체는 우리 삶의 근본과 정신까지 다 바꾸라는 백지위임이 아니다. 정권 교체란 노무현 정부를 이명박 정부로 바꾸는 것이다. 정부가 할 수 있는 것 일부를 바꾸는 것이다. 왜냐하면 바꿀 수 있는 것이 있고, 없는 것이 있기 때문이다. 그런 점에서 우려할 것은 남북 관계라기보다 한국의 미국화를 향한 질주다.

이명박 사람들은 한미 관계만 잘되면 우리의 안보와 평화도 다 잘된다는 동맹 만능론에 너무 빠져 있다. 오직 미국이 하라는 대로 따르기만 하면 만사형통이다. 영어만 잘하면 국가 경쟁력이 높아지며, 1등 국민이 된다는 영어 숭배도 그렇다. 언어는 돈벌이 수단이 아니라 존재의 집이며 영혼이 사는 곳이다. 전 국민에게 영어 고문을 가해 우리의 존재도 바꿔 놓으려는 심산인가. 정권 교체는 북한 정부를 남한 정부로 바꾸는 것도 아니고, 한국 정부를 미국 정부로 교체하는 것도 아니다.

정말이지 우리는 영혼을 교체할 생각은 없다.

• • •

이명박 대통령 당선자 시절 학술 단체, 시민 단체, 대북지원 단체에서는 이명박 정부의 남북 관계, 한미 관계를 전망하는 토론회가 봇물 터지듯 했다. 무엇이 얼마나 달라진 것인가에 대한 관심이 그만큼 컸기 때문이다. 간혹 조심스런 낙관론이 나오기는 했지만, 대체로 우려와 걱정 이 주조였다. 이명박 대통령의 남북 관계 인식을 보여 주는 대표적인 사례는 통일부 폐지 방침 이다. 이명박 대통령은 정부 조직 개편안의 대야 협상을 위해서가 아니라 정말 통일부를 없애 려 했다.

정권 교체를
위하여

2007. 12. 06.

권위주의 시절에도 입바른 소리를 하는 사람들이 있었다. "우리는 왜 선거에서 정책 대결을 하지 않는가." 집권하면 국정 운영을 어떻게 할 건지 구체적 대책을 내놓고 서로 경쟁해야 정치발전을 할 수 있다는 지적이었다. 사실 그때 야당 대통령 후보들은 독재 타도와 군정 종식을 설파하는 데 열중했지, 정책에는 별 관심을 두지 않았다. 말인즉슨 옳았다. 그러나 뭔가 개운치 않았다.

그 시절 정책 선거 주장은 집권당을 은근히 돕는 논리였다. 당시 공약은 선심 공약이었고, 준 관료 조직인 집권당은 기꺼이 산타클로스 보따리를 풀 준비가 되어 있었다. 사람들은 헷갈렸다. 맞는 말 같기도 하고, 아닌 것 같기도 하고. '공약을 놓고 우열을 따지고 있으면 독재는 언제 타도하지?' 그때 그런 혼돈을 깨끗하게 정리한 이가 있었다.

백기완 후보였다. "군사독재 타도야말로 이 시대의 최고 정책이다. 그것

118

말고 다른 정책이 무슨 소용인가." 사실 독재 타도라는 대사변 앞에 다른 정책은 사소해 보였다. 많은 시민들도 '독재만 무너뜨리면 ……'이라고 생각했다. 그로부터 20년의 세월이 흘렀다. 여야 간 정권 교체도 있었다. 그리고 정권 교체만 하면 모든 일이 잘 풀릴 것이라는 기대는 충족되기 어렵다는 현실도 알게 되었다.

그런데 어찌된 일인지 요즘 정권 교체 만능론이 다시 하늘을 찌르고 있다. 보수 세력들은 그들 눈에 좌파로 보이는 노무현 정권을 타도하기만 하면 세상이 절로 좋아질 것처럼 주장한다. 기대만큼은 아니지만 권위주의 시대에는 정권 교체만으로도 정치적 자유를 포함해 어느 정도 진전과 변화가 가능했다.

그러나 민주화 이후의 정권 교체는 다르다. 무엇을 어떻게 교체할지 준비하지 않으면 빈껍데기만 바꾸게 된다. 보수가 그토록 오매불망하던 정권 교체가 단지 대통령, 총리, 장관, 그리고 무슨 위원장, 이사장, 감사 등 수많은 공직을 한자리씩 나눠 갖기 위한 것이라면 더 이상 시비할 것이 없다. 그러나 성공적인 정권이 되기를 바란다면, 어떻게 정권 교체를 준비해야 할지 고민해야 한다.

역설적이지만, 뒤늦게 나마 이회창이 그 계기를 제공했다. 그는 이명박과는 다른 내용의 정권 교체를 주장했다. 대북관이 애매모호하고, 국가 정체성이 불분명한 것은 물론 정직, 법, 원칙을 존중할 줄 모르고 돈만 벌면 된다는 천민자본주의는 안 된다고 했다. 이명박이 똑똑한 국정 운영 프로그램을 갖고 있다면 이 정도 공세는 쉽게 제압할 수 있다.

그러나 그는 덮어 버렸다. 대신 이명박은 대북 강경 발언을 자주 하고, 대운하는 거론하지 않고 금산분리 철회 입장은 다소 완화해 자기 색깔을 좀 더 흐리게 하는 것으로 피해 갔다. 이런 이명박의 모호함과 일관성 상실은 보수들로부터 정체성 논란을 불러일으킬 만한 것이었지만, 정권 교체를 열망하는 보수파들 사이에서 그런 것은 전혀 논쟁거리가 되지 않았다. 그들은 여전히 정권 교체라는 공약 하나에만 관심이 있었다.

이명박은 검찰이 무혐의로 발표하면서 다행히 BBK 문제를 잘 통과했다. 그러나 그것은 인물 검증의 일부를 마친 것뿐이다. 우리가 주목해야 할 것은 그런 검증 하나에 시간을 다 소비한 결과, 정책을 검증할 시간이 남아 있지 않다는 사실이다.

'무능한 진보'와 달리 보수는 아무 준비 없이도 국정 운영을 잘할 수 있을 만큼 유능하기 때문에 정책 검증은 그냥 통과해도 괜찮은가. 보수가 착각하고 있는 게 하나 있다. '무능한 진보' 담론이다. 그것은 진보 개혁 세력에 대한 기대와 그 결과의 차이를 지적하는 말이다. 일반적으로 진보가 보수보다 무능하다는 의미가 아니다.

외환 위기로 나라를 파탄 낸 것은 보수 정권이였다. 그런 그들이 요즘처럼 다원화되고 갈등 구조가 복잡한 이 사회를 보수라는 단선적 관점으로 풀기란 쉽지 않다. 지금까지 이 사회는 보수에 대해 이런 고정관념, 혹은 편견을 갖고 있었다. 보수가 그걸 깰 비전을 제시한 적이 있는가. 없다. 그래도 정권 교체만 되면 그만인가.

노무현은 선거 과정에서 위임받은 과제를 버려두고 스스로 선정한 의제에 매달리다 이 지경에 이르렀다. 그러나 이명박은 자기가 무엇을 위임받았는지도 모르는 것 같다. 정책 논쟁이 없었으니 국가 운영 방향을 알 도리가 없을 것이다.

게다가 그에게 보내는 신호도 복잡하다. 가령 이명박을 지지하면서도 4만 달러 시대, 대운하를 반대하는 이들이 많다. 그걸 중지하라는 의사가 아니라 정권 교체만 하면 아무거나 해도 괜찮다는 백지위임으로 잘못 읽을 수 있다. 그것은 보수에게만이 아니라, 시민 전체에게 뼈아픈 결과를 가져다줄 것이다. 그래도 우리는 단순히 그가 BBK 의혹을 벗었다는 사실만을 근거로 그를 지지할지 말지 선택해야 하는가.

• • •

보수층은 대선을 앞두고 검찰에 의해 이명박의 BBK 의혹이 무혐의로 발표되자 정권 교체가 확실해졌다고 환호했다. 그러나 '성공한 보수 정부'가 되기 위해 무엇을 준비해야 한다는 생각에는 미치지 못했던 것 같다. 마치 정권 교체 그 자체가 성공을 보장해 주는 듯했다.

54퍼센트가
말하는 것

민주주의 선거는 선택 가능한 대안들의 존재를 전제로 한다. 그러나 지난 18
대 총선은 그러지 않았다. 한국의 정치 계급들은 대안을 내놓는 대신 선택의
기회를 차단함으로써 자기의 기득권을 재생산하고자 했다.

먼저 그들은 선거 일정을 늦춰 후보가 누군지 알 수 없게 했다. 낙하산, 밀
실, 나눠 먹기 공천을 통해 시민들이 아니라, 자기들이 선택한 것을 시민들
이 선택하게 했다. 쟁점은 피하고, 시민사회의 토론은 막았다. 정당들의 이
념, 노선, 정책은 불분명했을 뿐 아니라, 서로 구별되지도 않았다.

이렇게 시민참여 배제의 메커니즘이 작동하는 선거에서 어느 하나를 고
르는 것만큼 흥미 없는 일도 괴로운 일도 없을 것이다. 시민의 46퍼센트가
투표장을 찾았다. 그 나머지, 아니 54퍼센트의 절대다수는 다른 선택을 했
다. 선택하지 않기로 선택한 것이다. 합리적 선택이다.

루소는 "시민들은 의원을 뽑는 동안에만 자유롭고 선거가 끝나면 다시 노

예로 돌아간다"고 했다. 선거 때 투표 행위 한 번으로 주권을 넘겨받은 의회가 시민의 의사를 제대로 반영하지 못하는 대의제의 한계를 지적하기 위해 한 말이다.

그러나 대의제의 본질적 한계에 대한 루소의 이 18세기적 걱정조차 21세기 한국인에게는 사치다. 왜냐하면, 우리는 선거 동안에도 자유롭지 못했기 때문이다. 54퍼센트에게 자유가 없었던 것과 마찬가지로 투표장에 갔던 46퍼센트에게도 자유는 없었다.

17개의 정당과 수많은 후보들은 우리에게 다양한 대안이 있다고 기만하는 숫자에 불과했다. 어떤 기준으로 누구를 고르든 결과는 십중팔구 같았다. 보수당과 보수 성향의 당선자는 어림잡아도 200석이 넘고, 통합민주당의 우경화를 고려하면, 18대 국회 그 자체가 하나의 보수당이다.

이런 결과를 보면, 46퍼센트의 시민이 자기의 대표자를 선택한 것이 아니라, 대표자가 시민을 선택했다고 하는 게 더 타당하다. 시민들이 주권을 행사했다는 것은 착각이다. 장 보들리아르식으로 말하면, 이번 선거는 민주주의가 정상적으로 작동하는 것처럼 속이기 위한 장치에 불과했다.

총선 결과가 보수적이라서 하는 말이 아니다. 결과는 보수적일 수도, 아닐 수도 있다. 문제는 보수의 과잉 대표 체제에 있다. 견제와 균형을 잃은 이런 체제에서는 보수 세력 간 권력투쟁이 정치를 대체한다.

물론 보수정파 간 찬반이 엇갈리는 한반도 대운하처럼 보수에 의한 보수의 견제도 생각해 볼 수 있다. 그러나 이런 경우는 많지 않을 것이며, 있다해도 보수 정파 간 권력투쟁을 위한 도구로 이용될 것이다. 간혹 그들 간 차

123

이가 커 보이는 때가 있을 텐데, 그것은 권력 배분을 둘러싼 갈등의 치열함 때문이지 차이의 크기 때문은 아닐 것이다.

이명박와 박근혜 갈등이 반복되고 간혹 이회창과 민주당이 끼어들어 실랑이하는 소리도 자주 들릴 것이고, 이런 정치판의 소란이 마치 견제와 균형이 작용해서 정치가 잘 가동되고 있는 듯한 착각도 불러일으킬 수 있다. 그러나 복당이니 당권이니 하는 것들은 서민들의 삶의 개선과는 아무런 상관이 없는 일들이다.

이런 것 말고도 보수 과잉 대표 체제가 안고 있는 더 심각한 문제가 있다. 그것은 이 체제가 시민사회의 다양한 욕구와 가치, 이해를 반영하지 못하는 '닫힌 구조'라는 점이다.

10년 만에 민주화 정권은 몰락했지만, 시민사회는 민주화 20년간 성장해왔다. 이는 정치사회가 이 시민사회의 성숙함과 다양성을 억압하고, 시민사회와 분리되어 서로 어긋나고 충돌하는 정치 구도를 유지하는 일이 어렵다는 것을 의미한다.

54퍼센트가 고개를 치켜드는 순간 지반이 허약한 이 정치판은 순식간에 붕괴될 것이다. 한마디로 보수 과잉 대표 체제는 불안을 제도화한 체제다. 이 불안을 누가 잠재울 수 있을까. 민주당? 그러나 민주당의 81석은 보수 세력을 견제하기에 너무 적은 의석이며, 위기감을 느끼고 노선과 조직을 전면 쇄신할 정도로 자극받기에는 너무 많은 의석이다. 더구나 민주당은 새로운 보수당으로 탈색되고 있다. 81은 의미 없는 숫자다.

정치 현실이 이렇다면, 자기의 욕구와 이익을 대변할 정당을 잃은 이들은 권력과 직접 마주하는 수밖에 없다. 물론 그들은 의사당에서 만나지 않을 것이다. 아스팔트. 다시 거리의 정치인가.

• • •

46퍼센트라는 역대 최저의 투표율을 기록한 2008년 4월 9일 총선은 사람들을 놀라게 했다. 정치에, 정당 제도에, 대의 민주주의에 뭔가 심상치 않은 일이 벌어지고 있음을 분명히 드러냈기 때문이다. 이명박 정부는 이 경고 신호를 무시하고 논쟁적인 정책들을 밀어붙였다. 선거가 끝나자마자 미국산 쇠고기의 무조건 전면 개방을 결정했고, 시민들은 이에 항의하며 2008년 5월 2일부터 청계 광장에서 촛불 집회를 시작했다. 실제 거리의 정치가 등장한 것이다.

100만 개 촛불,
거리의 의회

2008. 06. 05.

시민들은 이명박이 한 나라의 대통령으로서 국가적 의제, 국정 방향을 놓고 적잖이 고심했을 것으로 믿고 있다. 왜냐하면 정부 출범 초기 국정 방향에 관한 사회적 합의 결여로 국가와 시민이 서로 대립하고 충돌하는 상황에서 대통령이 우선해야 할 과제로 그만한 것이 없기 때문이다.

그런데 들리는 바에 따르면 그게 아니라고 한다. 대통령이 작은 일에 더 흥미를 느끼고 있다는 이야기가 정부 주변에 파다하다. 시민이 바라는 국정 방향과 정책이 무엇이며, 어떻게 추진해야 좋은지, 이런 것을 논하기보다 '밀이냐 밀가루냐'를 따지듯 시시콜콜한 것에 매달린다는 것이다. 그래서 장관과 수석들이 정책 방향보다 숫자에 신경 쓰느라 고역이란다.

가령 이런 일도 있었다고 한다. 청와대 참모가 대북 쌀 지원 문제를 보고했다. 우리가 기대하는 대로라면, 북한이 지원 요청을 하지 않고 있는 곤란한 상황에서 어떤 계기에, 어떤 방법으로 지원할지 전략을 논해야 한다. 그런데 이명박은 쌀 1톤의 가격과 쌀 시세에만 관심을 보이더라는 식이다.

그래서인데, 최근 그가 촛불 집회에서 초값을 누가 대고 있는지 이런 것을 보고하지 않았다고 화를 냈다는 보도가 사실일지도 모른다는 불길한 느낌이 든다. 만일 이런 이야기들이 맞다면 국정이 왜 이리 어지러운지, 왜 그는 종잡지 못하고 있는지 조금은 설명이 된다.

그런 그에게도 기회가 없었던 것은 아니다. 수많은 시민들이 한 달 동안 한자리에 모여 한 목소리로 잘못된 것을 알아듣게 분명하게 말해 주었다. 그래서였는지 "국민의 눈높이를 잘 몰랐다"는 반응이 나왔다. 이런 자성의 변이 여론 무마용이 아니라면, 국정 방향을 전면 수정하는 작업을 해야 한다. 그래야 기회가 온다.

그러나 그가 한 일은 30개월 이상 쇠고기 수출을 당분간 중단해 달라고 미국에 선처를 구한 것뿐이다. 지금 여야, 진보와 보수 할 것 없이 쇠고기만의 문제가 아니라고 한다. 대운하의 생태 파괴, 무한 경쟁의 교육 지옥, 공공성을 훼손하는 의료, 물, 방송의 민영화 등 사회적 합의 없이 공권력만 믿고 일방적으로 밀어붙이고 있는 정책이 바로 '쇠고기 저항'의 본질이다.

그런데도 장관과 수석을 다 바꾸는 한이 있어도 그의 성장 지상주의, 시장주의, 토건 국가 구상을 바탕으로 한 문제 정책들을 포기할 생각이 없어 보인다. 그는 '나를 온전히 바꾸려면 더 많은 촛불을 보여 줘 봐'라고 말하는 것 같다. 마치 정책 수정의 폭이 촛불의 숫자에 달려 있는 형국이다. 그는 게임을 하고 있다.

그러나 시민의 힘은 촛불의 숫자에 있지 않다. 1만 개의 촛불이든, 10만 개의 촛불이든, 100만 개의 촛불이든 중요하지 않다. 힘은 숫자가 아니라, 시민들이 개인으로 고립되지 않고 진정으로 서로 소통하고 연대하면서 의견 공동체를 구축하며 진실에 접근해 가고 있는 것. 여기에서 나온다. 그런 점에서 광장에 모인 이들이야말로 시민의 의사를 대변하는 진정한 대표자라고 할 수 있다.

주인인 그들은 머슴이 말해 주지 않아도 스스로 자기의 이익이 어디에 있는지 잘 안다. 그들은 이제 과학이니 국익이니 하는 것들에 주눅 들지 않는다. 신자유주의를 전문 용어, 까다로운 개념으로 포장해도 그들 일상의 언어로, 그들의 몸으로 그 난폭함을 느끼기 시작했다. 그리고 주권자인 그들이 직접 광장에 모여 무엇이 중요한 일인지, 무엇이 문제인지 토론하고 결정하고 있다.

우리는 이 거리의 의사당에서 열린 거리의 의회가 이명박이 던지는 의제를 부결시킨 점을 잘 알고 있다. 그런데도 이명박은 촛불이 꺼지기만을 기다리고 있다. 이미 100만, 아니 1000만 개의 촛불이 타오르고 있는데도 그는 자기가 바뀌는 것보다 촛불을 끄는 게 더 쉬운 방법이라고 생각하고 있다.

그러면 방법이 없다. 1970~80년대식 스펙터클을 보지 않고는 믿지 못하는 그를 위해 10일의 광장에 100만 개의 촛불을 준비하자. 그리고 광장을 떠나지 말자.

1980년 서울역 회군이 전두환을 불러오고, 6·29선언에 1987년 6월의 광장을 떠남으로써 민주화를 왜곡시킨 적이 있다. 청계 광장이나 시청 광장이 아니어도 좋다. 인터넷 공동체라도 좋고, 직장의 작은 모임, 동호회도 좋다.

가정이라도 상관없다. 소비하는 주체로서 올바른 소비를 실천하는 일도 좋다. 우리의 삶을 억압하는 국가와 자본 권력을 눈 부릅뜨고 감시하고 토론하는 곳이라면 그 어딘들 광장이 아니겠는가. 촛불을 꺼서는 안 된다.

• • •

영국의 일간지 파이낸셜 타임스는 2008년 7월 4일자에 한 면 전체를 이명박 대통령 특집으로 꾸몄는데 그 가운데 이 대통령의 한 참모의 말을 다음과 같이 인용한 부분이 있다. "노무현 전 대통령이 너무 많은 비전을 갖고 있었다면, 이 대통령은 비전이 너무 적다. 기업의 최고 경영자라면 몰라도 한 국가의 대통령으로서는 곤란하다."

일본과 싸우는
우리의
부끄러움

가수 조영남 씨는 자신의 책 『맞아 죽을 각오로 쓴 친일 선언』에서 재치 있고, 간혹 통찰력 있는 일본관을 드러낸다. 그러나 엉뚱한 이야기도 있고, 틀린 주장도 있다. 가령 이런 게 대표적이다. 그는 2년 동안 친일파를 자처했는데 아직 맞아 죽지 않았다며 "한국도 많이 달라졌습니다"라고 장담한다. 그러나 성급했다. 그는 이 책을 쓴 지 3개월 만에 (여론에) 맞아 죽었기 때문이다.

그는 일본 산케이 신문과의 인터뷰에서 한일 갈등에 대처하는 일본의 솜씨가 한국보다 한 수 위라고 말한 이후 죽어지내고 있다. 그는 한국이 달라지지 않았는데 달라졌다고 우긴 죄를 범했다. 일본이 한국보다 한 수 아래라고 말하면 괜찮고, 한 수 위라고 하면 역적이 되는 한국 사회의 관습법을 왜 몰랐을까. '한국이 달라졌다'는 것은 허위의식이었고 기껏해야 자만이었다.

한 외교부 관리는 이렇게 말했다. "조용한 외교를 더 했다간 여론 몰매로 외교부가 없어져 버릴 지경이었습니다. 우선 외교부가 살아야겠다고 생각했습니다. 그래서 외교부가 독도에서 손을 떼기로 한 겁니다. 시민이 독도를 방문하든 말든 간여하지 말자, 이렇게 된 겁니다. 외교부가 살아남아야 나라를 위해 일할 것 아닙니까."

맞아 죽지 않기 위해 너나없이 이렇게 한쪽으로만 내달렸다. 그래서 '조용한 외교'는 '시끄러운 외교'로 전환했고, 당연한 귀결이지만, '독도 분쟁화'라는 역효과가 나타났다. 얻은 것은 '우리 민족은 하나'라는, 눈곱만큼의 차이도 허용치 않는 가히 폭력적인 동질성이요, 잃은 것은 우리 사회의 다양성, 그리고 '독도'였다.

서울의 한 일본인은 독도 문제에서 한국이 손해 봤다고 생각하느냐는 물음에 고개를 끄덕였다. 그는 "국제사회는 한국의 위상에 걸맞지 않은 이번 사태에 실망했을 것"이라고 말했다. 흥분하면 자기 집 세간을 부수는 사람이 있다. 지금 이 모양이다.

일본 시마네현 의회가 '다케시마의 날' 조례 제정 때 세 명은 찬성하지 않았다. 그런데 한일 갈등이 이런 식으로 발전해서는 안 된다고 당당히 나서는 한국의 의원은 한명도 없다. '다른 견해'를 대변해야 할 좌파조차 독도에 군대를 파견하라는 국가주의적 선동에 나섰다. 일본에는 있는데 한국에는 없는 것 가운데 하나가 바로 이런 소수 견해다.

진보, 좌파라는 게 무언가. 피부색, 영토, 언어, 종교를 초월한 보편적 가치를 추구하는 자들이다. 제1차 세계대전 때 유럽 좌파 정당들이 다른 국가의 노동자계급을 적대시하는 전쟁을 승인했을 때 국제주의는 끝났다고 했지만, 진보, 좌파는 그런 가치를 완전히 포기하지 않고 있다. 그런데 한국 진보 세력은 어떤가. 가엾게도 국경에 갇혀 있다.

얼마 전 일본 외상은 "중국과 한국은 역사 교과서가 국정 교과서 하나밖에 없다"면서 "이런 바보 같은 일은 없다"고 말했다. 역사 교과서를 왜곡한 주제에 남 흉보는 게 우습지만, 사실은 중국과 한국에 역사 해석이 단 하나만 존재한다는 것이 더 우습다. 우리가 유일사관으로 역사를 쓰는 북한인가, 동북 공정을 추진하는 중국인가.

어느새 우리의 역사 인식은 북한, 중국 수준으로 떨어지는데 역사 왜곡한 일본은 다양한 역사 해석을 존중하는 나라로 역전된다. 일본, 정말 한 수 위다. 그런데도 한국 사회에서는 여야, 진보와 보수할 것 없이 무조건 국사 교육을 강화하라고 목청만 돋운다. 이 정도면 절망적인 것 아닌가.

한일 간 격전 한번 치르고 나니 정부와 사회의 실력과 수준이 다 드러난다. 소수 견해도 소수파도 '관용'도 민족 감정이란 쓰나미에 휩쓸려 사라져 버렸다. 그 말 많고 도도한 좌파들도 여지없이 추락했다. 이 부끄러운 얼굴로 어떻게 일본과 싸우겠나. 우리는 이미 일본에 졌다.

고은 시인은 어두운 시절 '다른 견해'를 관용하고, 보편적 가치가 통용되는 사회를 위해 치열하게 싸웠던 전사이자 대시인이었다. 그가 이번에 시 "독도"를 써서 바쳤다. '그도 이제 좁은 영토 안에 닫혀 있구나'라는 슬픈 생각이 들자 기형도의 시 "빈 집"이 떠올랐다.

"가엾은 내 사랑 빈 집에 갇혔네."

• • •

조영남에 대한 개인적 선호는 전혀 없다. 그의 노래와 재능을 좋아하지만, 그가 너무 쉽게 말하고 행동하는 것까지 좋아하지는 않는다. 그는 2009년 1월 인터넷 경제 논객 '미네르바'의 구속 사건을 두고, 라디오 방송에서 미네르바가 별 볼일 없는 학력으로 혹세무민했다는 투의 빈정거리는 말을 해 물의를 빚자 사과하기도 했다. 이 글에서도 조영남은 특정 인물이 아니라, 한국 사회 집단주의의 피해자, 소수자의 보통명사로 등장한 것뿐이다. 그리고 사람을 분별하는 방법에는 여러 가지가 있지만, 필자는 그중 하나가 독도에 대한 태도라고 생각한다.

지금
버리고 조직하고
발언하라

2008. 01. 03.

가난하고 못난 수많은 사람들이 왜 이명박을 지지했는가. 경제 살리기를 위해서? 아니다. 그것이 경제 성장을 의미하는 것이라면, 아니다. 노무현 정부 4년 동안 연평균 4.3퍼센트 성장을 했다. 1인당 국민소득 2만 달러를 앞둔 국가로서 그 정도면 고도성장이다.

이명박이 공약한 7퍼센트는 4.3퍼센트보다 더 큰 수임에는 틀림없지만, 믿기 어려운 그 숫자 때문에 이명박을 선택하지는 않았을 것이다. 서민들은 고용 없는 성장, 사회 양극화와 같은 경제 분단으로 고통을 받아 왔다. 그 내부 분단을 깨야 살 길이 열린다. 서민들은 살진 재벌을 더 살지게 하고, 땅부자를 늘리고, 토건족 배를 불리라고 경제 살리기를 갈망했던 것이 아니다.

경향신문이 서민들의 삶과 직결된 10대 의제를 선정해 경실련과 공동으로 후보들의 정책을 평가한 적이 있다. 이명박은 다른 후보에 비해 낮은 점수를 받았다. 7퍼센트 성장하면 다 해결된다는 식으로 예의 그 마법의 숫자

7, 4, 7(7퍼센트 성장, 4만 달러, 7대 경제 대국)에서 답을 구했는데 그렇게 하면 당연히 좋은 점수가 안 나온다.

그런데 서민들은 왜 경제 살리기의 내용을 따져 보지도 않고 이명박을 선택했는가. 자기의 언어를 갖지 못했기 때문이다. 경향신문이 대선 직전 20대 비정규직의 절망적 삶을 다룬 '88만 원 세대' 문제를 집중 기획했을 때다.

한 독자는 이 기사를 읽고 경제 살리기의 중요성을 깨닫고는 생각을 바꿔 이명박을 찍었다고 한다. 자기 불만과 욕구 표현에 적합한 언어와 문법을 갖지 못하면, 이렇게 자기 발등을 찍을 수도 있는 계급 배반의 투표가 나타난다.

서민들은 경제 살리기라는 남의 언어를 빌려 쓰면서 그들의 이데올로기를 수용했다. 그리고 그 이데올로기가 암시하는 대로 생각하고 행동했다. 서민들의 문제를 해결하려면 경제를 살려야 하고, 경제 살리기를 위해서는 성장이 최선이며, 성장을 위해서는 이명박이어야 한다는 삼단논법은 어떤 현실의 반영이 아닌, 이데올로기다.

지금 이명박 당선 불복의 논리를 개발하려는 게 아니다. 성장주의 피해자인 서민들이 왜 성장주의를 선택했느냐며 이명박 당선을 승복하지 못하는 세력에게 하는 말이다.

구슬이 서 말이라도 꿰어야 보배다. 서민의 고통과 불만으로는 충분하지 않다. 그들의 언어, 그들의 욕구와 꿈을 담은 노선이 있어야 한다. 선택 가능한 정치적 대안을 조직해야 한다. 사람들은 배가 낡아 불만이라고 배를 버리고, 바다로 뛰어들지 않는다. 그러나 튼튼한 배가 옆에 있다면 그쪽으로 옮겨 탈 것이다.

그런데 자유주의와 진보 세력은 서민들의 고통과 절망을 조직하는 데 실패했고, 그 때문에 서민을 이명박식 '경제 살리기'의 외통수 선택으로 몰아갔다. 그 책임은 전부 그들이 져야 한다.

더 이상 논쟁도, 토론도, 변명도 필요 없다. 지금 당장 실패한 노선과 조직을 버려야 한다. 그런데 저들은 신당이든 민주노동당이든 이미 싸늘해진 시체를 떠메고 가려 한다. 총선이 코앞이라 버리는 것은 비현실적이라며 시체라도 내다 팔 심산이다.

그렇게 수없이 경고를 받았음에도 불구하고, 그렇게 시간과 자원이 많았음에도 불구하고 그렇게 철저히 몰락한 것만큼이나 비현실적인 일은 없다. 그들은 자신이 처한 현실이 얼마나 비현실적인 것인지 알고 있을까.

차기 집권 세력과 신보수는 이렇게 이명박 반대 세력이 수렁에서 헤매고 있다고 좋아해서는 안 된다. 반대 세력의 약화는 긴장감을 잃게 하고 그것은 그들에게도 나쁜 일이 될 수 있기 때문이다.

특히 노무현 정권은 내부 견제와 감시의 부재로 인해 스스로 무너져 내렸다. 노무현을 지지하고, 한자리씩 차지했던 지식인들도 침묵하거나 방패막이를 하다 동반 추락했다.

그 생생한 장면들을 다 지켜본 신보수 지식인들이라면 그런 일을 되풀이해서는 안 된다. 이명박이 노무현보다 나은 지도자가 되길 원한다면 신보수 지식인들이 쓴소리를 해야 한다.

이명박에게 보낸 지지의 성격은 이중적이고 복합적이다. 초기에 바로잡지 않으면 그 신호를 잘못 읽고 배가 산으로 가는 일이 생길 수 있다. 허니문은 필요 없다. 가령 한반도 대운하를 반대하면서도 지지한 이가 많다. 그런데 이명박은 당장 대운하를 밀어붙일 태세다.

개발과 성장 지상주의에 대해 백지위임 받았다고 생각하는 것 같다. 이 나라 부를 독점하고 있다는 이유로 큰 죄를 지은 이들과 먼저 만나 악수하고는, 가난한 노동자, 농민들을 향해서는 떼법을 용납하지 않겠다고도 했다.

신보수 인사들은 그에 대해 뭔가 불안감을 느끼지 않는가.

● ● ●

대통령 선거 패배 이후 대통합민주신당, 민주노동당 쇄신 논의가 각각 당 안팎에서 제기된 적이 있다. 그러나 낡은 것이라 해도 버리는 일은 역시 쉽지 않았다. 민주당은 쇄신의 움직임도 보이지 못했고, 그런 상태로 2008년 4월 총선에 임해 참패했다. 민주노동당의 쇄신 노력은 분당으로 귀결되었고, 역시 분열 상태에서 총선을 치른 결과, 민주노동당은 5석을 겨우 차지했으며, 진보신당은 한 석도 확보하지 못했다.

민노당은
진보적인가

최근 사법부는 강정구 동국대 교수 사건 항소심에서 강 교수가 국가 존립과 안정을 위협했기 때문에 1심의 유죄 판결이 타당하다고 밝혔다. 그는 2001년 평양에서 북측의 통일 방안 연설 때 박수를 치고, 김일성 생가인 만경대 방명록에 '만경대 정신을 이어받자'라고 썼다는 이유로 기소됐다.

그가 사려 깊지 못한 언행으로 불필요한 논쟁을 유발했지만, 쿠데타나 국가전복을 기도한 것은 아니다. 자기 신념대로 쓰고 말했을 뿐이다. 그 때문에 이 나라가 위기에 처하거나 붕괴에 직면했다는 증거는 없다. 아니, 국가라는 거대한 체계는 이 '왕따 학자'에 의해 미동도 하지 않았다.

판결문 어디에서도 그의 박수와 문장 하나가 어떻게 이 나라의 존립을 위협할 수 있었는지 그 인과관계를 서술하는 단 한 줄의 문장도 찾을 수 없었다. 판결문이 이렇게 비논리적일 수 있는지 따지자는 게 아니다. 한국이 왜 이런 반이성적 사태에 아무도 이의 제기를 하지 않는 조용한 사회로 변했는

138

가 묻는 것이다. 요즘 한국 사회가 보수화되었다고 하는데 그런 분위기를 탄 결과일까.

사실 대통령 선거를 앞둔 요즘 낡은 사회, 구질서를 변혁하자는 1987년의 열정이 20년 만에 싸늘하게 식어 가고 있다는 신호가 곳곳에서 감지되고 있다. 그동안 지역 대결과 보수 헤게모니에서도 긴장을 놓치지 않고 여론의 균형을 유지해 왔던 서울의 오랜 전통도 깨졌다.

'서울의 배반'은 이미 지난해 노무현 심판 선거였던 지방선거 때 분명하게 드러났다. 권위주의 시대 집권당을 잇는 보수당이 1967년 이래 처음으로 서울에서 압승함으로써 그 도도한 서울을 굴복시킨 것이다.

이후 신당은 보수화의 길로 들어서고, 보수 후보 지지율은 60퍼센트에 이르며 유일 진보정당인 민주노동당의 인기는 급락하는 새로운 현상이 나타났다. 진보적 전망의 결여와 개혁 실패가 초래한 실망임에도 진보적 대안 찾기 대신 보수로 회귀하고 있는 것이다. 시민의 배반일까.

여론 조사 결과는 그 반대임을 보여 주고 있다. 수년 동안 스스로 진보라고 여기는 시민들이 보수보다 많거나 최소한 비등했다. 최근 경향신문과 한국사회여론조사연구소의 여론조사도 진보가 보수보다 훨씬 많고, 차기 정부가 진보적이어야 한다는 의견도 보수적이어야 한다는 쪽보다 많은 것으로 나왔다.

진보는 아직도 자기 의사를 대표하고, 의견을 조직할 정당을 원하고 있음을 알 수 있다. 그러나 그런 정당을 찾지 못하고 진보가 보수당을 선택하는 왜곡 현상이 발생한 것이다. 한마디로 '시민의 배반'이 아닌, '정당의 실패'가

문제였다. 정당은 시민들이 덜 진보적이라는 핑계를 댈 수 없게 되었다.

민노당은 노무현 정권, 신당과 한 묶음으로 보는 인식상의 오류로 인해 동반 하락의 위기를 겪고 있지만, 마침 신당의 지리멸렬로 호기를 맞았다. 그러나 아무것도 하지 못했다. 5년 전 "살림살이 좀 나아지셨습니까" "행복하십니까"하며 사람 속을 후련하게 했던 권영길은 그때처럼 신선하지도 않고, 생기도 유머도 잃었다.

경선 이후 한 달은 진보 세력이 서민들의 삶을 개선시킬 것이라는 믿음을 갖도록 개혁 구상과 실천 프로그램을 내놓아야 할 매우 중요한 시기였다. 그러나 아무것도 하지 않았다. 지켜보던 사람들이 지쳐 돌아서고 나서야 '세상을 바꾸는 대통령'이란 슬로건을 내세웠지만, 십 수년 전 어디선가 많이 듣던 것 같은 이 구호는 '답답한 민노당'을 폭로하고 있을 뿐이다.

대신 그들이 한 일이란 당장 먹고살기 힘든 서민들 앞에 코리아 연방 공화국이라는 어처구니없는 공약을 내놓아 안팎의 비판을 불러온 것뿐이다. 이렇게 뒷걸음질하는 사이 당과 후보의 지지율은 바닥으로 내려앉았다.

그리고 문국현이 등장해 민노당의 브랜드인 비정규직과 재벌 개혁 문제를 들고 나와 잠재적 민노당표를 몰아갈 때까지 속수무책이었다가 뒤늦게 표를 도둑맞았다며 문국현에게 신경질을 내는데, 그게 다 무슨 소용인가.

이 사회의 다수인 진보적 시민에게 응답을 할 줄 모르는 진보정당이 지지를 못 받는 것은 자연스러운 현상인데.

요즘 민노당의 헤게모니 세력인 자주파는 자기 보스들과 대리인을 내세워 시대에 뒤떨어진 낡은 가치를 당에 요구하고, 정파 보스들은 차기 총선의 비례대표를 따내는 투쟁에 몰입하고 있다고 한다.

크든 작든 기득권을 지키려 하고, 변화에 적응하지 못하며, 세상 물정 모른 채 고루한 것에 집착하고, 도전을 두려워하는 현상을 우리는 보수적이라고 한다. 그래도, 민노당은 진보적인가.

• • •

한창 활기가 넘쳐야 할 대통령 선거 때 오히려 무기력해진 진보정당의 모습을 그렸다. 4년 만에 활력을 잃었다는 점에서 진보정당의 위기는 분명 너무 이른 것이다. 그 무기력을 권영길이 상징하고 있다는 사실은 개인적으로 슬픈 일이었다. 권영길이 전국언론노동조합연맹 위원장이었을 시절 그의 밑에서 한때 언노련 활동을 했던 인연이 있기 때문이다.

정치를
위한
변명

2005. 01. 31.

2005년 1월 어느 주말 세미나를 위해 부산의 한 대학을 찾았을 때다. 세미나를 마치고 참석자들과 식사할 때 예의 그 '노무현 비판'이 후식으로 나왔다.

경상도 말이라서 그런지 서울서 듣던 것보다 거칠고 험했다. 하지만 나를 자극하지는 못했다. 이제 정권 비판은 예전처럼 짜릿한 흥분을 일으키지 못한다. 진부하고 지겹기조차 하다. 그런데 막상 이 글을 쓰려니 직업적 습관 탓인지 또 '노무현 비판'을 준비하고 있는 자신을 발견하게 된다.

식상한 글을 하나 더 추가할 이유가 있을까? 물론 있다. 송곳으로 찌르고 또 찔러도 더 찌를 구석이 남아 있는 게 정치라고 합리화하고 이렇게 쓸 생각을 했다.

"노무현은 정계 개편 안 하겠다고 했다. 그러나 민주당 인사의 장관 영입 추진으로 그 다짐이 깨졌다. 그런데 노 대통령은 이를 부인하기는커녕 정치적 고려를 한 적이 있다고 고백했다. 차라리 거짓말을 하지, 그걸 인정하면 어쩌란 말인가. 탄핵한 세력과 탄핵당한 세력의 결합이라니 혼란스럽다.

　두 당이 합치길 원하면 열린우리당이 분당한 잘못을 인정하고 민주당으로 재입당하는 게 논리에 맞다. 분당과 탄핵으로 두 번이나 대충돌을 한 게 엊그제인데 그걸 다 잊고 합치자니 그게 실용주의인가.

　열린우리당은 대통령이 정치 흥정으로 과반 의석을 만들어 줘야 할 정도로 자립 능력이 없는가. 꿋꿋하게 '반노무현'의 선봉에 섰던 추미애 전 의원이 장관 자리에 마음이 흔들리다니. 그동안 장관 자리 안 줘서 노 대통령을 미워했었나. 지금 제대로 된 정치인이 한 명이라도 있는 건가."

　그런데 이렇게 쓰자니 우리 정치가 너무 절망적이다. 한번 뒤집어 보자. 노 대통령은 바로 실수를 인정하고, "중요한 것은 과반수가 아니라 대의"라고 말했다. 과반수에 연연하지 않겠다는 선언이다. 민주당의 추미애 전 의원이나 김효석 의원은 장관 유혹을 과감히 물리쳤다. 소리(小利)가 아닌 정치적 신의를 택했다.

　정치가 최악은 아니다. 대통령이 나섰는데도 야당으로부터 단 한 명의 장관도 끌어 오지 못했다. 선거를 앞두고 말을 뒤집을지언정 언제 집권 세력이 '과반 못해도 좋다'라고 당당해진 적이 있나. 정치적 존재 의미를 거의 상실한 듯하던 민주당의 의원들이 자기의 정치적 선택을 지키느라 이당 저당 기웃거리지 않았다. 기성정당으로는 유일하게 '이라크 파병 반대'라는 의미 있는 소수파의 목소리도 냈다.

　민주당이 사라질 때가 아니다. 한때의 집권당이 어떻게 몰락하고 사라져 갔는가를 그 존재로서 증거해야 한다. 그리고 정치적 선택은 정치 생명을 거는 엄중한 일임을 모든 정치인이 뼈저리게 깨닫게 해줘야 한다. 민주당은 지금 그런 길로 가기로 했다.

열린우리당도 과거 집권당처럼 대통령 꼭두각시는 아니다. 기성정당 가운데 가장 정당 개혁에 앞장서고 있는 당이 바로 이 집권당이다. 그래서 노대통령 임기 종료 후 그 존립을 '확신'할 수는 없지만(한화갑 전 민주당 대표의 말), 존립할 가능성은 있는 당이다.

권력 분배가 있어야만 생존할 것 같았던 한나라당이 실권한 지 오래됐어도, 제1야당으로 우뚝 서 있다. 그것이 기득권만으로 된 것은 아니다. 김무성 의원은 "열린우리당으로부터 배우자", 박진 의원은 "진보적 이슈를 선점해야 한다"면서 변화를 위해 투쟁하고 있다. 여야 초선 의원 60여 명은 의원특권 제한 등 국회 개혁을 요구하고 나섰다. 우리가 정치에 실망하고 있는 사이 정치는 이렇게 진보하고 있다.

그 진보의 동력은 바로 그들 정치인의 어두운 과거다. 우리의 정치는 이 과거를 짊어지고 한발 한발 나아가는 수밖에 없다. 합당하고 당명 변경해서 과거를 다 털어버리고 새처럼 훨훨 창공을 날아가는 것은 꿈일 뿐이다. 열린우리당, 한나라당, 민주당. 다 자기 이름을 지켜야 할 이유가 있다.

한나라당. 좋은 이름이다. 바꾸지 않아도 된다.

• • •

한나라당, 민주당 가운데 그 이름을 그대로 유지하고 있는 당은 한나라당뿐이다. 그것이 한나라당 집권의 이유 가운데 하나일지도 모른다는 생각을 했다. 한때 한나라당은 이름을 바꿀까 고민했으나 포기했고, 결국 집권에 성공했다.

호헌 운동을
제창함

2007. 01. 17.

세상 사람들이 심심하면 나를 두고 한마디씩 하는데, 내게 그것이 얼마나 큰 상처였는지 아무도 모를 것이다. 그래도 꾹 참았다. 사람들이 나를 사생아 취급하며 멸시하고 두들겨 댔지만, 날 쫓아낼 생각으로 그러지는 않았다는 사실을 알기에 참아 왔다.

그러나 4년 연임제 헌법개정을 제안하면서 나를 만신창이로 만들고, 그것도 모자라 아예 없애 버리겠다고 한 노 대통령에 대해서는 정말 참기 어렵다. 내 나이 이제 겨우 스무 살. 1987년 어수선할 때 태어났지만, 나름대로 열심히 살아왔고, 지금 이만한 민주화도 가져다주었다. 그런데 이제 와서 나를 헌신짝 취급하고 있다. 아니, 버릴 때 버리더라도 그동안 고생했다고 한마디는 해줬어야 하는 것 아닌가.

나 때문에 대통령 책임정치 못하고, 평가받을 기회도 없고, 일관성 있게 일할 수도 없고, 임기 후반기 책임 있는 국정 운영도 안 되고, 정치적 대결과 갈등을 심화시키고, 심하면 국가적 위기를 초래한다고? 내가 그렇게 나쁜 놈인 줄 처음 알았다.

벌써 잊은 모양인데, 노 대통령은 얼마 전까지만 해도 부동산 문제 빼고는 다 잘했다고 했다. 그럼 그때는 괜찮은 놈이었는데, 이제는 나쁜 놈이 됐다는 말인가.

나를 희롱해도 분수가 있고, 모함해도 정도가 있지, 개헌 한번 해보겠다고 나를 역적으로 몰다니. 한번 따져 보자. 내가 잘못했다는 역사적 증거가 있는가.

양 김 분열로 노태우 대통령이 민주화의 결실을 가져갈 때의 절망을 생각해 보라. 그때 내가 있었기에 그 절망은 5년 만에 끝났다. 나 아니었으면, 3김 시대는 지금도 계속되었을 것이다. 그 '긴 3김 시대'가 노 대통령과 같은 참신한 정치인에게 기회를 주었을 것 같은가.

내가 없었다면, 상도동이니 동교동이니 하는 권력 집단과 지배 세력이 제2세대, 제3세대 상도동, 동교동 세력을 재생산해 가며 '후 3김 시대'를 열었을 것이다. 그 기세 좋던 지배 세력을 허공에 날려 버린 게 누군가. 바로 나였다.

한국 사회는 빠른 변화를 원하고 있다. 나는 그 변화에 맞춰 권력의 순환을 촉진시켰다. 지배 세력을 자주 교체해 줘야 새 피가 수혈된다. 그리고 새 피는 곧 헌 피가 된다. 계속 갈아줘야 한다. 나는 20년 동안 이렇게 열심히 일했다. 이래도 내가 쓸모없는 놈인가.

여권 인사들은 다음에 보수 야당이 집권할까 노심초사한다. 민주화 20년의 결과가 보수 야당 정권이냐고 할지 모르겠지만, 그것이 바로 민주주의가 작동한다는 증거이니 반길 일이다. 반기지 않는다 해도 너무 걱정할 것 없다. 5년만 기다리면 내가 권력을 바꿔 줄 수 있다.

그러나 연임제를 해보라. 당신들은 8년을 기다릴 각오를 해야 한다. 4년 연임제는 8년제나 다름없다. 16년이 될 수도 있다. 협박이 아니다. 대통령의 힘은 생각보다 강하다. 스스로 권력을 다 내놓았다고 하는 대통령, 지지율 겨우 10퍼센트대로 레임덕에 빠져 곧 물러날 대통령의 힘을 보라.

제안 하나로 정국을 쥐락펴락한다. 말 한마디면 여당 주요 지도자들이 꼼짝 못한다. 총리 인사 잘못했다는 말 펀치 한 방에 유력 대통령 후보를 흔들어 정계 은퇴시키기에 이른다. 친노 세력이란 권력 집단을 구축한 그들은 여전히 위세가 대단하다. 임기 말 단임제 권력이 이 정도라면, 연임제 권력은 말할 것도 없다.

그렇지 않아도 한국은 선출직 공직이 매우 적은 나라다. 그런데 지금 그것조차 번거롭다고 대통령과 의원 선거를 한 번에 뚝딱 해치우고 화끈하게 모든 권력을 대통령에게 다 몰아주는 승자독식 게임을 하자는 것이다.

동시 선거는 국회를 대통령 거수기로 만든다. 8년 동안 대통령은 난공불락의 기득권을 구축하고, 3김과 같은 정계 보스로 거듭난다. 절대 권력을 호명하는 일이다. 신권위주의 시대를 불러오는 일이다. 일부 진보 인사들은 헌법에 진보적 가치를 담자며 개헌 제의를 환영하고 있다. 순진한 생각이다. 지금 보수화 바람이 거세다. 헌법 손질하다 더 후퇴시킬 수 있다.

위대한 대통령 1인의 탄생을 위해 나머지는 모두 희생되어도 좋다면, 나는 기꺼이 역사 속으로 사라지겠다. 그렇게 해서 '철인(哲人) 대통령'이 한국을 구원해 준다면, 나는 미련 없이 이 땅을 떠나겠다.

그러나 현실 정치에 그런 초인이 없다고 믿는다면, 국정의 효율성은 민주주의 위에 있을 수 없다고 믿는다면, 나를 지켜 주기 바란다. 그리고 헌법에 똑똑히 쓰여진 활자 하나 실천해 보지도 못하고 개헌 장단에 춤추는 이른바 대권 주자들을 선택할지 진지하게 고민해 주기 바란다.

왜냐하면, 나는 아직 할 일이 많이 남아 있기 때문이다.

• • •

노무현 대통령이 2007년 1월 9일 새해 벽두에 느닷없이 4년 중임제 개헌을 제안해 정국을 어지럽게 했다. 여야 정치 지도자들은 대선이 있는 해이고, 대통령의 임기 말이라는 점을 들어 시기가 적절치 않다며 제안을 받아들이지 않았지만, 대체로 4년 중임제 개헌이라는 원칙에는 공감을 표했다. 여론도 그와 같았다. 이 글은 당시 이런 지배적 여론에 정면으로 맞서자는 의도로 썼다. 제목이 좀 튄 것은 그 때문이다.

노무현의
롤러코스터
정치

2007. 05. 10.

한국인이 하는 흔한 거짓말이 있다. "정치에 관심 없다" "정치 생각만 해도 넌더리가 난다"다. 그것은 어느새 한국인의 대화법이 되었다. 그렇게 말해야 대화가 순조롭게 된다고 믿는다. 이 때문에 신문들이 한때 정치 기사를 줄여야 할지 고민한 적이 있다. 실제 정치 기사를 줄인 신문이 있다.

그러나 신문은 정치 기사를 줄일 수 없었다. 그 이유는 딱 하나, 사람들이 말로는 "정치, 재수 없어!" 하면서도 너무나 열심히 진지하고 재미있게 읽고 있다는 사실을 알게 되었기 때문이다.

미국처럼 일찌감치 양당의 후보가 정해지고 정책 토론만 반복하면 한국 사람들은 금방 싫증을 낼 것이다. 프랑스 대통령 선거는 좌우 색깔이 분명한 두 사람이 등장하면서 정치적 관심이 살아나 84퍼센트의 높은 투표율을 기록했다고 한다. 그러나 한국인은 평행선을 달리는 그런 밋밋한 선거에 관심도, 감흥도 없을 것이다. 왜 그런가.

한국에는 미국이나 프랑스에 없는 것이 하나 있기 때문이다. 롤러코스터 정치. 언제 뒤집히고 꺾일지 아무도 모른다. 이게 있어 한국인은 미국인, 프랑스인이 못 느끼는 자극과 흥분을 언제든지 느낄 수 있다. 정당은 쉽게 제조되고 해체되며, 하루 사이에도 정국은 반전된다. 어제까지 한솥밥 먹던 동지들이 다음 날 서로 죽자 사자 드잡이한다.

어느 것이 여당이고 야당인지 분간할 수 없고, 선거를 해도 누가 승자이고 패자인지 알 수 없다. 한때 거대 집권당 의원들은 갈 곳도 많고, 오라는 곳도 많았으나 이리 가야 할지, 저리 가야 할지 어제 마음이 다르고 오늘 마음이 다르다. 혼란스럽고 위태위태하지만, 그래서 더욱 흥미진진한 이 한국 정치는 누구의 작품인가.

구조적 문제이기 때문에 한 사람을 꼽는 일은 쉽지 않다. 그러나 굳이 한 사람을 지목한다면 선택의 여지가 없다. 노무현 대통령이다. 그는 "국민투표로 재신임 묻자" "대통령직 못해 먹겠다"며 시민들을 줄기차게 괴롭혔다.

국가보안법을 박물관으로 보내라는 돌출 발언으로 평지풍파를 일으켰고, 결국 그 발언 때문에 국보법 폐지의 기회를 잃었다. 물론 노무현 정부 때 항상 소란했던 것은 아니다. 닭싸움처럼 싱거울 때도 있고, 소강국면도 있었다. 그러나 '모험가 노무현'에게 따분함이란 곧 죽음이다.

그는 고요한 호수를 보면, 참지 못하고 돌을 던지는 사람이다. 그는 대통령 해외 순방 기간에는 분쟁을 자제하는 정치 관례를 악용해 미리 써 놓은 편지로 신당 추진파를 기습 공격해 분란을 일으킨 바 있다. 이번에는 자기를 비판할 때만 방어하겠다고 해서 방심하고 있는 김근태와 정동영을 선제공격했다.

노 대통령은 '잠자는 적의(敵意)'를 흔들어 깨우고, 분노와 격정의 불을 댕기는 데 능하다. '정치인 노무현.' 사람 속을 휘저어 이성을 잃게 만드는 강력 흥분제다. 그가 있어 한국 정치는 초특급 긴장과 스릴이 있는 초대형 호화 액션이다. 반전에 반전이 거듭되는 대역전극이다. 아니, 익스트림 스포츠나.

그가 지금 대의, 원칙, 가치, 노선을 논하고 있다. 그가 무엇을 했나. 책임정치와 정당정치를 부정하는 당정 분리로 국정 혼란을 조성하고, 당을 거수기로 만든 끝에 오늘날과 같은 껍데기만 남겨 놓았다. 당원일 때는 당정 분리한다더니 탈당하고는 당정 일치를 실현, 남의 당을 자기 수족처럼 주무르고 있다.

그가 한 일을 조금만 열거해도 그의 문제는 금방 드러난다. 비정규직의 눈물을 씻어 주겠다던 그는 비정규직에게 피눈물을 흘리게 했다. 아파트 분양 원가 공개 공약을 "장사 원리에 맞지 않는다"고 뒤집고는 비판받자 공개로 바꿨다. 개혁을 향한 시민의 열망으로 탄생된 정권을 자기 맘대로 야당에 통째로 넘겨주려다 실패했다.

그래 놓고 여권 통합파에게는 "당을 해산하고 누구와 통합을 한다는 말입니까"라고 따지고 있다. "개헌 않겠다"고 안심시키고는 "개헌하자"며 시민을 들볶았다. 농업은 시장 논리로만 풀 수 없다더니 이제는 시장 원리를 지켜야 한다고 한다. "반미면 어때"로 표 좀 얻어 대통령되고는 한미 간극을 대미 종속의 자유무역협정으로 메운다며 역주행해 다른 쪽 표를 모으더니 "입이 자꾸 째질라 합니다"라고 한다.

그만 하자. 이 롤러코스터의 궤적을 따라 가자면 책 한 권은 써야 한다. 그는 앞만 보고 뚜벅뚜벅 가지도 않았고, 원칙과 가치, 노선대로 하지도 않았다. 좌파든 신자유주의든 상관 않고 그때그때 사정에 따라 마음 내키는 대로 '실용적'으로 해왔다. 그래 놓고 이제 와서 원칙과 대의 운운하며 누구를 가르치겠다는 것인가.

• • •

노무현 대통령은 계속되는 실정으로 자기 논리를 방어할 수 있는 근거가 거의 소진되었지만, 상대를 공격하는 그의 탁월한 재능은 전혀 약화되지 않았다. 상대를 여러 측면에서 효과적으로 공격하기 위해서는 끊임없이 자세를 바꿔야 한다는 점에서 그가 롤러코스터를 타는 것은 불가피했다고도 할 수 있다.

대연정,
개헌,
달팽이의 꿈

한 국제정치학 교수가 물었다. "한국 언론이 유럽 국가의 선거를 이렇게 크게 취급한 적이 있나요? 독일 총선 기사가 신문 1면에 실렸네요." 국제 환경에 민감한 영향을 받는 나라면서도 국제 뉴스를 소홀히 다루는 한국 언론의 습성을 고려할 때 독일 총선 및 대연정 기사가 비중 있게 다뤄졌다고 보는 것이 무리는 아니다.

"노무현 대통령의 대연정 제안 때문에 그런 것 아닙니까?" 독일 대연정의 부각은 한국 언론이 각성해서가 아니라, 국내 정치적 관심이 반영된 결과라는 게 그의 생각이었다. 일리 있는 해석이다.

사실 노 대통령과 청와대는 이미 독일 대연정과 캐나다 총선을 여러 차례 거론해 국제 뉴스에 대한 관심을 끌어올린 바 있다. 이 모두 노 대통령의 시야가 시간적, 공간적으로 넓어지면서 나타난 현상이다. 그도 "미래를 멀리 내다보면서 일할 수밖에 없는 것이 대통령의 자리"라며 지도자의 비전을 강조했다. 좋은 일이다.

그러나 비전은 공상이 아니다. 비전이 당면 과제를 해결하는 과정에 방향을 지시해 주지 못한다면, 그것은 '공허한 상상'이라고 불러야 마땅하다. 그런데 불행하게도 요즘 노 대통령은 현실과 괴리된 구상에 몰두하고 있다. 집권 세력의 연전연패도 이렇게 준비되고 의도된 결과다.

우연이나 실수가 아니다. 이번 국회의원 재선거 패배로 호떡집에 불난 것처럼 소란스러웠던 집권당과 달리 노 대통령이 얼마나 의연했나 생각해 보면 알 수 있다. 노 대통령은 패배를 기다렸다.

그는 노, 사, 정 간 사회적 합의, 대화의 정치, 사회적 양극화의 해소, 사회보장의 확대 등 절실한 문제는 놔둔 채 대연정과 개헌 논란을 일으켜 국민들을 진저리 치게 했다. 그러나 노 대통령은 이 사태를 즐겼다. 왜? 패배를 원했기 때문이다.

국민 가운데 "독재 시대 문화의 유산이 그대로 남아 있고"(조기숙 청와대 홍보수석), 후진적인 정치 구조가 온존하는 조건에서 '대통령의 깊은 뜻'이 받아들여질 가능성은 없다. 그렇다면 차라리 '못난 국민' 때문에 철저히 버림받은 '위대한 지도자'로 기억되는 게 낫다.

미시마 유키오의 『금각사』(金閣寺)라는 소설의 주인공은 현실의 금각사를 불태움으로써 금각사의 영원한 아름다움을 얻고자 했다. 노 대통령도 자기가 가진 모든 것을 태워, 고귀한 승화에 이르려 하는지 모른다. 노 대통령이 '완전한 패배'를 꿈꾸고 있다는 게 믿어지지 않는다면, 왜 캐나다의 브라이언 멀로니 총리 이야기를 했는지 생각해 보라.

멀로니 총리는 시민이 반대하는 부가세를 도입해 자기 당과 자신을 몰락시켰지만, 결국 이후 정권이 이를 수용해 캐나다 경제를 구했다고 한다. 노 대통령은 멀로니 총리가 되고 싶은 것이다. 열린우리당은 몰락을 각오해야 한다.

겁주는 게 아니다. 노 대통령은 이미 "국가의 미래에 관한 몇 가지 진지한 제안을 취임 3주년인 내년 초에 내놓겠다"고 했다. 아마 모순과 문제투성이의 현실을 개조하는 원대한 구상이 포함될 것이다. 못난 국민은 그 구상을 또 이해하지 못할 게 틀림없다. 그러면 집권 세력은 다시 국민의 신임을 얻는 데 실패할 것이고, 그럴수록 노 대통령은 (국민을 위해!) 더 강력한 것, 더 큰 것을 들고 나올 것이다.

노 대통령의 진정성, 자기희생은 박수를 받을 일이다. 그런데 왜 사람들은 그에게 돌멩이를 던질까? 대통령이 자기희생의 숭고함에 도취돼 점점 더 큰 그림을 그릴수록 힘겨운 삶에 허덕이는 서민들은 그만큼 더 큰 절망에 빠져들기 때문이다.

청와대 소식지인 〈청와대 브리핑〉은 하단에 노 대통령 얼굴과 함께 달팽이 사진을 담아 "달팽이의 꿈:사랑은 얼마나 멀고 긴 것일까"라고 적고 있다. 정말 이 문구대로 대통령과 국민의 엇갈린 사랑이 빚는 이 슬픈 사랑의 이야기는 쉬 끝날 것 같지 않다.

그 이유의 하나는 노 대통령은 달팽이가 아니라는 데 있다. 작은 일이라도 달팽이처럼 한눈팔지 않고 참을성 있게 눈앞에 닥친 일을 풀어 가는 것은 그의 방식이 아니다. 그에게는 '비단뱀 이야기'가 더 어울린다. 얼마 전 미국 국립공원의 어떤 비단뱀이 자기 몸집만 한 악어를 삼키다 배 터져 죽은 일 말이다.

시야가 넓은 것은 좋다. 그러나 '큰 놈'만 노리면 불행해질 수 있다. 진정한 달팽이라면 비단뱀 흉내를 내면 안 된다.

• • •

이 시기 열린우리당 정권은 국회의원 재보선 참패라는 위기를 맞았다. 민생 문제 해결을 못한 무능 및 개혁 실패의 결과였다. 그러나 노무현 대통령은 아랑곳없이 대연정 및 선거제도 개편, 개헌 제안 등 시민들의 생각과는 동떨어진 큰 그림에 집착하고 있었다. 발등의 불을 끄기보다 비현실적 구상에 매달렸다. 그는 왜 재임 중 그가 할 수 있었던 일을 하지 않고, 큰 꿈만 꾸다 참담한 성적표를 받고 무대에서 내려오는 길을 택했는지 아직도 알 수 없다.

이명박
미스터리

2007. 07. 19.

'대통령은 이명박'이라고 굳게 믿고 있던 이들도 요즘 약간의 불안감을 느낄 것이다. 매부와 처남 간의 특별한 땅 거래, 사돈 간인 처남과 형의 이상한 동업, 이명박과 그의 친인척 기업 간 팔고 사는 유별난 사업 방식, 사돈이 동업한 회사에 대한 서울시 특혜 의혹. 시간이 갈수록 궁금한 것이 많아지고 있지만, 그가 똑똑히 해명한 것은 없다. 아직 수많은 부동산이 그의 설명을 기다리고 있다.

시민이 부동산으로 고통받고 있는 나라에서 대통령이 되겠다는 이의 부동산 의혹은 치명적일 수 있다. 그런데 이런 현실을 모를 리 없는 이명박은 신속하게 의심을 해소하는 길을 선택하지 않고 있다. 그런 대응이 남모를 사정 때문인지, 결백을 확신하는 이의 당당함 때문인지는 알 수 없다.

그러나 분명한 것은 즉각 해명해야 할 만큼 다급한 상황은 아니라는 사실이다. 그는 여전히 타의 추종을 불허하는 1위를 달리고 있다. 최근 여론조사를 보면 지지율이 높게는 40퍼센트, 낮아도 33퍼센트를 기록하며 박근혜와 10퍼센트 정도의 격차를 유지하고 있다.

이런 우세는 연이은 부동산 의혹뿐 아니라 제1정책인 한반도 대운하의 결함이 드러나고, 노무현의 맞짱 공격, 박근혜의 측면 공격, 김대중의 대통합론 등 전방위적인 공세가 전개되는 고립무원 상황에서의 결과다. 지지 기반이 그만큼 견고함을 보여 주고 있다. 사정이 이런데 역효과를 감수하면서까지 의혹을 해명하겠다고 나설 이유가 없다.

이명박은 왜 이렇게 요지부동인가. 대쪽, 청렴의 이미지로 무장했다가 추락했던 이회창과 달리 그에 대해서는 도덕적 기대감이 없기 때문일까. 개발 독재 시절의 야망과 성공에 가려진 어두운 그림자가 있을 것이라는 막연한 추론에 비해 제기된 의혹의 무게가 너무 가벼운 것일까. 그의 능력이 그의 도덕적 약점을 관용하게 하는 것일까.

온갖 악재에도 부동의 1위를 지키는 이 미스터리를 명쾌하게 풀어 주기란 쉽지 않다. 이럴 때는 이명박이 왜 강한가를 찾기보다 범여권이 왜 약한가를 찾는 것이 방법이 될 수 있다. 범여권의 잘 나간다는 손학규, 정동영, 이해찬 세 사람의 지지율을 전부 합친 것의 몇 배를 곱해야 이명박과 같아진다는 그런 수준 낮은 수학을 하자는 게 아니다. 이제 꽤 오래되어 많이 듣던 탈당 이야기가 아직도 꼬리를 물고 소통합, 대통합, 제3지대니 하는, 무엇하는 건지 모를 것들에 매달려 있는 그들의 정체를 따지자는 것이다.

정당과 노선, 정책이 다를 뿐 아니라, 다른 당에 속해 있으면서 적대하던 그들을 하나의 정치집단으로 분류하기 위해서는 대단한 상상력이 요구된다.

이들 가운데 상대적으로 노선과 정책이 한나라당에 더 가까운 세 사람이 반한나라당 선봉장이 된 이상한 집합체라면 말할 것도 없다. 이른바 범여권의 빅3를 보자.

손학규. 범여권의 정체성 상실을 상징하는 이름이다. 그의 성공은 범여권의 실패가 될 것이다.

정동영. 한때 서민을 위한 개혁의 실패를 자책하더니 달나라에 보내주겠다는 '달나라 정책'으로 거듭나고 있다. 너무 멀리 가고 있다. 분위기 따라 중도로 발길을 옮기는 그의 순발력과 상황 변화에 대한 민감성이 그를 죽이고 있다.

이해찬. 독선과 아집, 개혁보다 대결과 정쟁에 더 능한 골프 애호가로 유명하다는 점에서 노무현보다 더 노무현다운 정치인이다. 부시 악역을 도맡은 딕 체니가 왜 대선 출마를 포기했는지 배우면 좋을 것이다.

그런데도 이런 빅3를 모신 범여권은 실종된 개혁을 되살려 지지를 모을 생각보다 경선 규칙에 더 집착하고 있다. 기교에 능한 범여권은 오픈프라이머리니 휴대폰 투표니 하며 테크닉을 연마 중이다. 절망이 기교를 낳고 그 기교로 인해 다시 절망하는 상황이다.

이명박 미스터리를 푸는 열쇠는 바로 이것, 즉 이명박은 무인지경에서 혼자 뛰고 있는데, 범여권은 표를 버리고 있다는 점이다. 이런 상황이라면 이명박이 검증이니 의혹이니 하는 것에 겁먹을 일도, 눈치 볼 일도 없다.

물론 선거란 묘한 것이라, 만에 하나 막판 뒤집기로 빅3 중 한 명이 권력을 잡을 수도 있다. 그러나 그것은 이미 민주개혁 세력 3기가 아니다. 전혀 다른 제3의 세력, 새로운 우파 정권의 등장이 될 것이다. 이명박이 되든 빅3가 되든 우리는 민주화 20년 만에 한 시대의 종언을 목격하게 될 것이다.

• • •

2007년 7월 어느 날인가 텔레비전에서 들려오는 뉴스를 들은 한 교수가 이런 말을 했다. "이명박이 그렇게 문제가 많다는데도 지지율이 전혀 안 떨어지네. 미스터리야." '미스터리'가 당시 선거 상황을 설명해 주는 무슨 특별히 통찰력 있는 용어여서가 아니라, 누구나 생각하는 바를 반영하고 있다는 생각에 차용했다. 당시만 해도 대선 일까지 아직 5개월이라는 시간이 남아 있었고, 한국 정치에서 이 정도의 시간은 예상치 못한 일이 발생하기에 충분한 기간이라고 생각하는 분위기가 있었다. 그러나 결국 아무 일도 일어나지 않았다.

FTA로
미국처럼 된다는
판타지

2007. 04. 12.

도대체 무슨 일이 있었던 것일까. 여기저기서 샴페인 터지는 소리가 난다. 환호와 격려, 격정적인 찬사가 쏟아진다. 제2의 개국, 제3의 개국이라고 한다. 국운 상승의 호기를 잡았다고도 한다. 바닥을 헤매던 노무현 대통령의 인기는 껑충 뛰었다. 8·15 해방을 맞았을 때도 이랬을까.

한미 간 자유무역협정(FTA) 협상 타결 소식에 나라는 대경사를 맞은 듯 들떠 있다. 덩실덩실 어깨춤이라도 추지 않으면 안 될 것 같은 분위기다. 조갑제와 김용갑은 자유주의자들을 빨갱이라고 공격할 때만큼이나 과격하게 노대통령을 초인, 영웅으로 칭송한다. 정부는 어떤 위업을 이룬 것일까?

자동차, 섬유, 개성공단, 무역구제 분야에서 공언했던 목표를 달성했나, 투자자-정부 제소를 막는 데 성공했나, 미국의 농업 개방 공세를 막았나, 미국의 지적재산권 연장 요구를 물리쳤나, 전문직 취업 비자 쿼터를 확보했나? 정부는 차마 '그렇다'는 대답은 못하고 있다.

서비스산업의 경쟁력 강화를 한미 FTA의 주요 목표로 제시했던 노 대통령도 목표 미달을 시인했다. 미국은 자국법에 손도 못 대게 했는데 한국은 미국을 위해 수많은 법을 고쳐야 할 상황이다. 그래도 정부는 협상에 대해 '수'라는 평점을 매겼다. 자신에게 최고 점수를 주는 이 정부의 당당함은 어디에서 연유한 것일까.

타결 직후 실시한 여론조사는 이 모순을 푸는 실마리가 될 수 있다. 응답자들은 불리한 협상이었다고 하면서도 협상 타결을 잘한 일로 평가했다. 놀랍게도 정부의 태도와 일치한다.

정부는 협상이 불리하면 결렬시킬 수도 있는 것처럼 공언해 왔다. 그러나 협상은 깨지지 않았다. 협상이 유리해서가 아니라, 결렬은 애초부터 정부가 선택할 수 없는 것이었기 때문이다.

노무현 대통령의 관심사는 미국과 FTA를 체결하는 것과 개방하는 것이었지 세세한 항목의 유불리는 아니었다. 바로 그 때문에 그들은 성과에 연연해 하지 않고 통 크게 타결할 수 있었다. 말하자면 '수'라는 성적은 협상 내용이 아니라 타결했다는 사실 때문에 나온 것이다.

시민의 자세가 정부와 다른 것이 있다면 솔직하게 협상 결과가 불리하다는 점을 인정한 것이다. 그러나 그것은 노 대통령에게 중요한 문제가 아니었다. 노 대통령은 그동안 '무엇을 얻어 낼 것인가'를 말하기보다 '개방으로 선진국이 될 것인가, 쇄국으로 몰락할 것인가'에 집중하며 개방 이데올로기를 전파했다. 졸속이든 아니든 개방은 좋은 것, 미국처럼 잘살게 되는 것이라는 선험적 인식의 틀을 만들기에 주력한 것이다.

162

노 대통령은 성공했다. 사람들은 합의 사항에 시시콜콜 관심을 두지 않았다. 우리도 미국처럼 된다는 — 노 대통령이 조성한 — 판타지를 소비했다. 이 게임의 진정한 승자는 판타지 극장의 관객을 사로잡은 노 대통령이다. 그런 점에서 그는 수를 받을 자격이 있다. 왜 그가 그동안 한미 관계에서 자주니 균형이니 하며 긴장을 조성했던 것인지 알 수 없는 일이 되었지만, 환상에 사로잡힌 우리는 더 이상 그런 시시껄렁한 문제에 관심을 두지 않는다.

그러나 미국처럼 된다는 것의 의미를 차분히 되새겨 보자. 미국화는 우리도 미국처럼 어느 날 갑자기 잘살게 된다는 것과는 다른 종류의 것이다. 미국화는 미국의 법과 제도, 문화와 관습을 우리의 것으로 받아들인다는 의미다. 그것은 경쟁과 시장, 효율성을 최고의 가치로 섬기는 정글 사회를 말한다.

그렇지 않아도 우리는 등 떼밀리며 지치도록 달려 왔다. 김영삼 정부는 "나는 과연 경쟁력이 있는가"라는 반성을 강요하는 전 국민적 경쟁력 캠페인을 전개한 바 있다. 구조조정 당하는 것을 경쟁력이 없는 결과로 당연시하게 만드는 국민 개조 프로젝트였다. 그런데 또 내달리라고 등짝을 후려치고 있다.

우리는 곧 불평등과 사회 양극화를 다른 시선으로 보게 될 것이다. 불평등은 극복해야 할 과제가 아니라 국가 발전을 위해 필요한 것으로, 양극화는 해소해야 할 시급한 사회적 현안이 아니라, 불가피한 것으로 인식하게 될 것이다. 우리는 세계를 미국이란 프리즘을 통해 보게 될 텐데 이는 미국의 시각이 곧 우리의 시각이 된다는 의미다.

경쟁력 없는 것들, 약한 것들, 비효율적인 것들, 못난 것들은 국가 발전의 장애물 취급을 당할 것이다. 공공성, 정의, 평등은 무기력하고 보잘것없고 하찮고 유치하게 느껴지게 될 것이다. 사회적 연대, 공동체는 낯선 언어가 될 것이다. 강한 것, 이기는 것, 돈 되는 것이 곧 도덕이 될 것이다.

• • •

정부는 미국과의 한미 FTA 협상에서 당초 제시했던 목표를 전혀 달성하지 못했다. 그래도 보수 언론은, 한미 FTA 협상이 결렬되지 않고 타결되었다는 이유만으로 희소식처럼 보도했고, 시민들도 그렇게 받아들였다. 신자유주의의 피해자이면서도 신자유주의를 지지하는 시민이라는 모순은 우리 사회가 풀어야 할 과제다.

불안한 세상,
평온한 민주당

2008. 09. 04.

어지간히 해서인지 이명박 비판이라면 이제 신물이 나지만, 그래도 그 편이 민주당을 두고 왈가왈부하는 것보다 백번 낫다. 세상은 민주당에 관심이 없다. 비판하고 말고 할 대상이 못 된다. 그럼에도 굳이 민주당 문제를 거론하겠다면 용기를 내야 한다. 따분한 문제에 시간과 지면 낭비한다는 험담을 들을 수 있기 때문이다. 그럴 용기가 없다면, 그럴듯한 명분으로 방어할 수 있어야 한다. 가령 이명박 집권 6개월의 혼란과 실패를 평가하면서 야당의 역할을 빼놓고 넘어갈 수 없다든가, 흥미 없는 주제라고 중요하지 않은 것은 아니다라는, 그런 실없는 소리라도 해야 한다. 어쨌든 지금 그 재미없는 이야기를 하려 한다.

경제 살려 달라는 서민들의 절절한 소망을 배경으로 집권한 이명박. '내가 당선되는 것만으로 주가가 3,000으로 오를 것'이라 장담하던 이명박. 그의 정부가 요즘 경제 위기설에 휩싸이더니 서민 아닌 부자 살리기에 나선다.

165

'나도 진보'라던 이명박, 눈치도 보지 않고 보수 결집에 한창이다. 물가 잡는 데 총력 집중하는 줄 알았던 정부는 불온서적이니 간첩이니 국가 전복 세력이니 하며 빨갱이 잡는 데 더 솜씨를 발휘한다. 국민 통합을 우선한다고 해놓고는 좌파 척결하겠다며 시민을 두 쪽으로 갈라 대립을 부추기고, 종교 분쟁을 일으킨다. 이 모두 이명박 때문인가. 아니다. 어떤 권력도 견제가 없으면 폭력이 된다. 그게 권력의 속성이다. 견제 없는 권력은 자기 욕망에 눈멀어 어디서 멈춰야 할지 모른 채 벼랑 끝까지 내달린다. 만일 이명박 정부가 야당을 무서워했다면, 아니 야당의 존재를 의식하기만 했어도, 이렇게 함부로 하지는 못했을 것이다. 야당에 정국 주도권이 넘어갈 수 있다는 긴장감이 조금이라도 있었다면, 이렇게 사리 분별을 잃을 수 없다. 이명박이 저러는 것은 야당 때문이다. 민주당은 어디에 있나.

개혁 후퇴와 보수화로 인한 노무현 정권의 몰락을 급진적 개혁 때문이라고 창의적으로 재해석한 민주당은 중도 노선으로 옮겨 갔다. 적당히 개혁하다 말겠다는 뜻인지, 이쪽저쪽 눈치 보겠다는 말인지 알쏭달쏭한, 자칭 '중도 개혁주의'다. 그러나 말이 좋아 중도이지 보수화한 노무현과 이명박 사이의 좁은 틈을 비집고 들어갔으니 우경화이고, 그렇게 한나라당 쪽으로 이동했으니 한나라당화라 해야 옳다. 노선만이 아니다. 당 지도부를 보자. 파탄난 지난 10년 정권의 생존자들의 모임이다. 그들은 살아남기 위해 모였지, 무엇을 하기 위해 모인 게 아니다. 이름하여 잔당이다. 과거의 당이다. 그리고 이 과거의 당에 어울리게 과거의 인물들이 한자리씩 하고 있다. 노무현 정권 때 끔찍한 배신을 한 민주당. 그들의 배신은 끝나지 않았다.

민주당은 억울할 것이다. 촛불 집회 때 거리를 누볐고, 국회 개원과 원구성 협상 때는 여당과 한판의 대결을 했다. 방송 장악 저지 투쟁도 열심히 했다. 이제는 국회에서 좌편향 정책을 바로잡겠다는 한나라당과의 싸움을 준비하고 있다. 이런 민주당에 마치 놀고 있었던 것처럼 따지는 것 같아 미안한데, 그건 모두 헛고생이다. 민주당은 그렇게 하지 않을 수 없었겠지만, 무엇을 하든 안 한 것과 마찬가지다. 왜냐하면 민주당은 시민들의 시야에 없기 때문이다. 그러면 있어도 없는 것이요, 살아도 죽은 것이다. 목청 높여 봤자 소용없다. 죽은 세력은 미래를 책임질 수 없다. 그런데 민주당은 이명박과 싸우느라 다시 노무현의 후계자라는 이미지를 얻고 있다. 배신의 기억만 새록새록 떠오른다.

이제 민주당은 어울리지도 않는 이명박과의 싸움에서 물러나야 한다. 실패한 세력과 실패하고 있는 세력의 대립은 짜증이 날지언정 흥이 나지 않는다. 다수의 서민들도 민주당을 자신들의 대표로 인정하지 않는다. 한 번 속지 두 번 속겠는가. 민주당은 삶의 위기에 허덕이는 서민들의 마음과 닿을 수 없다. 야당 교체도 해야 한다. 이명박의 상대를 바꿔야 한다. 이명박을 위해서도 그렇다. 절망한 시민들의 가슴에 불을 댕기고 뿔뿔이 흩어진 그들을 정치적으로 조직하고 대표하는 세력이 나와야 한다. 누가 할 건가. 새로운 전투는 패잔병에게 맡기는 법이 아니다. 부대를 재편성하고 전열을 정비해 새로운 노선과 인물로 무장한 새로운 세력이 맡아야 한다. 야당, 아무나 하는 게 아니다. 민주당을 전면 쇄신해야 한다. 그런데 민주당이 너무 평온하다.

● ● ●

민주당은 시민들의 관심 밖에 밀려나 있었다가 2009년 1월 국회에서 해머와 전기톱이 등장하는 여야 대충돌, 즉 한나라당 주도의 '국회 입법 전쟁' 때 한나라당의 문제 법안 강행 처리를 저지하면서 다시 관심의 대상으로 떠올랐다. 그래도 시민들은 여전히 민주당을 지지하지 않고 있다. 더 지켜볼 필요가 있다는 유보적인 태도로 보인다.

신당, 그 무덤에 아무도 초대 말라

2007. 09. 13.

아무리 못난 놈이라 해도 어느 한 군데 예쁜 구석은 있게 마련인데, 이것은 곱게 봐줄 구석이 하나도 없다. 대통합민주신당. 들여다볼수록 밉상이요, 시간이 갈수록 가관이다.

정말 이러기 쉽지 않다. 사라진 정당의 정강 정책을 베껴 급조한 것은 시작에 불과하다. 다른 정당 이름과 쉽게 혼동할 수 있는 약칭을 사용해 덕 좀 보려다 사용 불허 판결을 받고 만다. 선거인단 모집이 대성공이라더니 상당수가 가짜, 엉터리, 유령 선거인이다.

1차 경선을 통과한 후보 5명의 득표 순위를 공개하지 않겠다고 하다 공개하고, 그 순위도 뒤바꿔 발표하고는 또 정정한다. 경선에서 여론조사를 하지 않기로 해놓고 경선 진행 중에 경기 규칙을 바꿔 여론조사 결과를 반영해야겠다며 하루 사이에 당헌을 바꾼다.

이렇게 남의 당 흉내를 내려 기 쓰고, 자기의 결정을 쉽게 뒤집고, 시시때

169

때로 사고치는 게 대통합 무슨 당이 안고 있는 문제의 전부라고 생각하면 이 당을 매우 과대평가하는 것이다.

이 당이 당면한 진짜 문제는 정체성 상실이다. 왜 존재해야 하는지 누구도 설명할 수 없다. 무엇을 위해 뭉쳤는지도 모른다. 대통합했다고 하지만 뚜껑을 여는 순간 열린우리당에서 의원 한 명 나가고 한나라당 경선 탈락자와 민주당 몇 명 들어온 순도 99퍼센트 열린우리당임이 금방 발각된다. 짝퉁이 아니다. 신당을 만든다고 해서 사람들을 잠시 헷갈리게 했지만, 그 내용뿐 아니라 행태가 꼭 열린우리당이다.

이 '99퍼센트 열린우리당'은 노무현 정부와 어정쩡한 관계를 유지하면서 노무현 정부의 공과를 계승한다고 하는데 무엇이 공이고 과인지 구별할 줄 모른다. 범여권으로 불리는 것은 원치 않는다면서도 집권당 행세는 하려고 든다.

그들이 누구인가. 손학규와 정동영, 그리고 노무현의 아들딸들인 이해찬, 유시민, 한명숙. 여당과 야당에서 실패한 이들이다. 이 실패 세력이 똘똘 뭉쳐 질서 있게 구축한 것이 대통합민주신당, 아니 '대실패 연합'이다.

위기일수록 뭉쳐야 한다는 생존 본능의 명령을 철저히 따랐다. 그러나 이 '대실련'이 떠나간 지지자들의 꺼진 열정을 다시 살려 낼 수는 없을 것이다. 그래서였을까. 휴대폰 투표니 하는 경선 신기술을 내놓고 대박이 터지기만을 기다리고 있다.

기교에 능한 그들은 대통령 선거도 비디오 게임이나 경마, 고스톱 판쯤으로 여긴다. 아무 판이나 벌여 놓으면 사람들이 몰려들어 실패 세력의 잘못과

170

그로 인한 고통을 금세 잊고 게임에만 빠져들 것으로 생각한다. 정말 시민들을 우습게 보는 세력이다.

그들만 모르고, 남들은 다 아는 이야기 하나 하자. 그것은 실패 세력이 뭉치는 순간 불확실성이 제거되었다는 사실이다. '이명박이 과연 집권할 것인가'라는 반신반의가 사라졌다. 대통합 이전만 하더라도 '이들이 정신만 차리면 이명박 집권은 장담 못한다'는 말이 저잣거리를 떠돌았지만, 대통합 무슨 당이 탄생하는 바로 그 순간 일말의 기대는 꺼지고 정권 교체 전망이 밝아졌다. 정권 교체가 된다면 그것은 대통합 신당의 공이 될 것이다.

애초에 열린우리당이 공중 분해되지 않은 것, 그래서 목숨이 경각에 달린 실패한 정치인에게 영양분을 공급하는 숙주가 된 것, 그들이 다음 숙주로 옮겨 갈 수 있게 생명 연장을 한 것이 문제였다.

열린우리당이 흔적 없이 사라져 그들의 과거와 뒤엉킬 계기가 없었다면 다시 시작할 수 있었을 테지만 이제 그런 기회는 없을 것 같다. 대통합의 죽음 위에 새로운 개혁 정치 탄생을 기다리는 수밖에 없다. 그러나 이런 전망이 가능하기 위해서는 낡고 실패한 가짜 개혁과 기득권 운동 세력을 완전 해체시켜야 한다.

대통합의 기회주의자들이 나중에 또 반성합네 하고 새 숙주로 옮겨 가지 못하도록 깨끗이 청소해야 한다. 그런 점에서 대통합이 기여할 게 아주 없는 것은 아니다. 다행히 버려야 할 모든 것들이 이 한 바구니에 담기게 되었기 때문이다.

대통합민주신당은 무덤이다. 문국현이든 누구든 더 이상 이 죽음의 집으로 초대해서는 안 된다. 문국현 미풍이 불고 있지만, 이 신인이 성공할지는 알 수 없다. 명백한 것은 그가 대통합과 손을 잡는 순간 죽음의 키스가 될 것이라는 점뿐이다.

물론 이 죽음의 잔치에서도 살아날 수는 있다. 자기 원칙과 노선, 정책을 견지하며 외롭더라도 꼿꼿하게 앞으로 나아가는 것이다. 그런 비장함이 죽은 열정을 살려 태풍을 몰고올 수 있다. 그렇지 않더라도 최소한 '미래가 있는 패배'는 할 수 있다.

'올바른 패배'도 준비해야 한다.

• • •

이 칼럼이 나간 뒤 신당의 한 의원이 전화를 해왔다. "우리가 그렇게 잘못했습니까. 앞으로 우리는 어떻게 해야 합니까." 일종의 항의였다. 그러나 그러기에는 목소리에 너무 힘이 없었다. 나중에 들은 이야기인데 이 글 때문에 신당 의원들 사이에 약간의 술렁거림이 있었다고 한다. "그래서 어쩌라는 것이냐." 비판만 하지 말고 대안을 한번 내보라는 것 같았다. 그러나 필자는 대안을 낼 생각이 없었다. 왜냐하면 신당은 대안이 아니었기 때문이다. 정말 불행하게도 열린우리당 혹은 대통합민주신당에 대한 비관적 예측은 거의 틀린 적이 없다. 필자가 족집게이거나 예측을 잘해서가 아니라 그 당이 그렇게 실패의 구조를 완전하게 갖추고 있기 때문이다.

172

낡은
장롱 속의
신당

2006. 12. 07.

역시 노무현 대통령이다. 정곡을 찔렀다. "말이 신당이지 지역당을 만들자는
것이다." 사실 최근 신당 논의가 무성하지만, 분명한 것이 없다. 있다면, 단
한 가지. 결국 민주당과 합쳐질 것이라는 점이다. 이런 한국 정치 수준이라
면, '함부로 짝짓기'를 안 하는 것만으로도 정치발전이라고 할 수 있다.

노 대통령은 "이만한 정치발전(열린우리당의 수호)도 소중히 지켜야 한다"고
했다. 차기 정권을 내놓더라도 원칙을 지키겠다는 노 대통령의 신념은 존중
받을 만하다. 이에 열린우리당 김근태 의장이 "지역주의 타파가 유일한 과제
는 아니다"라고 반박했다.

요즘 국정 난맥상은 목불인견이다. 실정은 서민들의 삶의 질을 악화시키
고 있다. 개혁 실패, 무능과 혼선의 상처가 너무 커 지역주의 고통은 잊고 지
낸다. 맞는 말이다. 그러나 "여당은 대통령의 책임만을 얘기하는데 과연 여
당도 얼마만큼 책임 있게 임해 왔던가 자문해 볼 필요가 있다"는 이병완 청

173

와대 비서실장의 말도 맞다. 노 대통령보다 열린우리당의 지지가 왜 낮겠는가.

중심을 잃고 우왕좌왕했다는 점에서 당이 정부보다 나은 것은 없다. 집권 세력이 요즘 노 대통령 대 김 의장, 청와대 대 열린우리당, 친노 대 반노로 분열하면서 이렇게 서로 상대의 허점을 지적하는데 틀린 것이 하나도 없다. 상대를 비판할 때만 정확하다는 것이 아쉽기는 하지만, 그들의 문제점은 그들이 다 알고 있다. 이러쿵저러쿵 가르칠 필요 없다.

신당 논의를 보자. 온갖 방법과 절차가 거론되고, 다양한 조합의 짝짓기가 나돈다. 신호만 떨어지면 얼렁뚱땅 당을 하나 만들 기세다. 그런데 감동이 없다. 창당 기술만 논의되고 있기 때문이다. 왜라는 물음이 빠져 있기 때문이다.

그들은 실패한 정권이 왜 다시 정권을 잡아야 하는지 묻지도, 대답하지도 않는다. 제대로 개혁하기 위해서? 지금 눈앞에 부동산, 한미 자유무역협정, 사학법, 출자총액제한제 등 개혁 과제가 쌓여 있다. 개혁을 위해서라면, 지금 하라. 지금 못하겠다면, 무엇을 개혁할 수 있는지, 노선과 정책은 무엇인지 그 그림자라도 그려 보이면 될 것이다. 그것도 못하겠다면, 앞으로는 이런 것을 잘해 볼 생각이라고 거짓말이라도 해보라.

기교 기술 말고 알맹이, 핵심, 혼을 보여 줘라. 혹시 그런 것 하나 없이 재집권의 적나라한 욕망으로만 불타오르고 있는 것 아닌가. 정말 이렇게 아무 것도 없이 3년 전 열린우리당을 만들 때 배운 기술로 더 멋진 이름의 당을 또 하나 만들어 낼 작정인가.

쉽지 않을 것이다. 혼자 잘난 척하며 대통령을 공격해 점수는 점수대로 따고 집권당으로서의 기득권은 기득권대로 챙기는 '얄미운 짓'을 노 대통령이 보고만 있을 리 없다. 그가 누군가. 승부사다. 게다가 누구보다 당의 급소와 빈틈을 잘 안다.

열린우리당은 대통령을 태운 비행기가 자카르타에 안착하는 순간 '휴식의 시간'이 왔다고 믿었을 것이다. 그게 너무 순진한 생각이었다고 나무랄 것은 없다. 대통령이 그 다음 날 서울에서 터질 수 있게 시한폭탄('당원에게 드리는 편지')을 설치해 놓았을 줄 누가 상상할 수 있었겠는가.

노 대통령은 편지에서 "신당은 어떤 가치와 정체성을 지향하는지, 참여 세력은 누구인지 분명히 하라"고 요구했다. 가장 아픈 곳을 찔렀다. 김 의장은 '국정 쇄신이나 잘하라'고 반격했지만, 더 잃을 게 없는 노 대통령에게는 별 타격이 안 된다.

사실 '정체성' '가치' '참여 세력'의 문제는 노 대통령이 남에게 물을 것은 아니다. 그 모두 대연정 추진 때 노 대통령을 향해 쏟아졌던 물음이지만, 지금 앞뒤 따질 계제는 아니다. 상대에게 타격을 줄 만한 것이면 아무래도 상관없다.

김 의장이 답했다. '시대정신' '평화' '번영' '민생' '양심 세력'. 글쎄. 이 모두 신당의 정체가 되기에는 너무 추상적이고 모호하며 차별성도 없다. 신당을 만들 이유가 아직 분명하지 않다는 뜻이다. 노 대통령은 바로 이 허점을 집요하게 파고들 것이다.

각오하고 있는 게 좋다. 아니면, 죽어도 함께 죽고, 살아도 함께 살자며 남은 1년 동안이라도 노 대통령과 사이좋게 지내다 '작은 정치발전'을 이룩한 것에 만족하고 장엄한 종말을 맞이하든가.

이런 우스개가 있다. 남편 구실을 못한 사람은 이사할 때 아내가 버리고 갈까 봐 장롱 속에 숨는데 절대 그러면 안 된다. 낡은 장롱을 버리고 갈 수 있기 때문이다. 대신 필수품인 세탁기 속에 꼭꼭 숨어야 한다. 그래야 새집까지 무사히 갈 수 있다.

내년 정치판의 새집을 짓고 이사할 준비를 하느라 정가가 벌써 분주하다. 집권 세력은 선택해야 한다. 낡은 장롱 속에 버려질 것인가, 세탁기와 함께 무사히 새집으로 갈 것인가.

• • •

용도가 끝난 열린우리당을 버리고 신당을 추진하자는 논의가 열린우리당 내에 확산될 때 쓴 글이다. 김민아 경향신문 국제부장 대우는 당시 이 글을 읽고 필자에게 비유가 낡았다며 최신판을 권했다. 말인즉, 낡은 장롱뿐 아니라 낡은 세탁기도 버리고 갈 수 있으므로, 부인의 애완견을 꼭 껴안고 있어야 안전하다는 것이었다. 남편과 가구는 버릴 수 있어도 애완견은 절대 버릴 수 없다는 것이다.

反열린우리당
대연합을
구축하라

2006. 05. 29.

도대체 뭘 또 달라는 말인가. 시민들은 비주류의 노무현 대통령을 당선시켰다. 야당의 대통령 탄핵을 온몸으로 막았다. 소수파 집권당을 다수파로 만들어 주었다. 개혁하고, 바꾸고 싶은데 힘이 없어 아무것도 못한다고 해서 이렇게 세 번 힘을 주고, 세 번 기회를 주었다. 그런데 무슨 일이 일어났는가.

뒷간 갈 때와 나올 때가 다르다 해도 정도가 있지, 그들은 힘과 기회를 다 갖자마자 바로 배신하기 시작했다. 그리고 이제 2년이 흘러 5·31 지방선거를 앞두고 있다. 집권당 완패 소식이 파다하다. 지난 2년을 그들이 어떻게 보냈는지를 생각하면 패배는 너무 당연하고도 자연스러운 일이다.

그런데 그들이 울고 보채며 또 젖을 달란다. '대국민 호소문'을 낸 것이다. 엄정한 평가를 못하게 유권자 마음을 흔들어 놓자는 작전이다. 그러나 감동할 사람은 없다. 듣기 싫은 소리 자꾸 하면 짜증만 날 뿐이다.

지금 시민들이 듣고 싶어 하는 것은 그런 것이 아니다. "5월 31일은 무능

177

정권을 심판하는 날이다. 무책임한 정권에 대한 국민 봉기의 날이다." 바로 이것이다. 이 야당의 목소리는 집권 세력 때문에 쌓인 시민의 스트레스를 풀어 주고 막힌 가슴을 뻥 뚫어 줄 것이다.

못난 야당도 야당이다. 이 야당이라도 없었다면 시민들은 지난 3년을 참느라고 모두 화병이 났을 것이고, 2년을 더 참을 생각에 속이 곪아 터질 지경에 이르렀을 것이다.

집권당이 이런 시민들의 속을 들여다보고 있다면, 지방선거에서 심판을 받았다는 것이 분명해질 때 조용히 물러가야 한다. 지난 3년의 실책은 남은 2년 동안 회복할 수 없을 만큼 넓고 깊다. 매우 유감이지만 남은 기간에 할 일이 없다.

시민들은 이미 마음속으로 집권 세력을 탄핵하고 정권 교체도 다 했다. 그런 판에 뼈를 깎으며 거듭나겠다느니, 정권 재창출이니, 다시 뭉쳐서 잘해 보자느니 하며 시민들의 속을 뒤집어 놓지 말고 시야에서 깨끗이 사라져야 한다. '완전한 패배'로 장렬히 산화해야 한다.

그래서 새로운 씨앗이 자랄 수 있는 토양을 만들어 줘야 한다. 그것이 열린우리당이 역사에 기여할 수 있는 마지막이자 유일한 기회다. 만약 '어설픈 패배'로 생명을 부지하거나, '완전한 패배'를 오히려 '민주개혁 세력 대연합'과 같은 낡은 정계 개편의 호기로 삼아 정치판을 휘저어 놓는다면, 최악의 선택이 될 것이다.

산소호흡기와 투석기로 생명을 연장하면서, 옆구리에 장기 하나 만들어 달고, 덩치는 더욱 커진 '민주개혁 세력 대연합'이란 괴물이 대로를 활보한다

178

고 상상해 보라. SF영화처럼 총알에도, 대포에도, 미사일에도 끄떡없고 당할수록 더 커지는 맷집 좋은 이 괴물을 누가 감당할 것인가.

그들은 그래도 한나라당보다는 낫지 않느냐는 비교 우위론을 내세운다. 그러나 비교 우위론은 낡은 속임수다. 왜 열린우리당과 한나라당 가운데 하나를 고르는 게임만 존재한다고 생각하는가. 우리 앞에는 얼마든지 다른 게임이 가능하다. 다른 세력을 키우면 된다.

'수구적 보수 정권'의 등장을 막아야 한다는 주장도 한다. 이는 존재하지도 않는 허깨비로 사람 겁주는 것이다. 젖먹이에게나 통할 논리다. 만에 하나 지금 수구적 보수 정권의 등장 가능성이 높아졌다고 치자. 그것은 실패를 반복하는 가짜 개혁 세력, 그들 때문이다. 그들이 퍼뜨리는 환멸과 절망이라는 바이러스 때문이다. 그들이 수구 정권 등장의 배후 세력이다.

누구 탓을 하나. 돈 공천, 비리와 부패, 건설업자의 시의회 건설위 장악 등을 그대로 둘 것이냐고 한다. 그러나 미안하지만, 그 모두 한나라당이 아니라 집권 세력의 책임이다.

시민들은 견제와 균형도 없고, 기득권 세력이 판치는 지방 정치 구조를 뜯어 고치는 일보다 더 시급한 게 중앙정권을 심판하는 일이라고 믿고 있다. 중앙정권을 심판하느라, 지방자치 개혁을 못했다면, 중앙정권이 책임을 느껴야 하지 않을까.

야당은 좀 못나도 시민에게 주는 고통은 적다. 그러나 집권 세력이 못날 때의 고통은 너무 커서 야당 심판도, 부패한 지방정권 교체도 잊어버릴 정도가 된다. 그런 나라가 온전할 리 없다. 지금 정상을 되찾기 위해서는 반한나

179

라당 대연합이 아니라, 반열린우리당 대연합을 구축해야 한다.

세 번의 기회를 놓친 자에게 관용을 베풀 만큼 한국 사회가 안고 있는 문제가 한가하지 않다. 못난 야당도 말을 바로 할 때가 있는데 바로 이런 경우다. "열린우리당이 한 곳도 승리하게 해서는 안 된다. 그렇지 않고는 저들의 오만과 무능을 깨닫게 할 방법이 없다."

●●●

열린우리당은 2006년 5월 31일 지방선거를 앞두고 대국민 호소문을 발표했다. 한나라당의 싹쓸이만은 막아 달라며 읍소하는 내용이었다. 열린우리당의 용도가 끝났다는 막연한 느낌이 왔고, 평소 글쓰기 버릇과 달리 일필휘지 필법(?)으로 썼다. 지방선거에서 재기의 기회를 잡으려고 발버둥 치고 있던 노무현 정권에게 이런 비판은 분명 지나친 것이었다. 여러 분들이 그런 지적을 해주셨다. 그러나 현재의 시점에서 열린우리당에 대한 이런 비판을 두고 지나치다고 할 이는 별로 없을 것 같다. 열린우리당이 자신의 역할이 끝났음에도 불구하고, 길을 비켜 주지 않고 버틴 결과, 범진보 세력과 함께 몰락했고, 이명박 정부에서 야당 노릇도 제대로 못하고 있는 것은 사실이기 때문이다.

180

노무현 정권에는
정치가
없다

2007. 01. 04.

송년회, 신년회에서 정치의 정자(字)도 꺼내지 말라는 말을 들은 분들이 많았을 것이다. 거기에 누구 이름 석 자까지 보태면 거의 경기하는 분도 있다. '밥맛 없어진다' '술맛 떨어진다'는 아우성을 각오해야 한다.

사실 정치를 싫어하는 절대다수를 위해 새해라는 말이 신선하게 느껴지는 며칠 만이라도 정치에 관해 쓰지 않는 것이 예의다. 그러나 그렇게 한다고 해서 달라지는 것도 없다. 이게 지금 정치 이야기를 하려는 명분이다.

사람들은 경제를 경제 논리로 풀어 가야지, 정치적으로 접근하면 안 된다고 흔히 말한다. 교육 문제도 교육 논리에 충실해야 한다고 한다. 그러면 정치는 어디에 있어야 하는가. 술집에? 이제 술집에서도 퇴출당할 위기다. 짐 싸서 이 땅을 떠나라고 해야 할까.

한국에서 '정치' 혹은 '정치적'이라는 말은 '나쁜 짓' '거짓말' '속임수'의 동의어로 간주되고 있다. 노무현 대통령의 당정 분리 실험도 이런 인식의 결과

181

일 것이다. 국정이 정당 혹은 정치와는 거리가 먼 고상한 그 무엇이 되어야 한다는 바람이 반영됐을 것이다.

그래서인가. 노무현 정부에서는 정치라는 단어의 사용 빈도가 줄었다. 그 유래를 알 수 없는 '정무'가 '정치'를 대신했다. 기사 검색 사이트 〈카인즈〉에서 종합 일간지를 대상으로 '정무' 혹은 '정무적'이란 단어를 찾아보았다. 1987년 12월에서 2001년 12월까지 14년간 14건이었다. 그러나 2002년 12월에서 2006년 12월까지 4년 동안 658건을 기록했다. 노무현 정부가 '정무'를 유행시키면서 나타난 현상이다.

'아무개는 정치적 판단력이 부족하다'라는 말이 '아무개는 정무적 판단력이 부족하다'로 바뀌었다. 이 언어 변용의 원인을 정확히 밝혀낼 수는 없지만, '정무적'이 '정치적'보다 세련됐다고 생각했기 때문이 아니었을까.

왜 그럴까. '정치적'은 너무 노골적이고 '정무적'은 은근해서? 정무는 나라 운영을 위해 필요한 할 일이고, 정치는 나라 운영을 망치는 나쁜 짓이라서?

좋다. 그렇게 해서 정치로부터 자유로워진 노 대통령은 어떻게 됐나. 갑자기 한나라당에 권력을 통째로 넘겨주겠다며 대연정을 제안한다. 노동자와 투쟁한다. 한국을 미국화하는 한미 자유무역협정을 추진한다. 부자들은 더 부자가 되고 가난한 자는 더 가난하게 만든다.

이렇게 자기 지지자로부터 정치적 자유를 마음껏 누린 대가가 무엇인가. 참여정부의 정치적 기반을 상실, 몰락하고 집권당은 거수기로 전락한 것이다.

곧 문을 닫는다고 한다. 그런데 정말 노 대통령이 탈정치를 했을까. 아니다. 그는 지난 총선 전 "민주당 찍으면 한나라당 돕는다"부터 최근의 신당반

182

대까지 숱한 '정무적' 활동, 아니 '정치적' 활동을 했다. 이중적이다.

그러나 비난할 일은 아니다. 애초에 대통령과 정부가 정치를 벗어난다는 것 자체가 불가능한 일이었다. 정부가 집권당과 분리될 수 있다는 생각, 정치와는 무관한 국정 과제가 따로 존재한다는 발상 자체가 잘못이었다.

정치란 무엇인가. 인간의 삶을 영위하기 위한 규칙을 만드는 활동이다. 인간의 견해와 욕구는 다양하고 무한하지만, 세상은 그것을 다 충족시켜 줄 수 없다. 따라서 누가, 어떤 것에 우선순위를 둘지 정해야 한다. 말할 것도 없이 다수가 우선순위를 선택해야 한다. 정치적으로 결정된다는 의미다. 왜냐하면 정치는 정책의 우선순위를 둘러싼 경쟁, 갈등, 협력이기 때문이다.

경제, 교육 정책도 하늘에서 떨어지는 것이 아니다. 정치적으로 결정된다. 정치가 없는 세상은 '만인에 의한 만인의 투쟁' 상태를 의미한다. 왜 인간을 '정치적 동물' '호모폴리티쿠스'(Homo politikus, 정치적 인간)라고 했겠는가.

그런데 우리의 정치 개념은 너무 협소하다. '대통령은 정치에 개입하지 말고 국정에 전념하라'는 여당의 비판에 시민들이 박수갈채를 보냈는데, 말이 안 된다. '정치 없는 국정'이란 없다.

가령 이 나라의 국정을 좌우하는 최고 정치 지도자인 대통령과 총리가 만났다면 그것은 당연히 정치적인 행위다. 국정을 논하는 것만한 정치가 없다. 그런데 청와대는 2006년 12월 29일 두 사람의 만남에 정치적 의미가 없다고 설명했다.

분명히 하자. 문제는 '정치'가 아니라 '정치 부재'에 있다. 올해 대통령 선거를 한다. 그런데 우리는 지금 정치라고 부를 수도 없는 정치에 벌써 지쳤

다. 그래도 정치를 버리면 안 된다. 정치를 구출해야 한다. 그 기회가 오고
있다.

● ● ●
새해에는 정치에 희망을 걸어 보자고 쓴 신년사형 칼럼이다. 당시 노무현 대통령은 정치의 나
쁜 의미인 대결과 분열의 조성에 앞장섰다. 통합을 중시해야 할 대통령임에도 불구하고 분쟁
의 당사자로 나선 것이다. 그러면서도 정치로부터 자유롭고자 했고, 기어코 당정 분리라는 실
험을 했다. 물론 이 실험은 시민 다수로부터의 분리라는 심각한 결과를 가져왔다.

개헌 제안
'시기'가
정략이다

2007. 01. 11.

노무현 대통령은 대통령 4년 연임제 개헌을 제안하면서 "정략적 의도가 없다"고 밝혔다. 사실 '대통령 4년 연임'은 여야 모두의 지지를 받아 온 구상이었다. 4년 연임 그 자체가 누구에게

유리하고, 불리한 그런 것도 아니다. 그런 점에서 개헌 자체가 정략적이 아니라고 하는 것은 맞다.

그러나 개헌 제안으로 조성될 개헌 정국은 노 대통령과 여권에 유리하고, 야당에 절대 불리하다. 지금 대통령 선거 1년을 앞두고 있다. 노무현 정부의 개혁 실패와 실정으로 여권 대선 주자의 지지는 바닥이고, 야당 주자의 지지는 하늘을 찌르고 있다.

이런 상황에서 개헌 찬반 여부가 선거 쟁점으로 부상하면 개혁 실패와 실정 심판론은 가려지게 된다. 여권은 이를 정치적 도약대로 이용할 수 있다. 게다가 노 대통령은 개헌 문제를 쟁점화하지 않겠다는 한 해 전 약속을 뒤집

185

으면서까지 무리한 제안을 했다. 야당 반대로 국회 통과 가능성이 낮고, 정쟁만 부추길 것이 분명하다는 점을 알고도 제안했다. 개헌 제안이 정략적인 배경이다.

원하는 결과를 기대하며 '게임의 질서'를 인위적으로 바꾸는 것, 그것이 정략이다. 대통령이 정략적 의도가 없다고 말했다 해서 결코 이 제안이 순수해지는 않는다. 현행 헌법 가운데 고쳐야 할 점이 있다는 사실을 부정하는 것이 아니다.

문제는 개헌이 과연 임기 말 대통령이 다른 일을 제쳐 두고 우선 매달려야 할 국가적 과제인가 하는 점이다. 지금 고치지 않으면 안 될 만큼 '단임제의 불편'이 견딜 수 없는 것인가 하는 점이다. 단임제에서 대통령이 평가받을 기회가 없다고 하지만, 총선이란 중간평가 메커니즘이 있다. 여소 야대도 문제지만, 여권 싹쓸이의 여대 야소도 문제가 될 수 있다.

선거는 민주주의 비용이다. 단순히 선거 횟수를 줄이는 것만이 최선은 아니다. 단임제는 조급한 개헌의 이유가 안 된다. 우리의 당면과제는 사회, 경제적 개혁이다. 서민들의 삶의 위기를 극복해야 한다. 이를 위해 사회 발전 전략을 만들고, 실천해야 한다.

올해 대통령 선거가 있다. 민주화 20년을 맞는다. 진정한 사회 개혁, 실질적 민주주의의 과제가 놓여 있다. 사회 발전과 개혁의 비전을 제시하고, 가장 적실성 있는 대안을 놓고 토론해야 할 때다. 법과 제도는 최소한의 장치일 뿐, 우리를 구원해 줄 수 없다.

헌법에는 고귀한 자유와 평등의 가치가 담겨 있지만, 그것이 스스로 발현

되는 것은 아니다. 헌법의 실천은 현실에 발을 딛고 사는 사람과 사회, 지도자가 합심해서 노력하는 정도에 달려 있다. 특히 정치 지도자들은 구체적인 전략과 대안을 내놓고, '더 나은 삶'의 전망을 제시해야 한다.

헌법 조문을 바꿔서 삶을 바꿀 수 있다면, 누군들 아름다운 말들을 동원하는 일을 꺼리겠는가. 현행 헌법과 바람직한 헌법의 차이가 주는 불편보다 현행 헌법과 행복한 삶의 괴리가 더 크다. 이 괴리를 줄이는 일이 더 중요하다.

열악한 노동조건에서 생활했던 전태일 열사가 원했던 것이 무엇인가. 헌법 개정도, 근로기준법 개정도 아니었다. 근로기준법의 준수였다. 실천을 위한 투쟁이 문제였다. 지도자와 시민들이 자기 삶을 개선하기 위한 의지와 역량이 있는가. 이것이 우리의 문제다. 헌법도, 단임제도 아니다.

노 대통령은 제안을 철회해야 한다. 열린우리당은 눈앞의 작은 이익에 현혹돼 소모적 '개헌 정쟁'에 몰입하는 어리석은 일을 중단해야 한다.

• • •
2007년 1월 9일 노 대통령의 느닷없는 4년 연임제 개헌 제안을 반박하기 위해 경향신문 1면에 게재한 글이다.

'호모루덴스'
한나라당

2006. 09. 28.

한나라당이 집권하면 나라가 망한다. 상상해 보자. 서로 적대적인 한나라당
정권과 민노총은 공권력 투입과 저항, 총파업으로 사회 기초를 흔든다. 전교
조, 농민 단체, 시민운동 단체는 현안마다 정부와 건곤일척의 대결을 한다.
사회는 분열하고 갈라진다.

정부는 전시작전통제권을 환수하지 못하겠다, 미국은 재협상 없다고 맞
서다 한미 동맹이 위기에 처한다. 남북경협 축소, 정부의 대북 제재 동참으
로 남북은 대결의 시대로 돌아간다. 한반도 정세는 불안정해지고 한국의 대
외 신인도는 떨어지며 경제는 추락하고 실업자는 거리를 메운다.

야당과 진보 세력은 다시 연대, 생존권 쟁취를 위한 범국민운동본부를 결
성, 주말마다 거리 집회를 갖고, 도심은 교통 지옥으로 변한다. 한나라당은
강온파로 쪼개져 내분에 휩싸인다. 한나라당이 집권해서 그동안 속 시원하
게 쏟아 낸 말 그대로 실행한다면 나라가 망하지는 않더라도 꽤 망가질 것이

다. 한나라당이 집권하면 나라 망할까 걱정하는 이들이 있는데 바로 이런 상상 때문이다.

그러나 걱정하지 않는 게 좋을 것 같다. 노무현 정부가 자기 지지자를 배신한 것처럼 한나라당 정권도 그렇게 해야 할 운명이기 때문이다. 한나라당은 실권한 10년 동안 사회가 얼마나 많이 변했는지, 뒤집어 놓을 수 없는 것들이 얼마나 많은지 집권하자마자 금방 알아차릴 것이다. 정부는 조금 바뀌고, 한나라당은 많이 바뀔 것이다.

그런데도 열린우리당은 한나라당이 수구 집단이라 나라를 망칠 것처럼 주장하고 있다. 그리고 '우리가 무엇을 할 수 있으니까 계속 집권해야 한다'가 아니라, '저들이 집권하면 안 되니까 우리가 재집권해야 한다'는 비논리로 사람들을 헷갈리게 만들고 있다.

그러면 안 된다. 민주정당이라면 깨끗이 정권을 넘겨줄 준비를 해야 한다. 지금 야당으로의 정권 교체보다 실패한 정권의 재집권이 더 나을 이유는 별로 없다. 그런데 문제가 하나 있다. 한국 정당 체제가 완전하지 않다. 여당이 못할 때 야당이 그 바통을 이어받아야 하는데 그럴 야당이 없는 것이다.

한나라당의 최근 움직임을 보면 정권을 잡으려는 야당의 모습이 아니다. 야당의 무대인 인사 청문회를 두 번이나 부실하게 하더니 전시작전통제권 문제를 놓고는 시종일관 초점을 놓치고 있다. 당이 이러고 있을 때 의원들이라도 정신 차리고 있으면 나을 것이다.

그러나 의원들이 더 한다. 술, 여자, 골프 스캔들이 줄줄이다. 국회 국방위원회 소속 의원은 국정감사 준비를 한다면서 대낮에 피감기관의 골프장에 가서 놀다가 들켰다.

요한 호이징가는 인간의 특성을 '놀이하는 인간'(호모루덴스)으로 규정했다. 놀이를 통해 문명도 정치도 발전한다는 것이다. 한나라당 의원이 바로 호모루덴스다. 그들에게는 일과 놀이의 구분이 없다. 노는 게 일하는 것이고 일하는 게 노는 것이다.

하루 종일 죽도록 일을 해도 생계유지에 허덕이는 수많은 '일하는 인간'에 비하면 한나라당의 '놀이하는 인간'은 정말 '행복한 인간'이다. 여당은 거의 시체가 되었지, 천하는 '집권 야당'의 손안에 있지, 부러울 것도 아쉬울 것도 없다.

집권? 나라 망치지 않으려고 온갖 욕먹어 가며 갖은 애를 써 본들 박수받기도 쉽지 않은 세상이다. 견제받을 일도, 책임질 이유도 없는 권력을 향유하는 지금이 더 낫다. 이런 생각일까. 아니면 노무현 정권은 더 이상 상대가 못 되니 슬슬 놀아 가면서 해도 된다는 자신감일까.

만일 그런 자신감이 있다면, 얼마 전 한나라당 박찬숙 의원이 개최한 토론회에 한나라당 중진들이 대거 참가, 성황을 이룬 사실을 설명하기 어렵다. 주제는 '한나라당 집권, 확실한가'였다. 확실하지 않으니까 그런 토론회를 연 것 아닌가.

열린우리당은 바닥이고 한나라당은 하늘 높은 줄 모르는 높은 인기를 누리고 있다. 누가 차기 정권을 담당할지 의심할 여지가 없어야 할 상황인데도 한나라당조차 반신반의한다. 이 불확실성은 무엇에서 기인하는 것일까.

얼마 전 한나라당 차명진 의원이 금강산행을 했다가 북측으로부터 봉변을 당했다. 북한의 잘못이다. 그러나 차 의원이 북측에 결례를 하지 않았으면 발생하지 않았을 일이다. 그곳에는 북한 최고 지도자를 비판하거나, 북한 사람에게 먹을 걸 주지 말라는 꽤 오래된 관광 질서가 있다.

집권을 눈앞에 둔 정당의 의원이라면 남북 관계가 지금 어떻게 돌아가는지 남들만큼은 알고 있어야 하지 않을까. 한나라당 집권의 불확실성은 이런 시대 부적응의 집적(集積)은 아닐까.

강재섭 대표는 최근 회의 시작 때 마이크 소리가 나지 않자 한마디 했다. "여당이 이렇게 해놓은 것 아냐, 전원까지 꺼 놓고." 농담으로만 들리지 않는다. 여당이 쳐 놓은 덫이나 음모 때문이 아니라, 여당의 무능 때문에 방심한 한나라당이 또 집권 기회를 놓칠 수 있다는 암시 같기 때문이다.

정권을 맡을 정당이라면 무거운 책임감과 두려움을 가져야 한다. 긴장감을 놓지 않아야 한다. 여당은 매우 짧은 결정적인 시기에 사람들을 깜빡 속이는 천재적 재능이 있다. 한나라당은 그런 것도 없지 않은가.

• • •

지지율이 월등히 앞서는 한나라당이었지만, 집권을 준비하기 위한 긴장감은 별로 느껴지지 않았다. 그래서 준비 없는 집권이 어떤 것이 될지 시나리오를 써 보았는데, 물론 최악을 가정한 것이다. 최악의 경우란 예외적이고 가능성이 적다는 뜻이다. 아무래도 일어날 것 같지 않은 상황이라는 말이다. 그러나 '일어날 것 같지 않은 일'이라는 필자의 판단에 문제가 있음이 드러났다.

주막당

2008. 04. 03.

학교를 잠시 쉬었다가 공부하러 다시 돌아오는 걸 복학이라고 한다. 학교를 완전히 떠나지 않기 때문에 '복학'이다. 그러나 탈당은 당을 완전히 떠나는 것이다. 그리고 당을 떠나 쉬는 게 아니라, 떠나자마자 바로 그 당과 죽기 살기로 싸운다. 동지가 적이 된다. 그래도, 아니 그래서 이 적들을 선거 뒤 받아들일 것인가가 한나라당에서 문제가 되었던 모양이다.

복당. 이제 어지간히 익숙해졌지만, 그래도 여전히 희한한 용어라고 하지 않을 수 없다. 입당, 아니면 최소한 재입당이라고 말해야 할 때 마치 공부하러 돌아오는 복학생처럼 복당 운운한다. 떠나면서 돌아올 때를 알고, 만나면서 헤어질 때를 아는, 세상사의 정리(情理)를 닮은 정치를 하기 때문인지 모르겠다.

그러나 분명한 것은 복당이, 당이란 쉽게 들어오고 나가는 곳이라는 정치인들의 생각이 반영된 표현이라는 점이다. 공천 문제를 책임진 통합민주당

192

의 사무총장도 공천이 끝나자마자 탈당해서는 자기 책임 아래 공천을 받은 후보와 경쟁한다. 그도 선거가 끝나면 복당이란 걸 할 것이다.

떠난다고 말리지 않고, 온다고 막지 않으며, 자주 들르면 반갑고, 오래 있다고 해서 환영받는 곳도 아니며, 떠나서 무슨 짓을 했든 다시 찾아 주면 고마운 주막(酒幕). 요즘 한국 정당이 바로 주막당이다.

탈당자들이 스스로 당을 만들 여건이 되지 않는다고, 남의 당에 집단으로 들어가, 기존 당원을 밀어내고는 세상에 듣도 보도 못한 괴상한 이름을 짓는 뻐꾸기당도 있다. BBK 때문에 당을 만들고는 BBK 문제가 해소되었는데도 해산하지 않고 서성거리다 떨어진 사과를 줍는 '떨어진 사과 줍는 당'도 있다.

생존 본능에 강한 이 정당들은 선거가 닥치자 전혀 민주적이지 못한 하향식 낙하산 공천을 개혁 공천과 물갈이로 포장한다. 그러나 버린 물보다 갈아 준 물이 더 낫다는 근거가 없음을 알 만한 사람은 다 알게 되자 제물 바치기 전략으로 바꾼다. 한나라당 공천자들이 대통령의 형을 물러가라고 집단행동을 한 것이다.

대통령의 형이라고 벌써 인사 개입하고, 남들과 다른 공천 기준을 적용받고, 실세로 군림하는 것은 이명박과 한나라당을 위해 좋은 일이 아니다. 그러나 한나라당 정권의 문제는 이상득이 퇴진하면 해결되는 그런 성격의 것이 아니다.

이명박의 인사 실패, 정책 부재와 혼선, 무리를 해서라도 한나라당을 이명박당으로 바꾸려는 잘못된 정치 방식, 이런 것들을 고쳐야 한다. 그런데 그런 것에는 손도 대지 않고 이상득 타령만 한 것이다. 민주당도 박지원, 김홍업, 이상수, 신계륜을 낙천시킨 것으로 박수 한번 받고는 산적한 민주당 혁신 문제를 덮어 버렸다.

미셸 푸코는 감옥의 기능이 감옥 밖의 세상을 감옥이 아닌 듯 속이는 것이라고 했다. 여야 정당 모두 이상득이나 박지원, 김홍업을 가둬 버리면 좋은 정당 행세를 할 수 있다고 믿었을 것이다. 그러나 선거 분위기가 보여 주듯 그것은 성공적이지 못했다. 특히 민주당은 여전히 이명박과 박재승 때문에 살아났다는 착각에 빠져 있다.

그러나 살아나는 게 아니라 지금 죽어 가고 있다. 대통령과 집권당의 계속된 실책에도 민주당을 대안으로 여기지 않는다는 것은 야당으로서 존재 이유가 없다는 뜻이다.

시민들은 이렇게 주막당, 뻐꾸기당, 떨어진 사과 줍는 당 사이에서 선택해야 하는 나쁜 정치의 늪에 빠져 있다. 대통령이 못하면 여당이 바로잡고, 여당이 못하면 야당이 고쳐야 하는데 보다시피 대통령, 집권당, 야당 등 바로 서 있는 정치 주체들이 없다. 총선이 환멸의 게임이 되고 있는 것이다. 4, 5년 전의 정치 개혁 성과가 어느새 모래성처럼 사라져 버린 것이다.

정치에 도덕을 요구하는 게 아니다. 정치 체계란 인간의 욕망과 욕망이 서로 충돌하고 경쟁하도록 제도화하고, 그 결과로 자원을 배분하게 하는 메커니즘이다. 그러므로 문제는 개인의 권력욕이 아니라, 그런 욕망이 일정한 질서 안에서 어우러져 생산적 정치 에너지로 전환하게 해주는 정치제도의 균열이다.

정치란 잠시라도 한눈팔면 , 무너지는 매우 허약한 것이다. 게다가 항상 무질서 상태로 향하는 자연세계의 엔트로피 법칙이 적용되는 한국 정치다. 정치는 관심과 비판, 욕망과 억제, 격려와 감시의 씨줄과 날줄로 교직되어 서로를 경제하는 팽팽한 긴장 속에서 작동하는 그런 체계다.

• • •

2008년 4월 9일 18대 총선을 앞두고 한나라당 공천 탈락자들이 줄줄이 탈당하면서 "친박연대"라는 기상천외한 이름의 당을 만들거나 무소속으로 출마했다. 그래도 한국 정당의 문제가 이것으로 끝났더라면 조금은 나았을 것이다. 이들은 당선되면 다시 한나라당으로 돌아온다는 공약을 했다. 통합민주당도 마찬가지였다. 한국 정당은 주막만도 못했다. 뻐꾸기 당은 친박연대를, 떨어진 사과 줍는 당은 자유선진당을 뜻한다.

한국 언론은
죽었는가

2005. 07. 26.

과거 국가안전기획부의 도청 내용이 폭로되자 놀라는 사람이 많다. 중앙일보 사주이기도 한 홍석현 주미 대사와 이건희 삼성그룹 회장이 그렇게까지 할 줄 몰랐다는 반응들이다. 정말 그렇게 몰랐을까.

삼성이 노태우 대통령에게 2백50억 원을 준 일이 호랑이 담배 먹던 시절 이야기처럼 들린다면 잊어도 좋다. 그러나 삼성이 대통령 후보에게 3백85억 원을 제공한 전모가 드러난 것은 바로 1년 전의 일이다. 홍대사가 1997년 대통령 선거 당시 이건희 회장의 정치자금 배달부였다는 사실도 이미 1999년 12월 천용택 국가정보원장에 의해 밝혀진 바 있다.

그런데 세상은 전혀 새로운 사건을 목격한 것처럼 요란하다. 정권, 여야, 언론 모두 이런 일 처음 당해 본다는 식이다. 그러나 그들 모두 이 사건에 책임이 있다.

검찰은 그동안 이 회장을 딱 한 번 불러 조사하고 끝냈다. '천용택 발언' 때

검찰은 침묵했다. 국정원은 전모를 알고도 묻어 두었다. 테이프의 내막을 아는 의원은 모른 척했다. 삼성의 떡값 리스트에 오른 검찰 간부들은 아무것도 몰랐을까.

노무현 대통령은 정략적이라는 비판을 무릅쓰고 홍씨를 주미 대사로 발탁해 이 사건 충격의 강도를 높여 놓았다. 가자 제 역할을 다했다면 일어날 수 없는 일이었다. 마치 아무것도 몰랐었다는 표정은 짓지 말아야 한다.

그러나 지금 언론인으로서 남 탓한다는 게 너무 부끄럽다. 언론은 이 사건의 주동자와 공모자이거나 방관자였기 때문이다. 언론이 재벌의 불법과 비리를 견제하고 감시했다면, 이 지경이 되지 않았을 것이다. 이 회장이 눈곱만한 지분으로 삼성을 지배하고 그 삼성이 이 나라를 지배하는 '삼성공화국'이라는 '이상한 나라'는 건국되지도 않았을 것이다.

이제는 한국인이 삼성에서 벗어난다는 것은 불가능한 일처럼 보인다. 떡값을 받든, 정치자금을 받든, 삼성 하청을 하든, 삼성 제품을 쓰든, 삼성 광고를 보든 삼성에서 해방될 길은 없다. 삼성에서 벗어날 수 없어서 삼성을 사랑해 버리기로 한 것일까.

언론은 삼성만큼 커다란 '삼성 문제'를 눈감아 왔다. 삼성 및 권력과 한 몸이었던 중앙일보를 새삼 거론할 필요는 없다. 서툰 변명문을 내놓고는 '다 불면 너도 다친다'는 조폭 수준의 역공을 펴는 이 신문의 한계를 따로 언급할 가치도 없다. 다만, 새 각오라며 하는 말이 "권력에 대한 비판을 소홀히 하지 않겠습니다"였다는 것은 따져 볼 일이다.

지금 언론 자유의 위기는 권력을 비판할 수 없어서 발생한 것이 아니다.

삼성으로 대표되는 대자본의 권력에 언론이 포로가 되고, 나아가 한편이 되어 버리는 '스톡홀름 증후군'이 오늘 언론 위기의 본질이다. 그런데 재벌 감시 약속은 못하고 '권력비판 다짐'이라니 이 무슨 봉창 두드리는 소리인가.

물론 다른 족벌 언론도 오십보백보다. 그렇다고 독립 언론, 중립 언론이 삼성 문제를 올바로 보도한 것도 아니다. 생존의 기로에 있는 이 언론들은 삼성이 던져주는 한 푼이 더 아쉬웠을 것이다. 신문이 이렇다면, 공영방송은 나았을까.

문화방송은 도청 테이프를 입수하고도 방송을 못했다. 언론 민주화에 헌신해 왔던 최문순 문화방송 사장이라면, 삼성의 협박쯤은 코웃음 칠 줄 알았는데 그도 우물쭈물하다 첫 보도를 망쳐 버렸다. KBS는 종잡지를 못한다. 문화방송이 다시 용기를 낸 것은 다행이지만, 대부분의 언론이 삼성 눈치 보느라 오락가락하고 있다.

언론은 이제 이 문제를 '문화방송 대 삼성의 게임'으로 치부하고 구경꾼으로 물러서 있을 태세다. 그렇지 않다면 백배사죄해도 시원찮을 삼성이 언론 전체를 상대로 저렇게 기고만장하게 나오지는 못할 것이다. 저들은 권력 찬탈 시도를 사생활이라고 우기며 개인 명예를 지킨다고 총력전인데 땅에 떨어진 언론의 명예를 지키기 위해서는 누가 나설 것인가. 무지막지한 권력과 목숨 걸고 싸웠던 올곧은 언론의 전통은 어디로 사라졌나.

한국 언론이 삼성 홍보팀이 아니라면 지금부터라도 이건희 회장의 비리를 추적해야 한다. 저 폭주하는 대자본의 고삐를 틀어쥐어야 한다.

• • •

2005년 12월 민주언론운동시민연합 신문모니터위원회는 경향신문, 동아일보, 조선일보, 중앙일보, 한겨레를 대상으로 한 "올해의 좋은 칼럼(사설)"에 이 글을 선정했다.

군대,
신문,
그리고 인터넷

2006. 02. 27.

군사를 중시하는 나라가 있다. 경제에 적지 않은 부담을 주는데도 군비를 쏟아 부으며 군사력을 키우고 국방 산업을 살찌운다. 대량살상무기를 갖고 있으며 다른 나라를 침공한 적도 있다. 그래도 국민들은 군인을 존경한다. 총을 너무나 사랑하는 이들은 누구라도 자위를 위해 총을 지닐 수 있어야 한다는 총대 철학까지 갖고 있다. 최고 지도자는 끊임없이 나라가 전쟁 상황에 처해 있음을 주지시키며 정치 지도자이기에 앞서 군 최고사령관임을 내세운다.

북한 이야기가 아니다. 재정적자를 무릅쓰고 세계 최고의 군사비를 지출하며 세계 최대의 핵무기와 미사일을 보유한 채 끊임없이 전쟁을 하며 '군인'과 '총'에 매료되어 있는 나라는 지구상에 오직 하나뿐이다. 미국.

지난해 말 일본의 요미우리 신문과 미국의 갤럽이 미·일 두 나라 시민을 상대로 한 공동 여론조사를 보고 이 유별난 '예외 국가' 미국을 다시 발견한

200

적이 있다. 특별히 신뢰하는 기관을 고르라는 질문이었는데 군대가 가장 많았다. 이 연례적인 조사에서 미국인들은 최근 수년간 군대를 가장 신뢰하는 제도로 꼽아 왔다.

적들은 서로를 닮는다고 했던가. '군사 중시'에 관한 북·미의 유사성은 그들의 오랜 적대를 생각하면 이상할 게 없다. 놀라운 것은 일본인의 응답이다. 그들은 압도적 비율로 신문을 가장 신뢰한다고 대답했다. 1990년대에도 신문에 최대의 신뢰를 보냈던 그들은 인터넷 시대에 오히려 더 큰 신뢰를 나타냈다.

세상 이해에 가장 도움 되는 미디어를 묻는 최근 설문에도 신문이 일등이다. 세계 최고의 활자 매체 대국인데도 활자 문화가 위축된다며 '문자, 활자 문화 진흥법'을 제정, 인쇄 매체의 보호에 나선 그들이다. 신문을 '종이 신문'이라고 경멸하며, "요즘 누가 신문을 보느냐"라고 잘난 체 할 수 있는 한국과는 다르다.

우리는 알아야 한다. 미디어는 다른 미디어로 대체되지 않는다. 미디어는 확장될 뿐이다. 고대 그리스인은 문자가 발명되자 자유로운 영혼이 문자에 갇혀 침식당한다고 걱정했다. 텔레비전이 등장하자 영화와 라디오가 사라질 것을 우려했다. 인터넷, 멀티미디어 시대에는 신문과 공중파 방송의 운명이 경각에 달려 있는 듯 아우성이었다.

그러나 구어, 문자, 영화, 텔레비전, 라디오는 사라지지 않았다. 각자 고유의 기능을 강화함으로써 더 번창하고 있다. 인터넷 시대의 신문도 그럴 것이다. 신문이 신문다워지면 신문의 힘이 더 커질 것이다. 사회를 감시하고 진실을 추구하는 힘은 너무 강력해서 세상과 삶을 변화시킨다. 그것이 바로 신문이 오래됐어도 낡지 않은 이유다. 일본 언론이 그걸 보여 주고 있다.

그런데 인터넷 시대의 한국 언론이 생존하는 방식을 보라. 인터넷에 떠도는 확인되지 않은 소문들을 지면과 전파로 실어 나르며 '가짜 인터넷' '인터넷 하인' 노릇이다. '지하철 결혼식'이 가짜로 밝혀지자 '왜 이렇게 인터넷에는 가짜가 많은가'라며 느닷없이 인터넷 공격을 한다. 언론의 신뢰가 또 한 번 땅에 떨어진 줄도 모른다.

한국 언론이 직면한 '신뢰의 위기'의 원인이 무엇이며 왜 신뢰 회복이 어려운지는 이것만으로도 분명하다. 그러면 신문만 그런가. 사실 한국인은 미국인의 '군대 사랑'을 비웃을 자격이 없다. 우리에게 '신뢰하는 제도'가 없다. 미국에서 군대 다음으로 신뢰받는 제도는 교회, 검찰·경찰, 법원, 병원, 학교들이다. 일본도 크게 다르지 않다.

그러나 우리에게는 그런 것이 없다. 군대는 폭력의 동의어이고, 교회는 타락하고, 사법 기구는 공정하지도 정의롭지도 않으며, 병원은 생명보다 돈을 숭배하고, 학교는 감옥보다 나을 게 없다. 이 사회를 지탱해야 할 기둥들이 이렇다.

이 제도들이 바로 서지 않는데 우리가 어디로 달려갈 것인가. 그런데 우리는 앞만 보고 달렸다. 근대를 어떻게 넘겼는지도 모른다. 탈근대라고 하니 '이성의 과잉' '이성의 억압'이니 하며 '외래어'를 남발할 뿐, 우리 사회에 만연한 '이성의 결핍'현상은 알지 못한다. 2만 달러 시대니, 3만 달러 시대니, 정보화니, 개방만이 살길이니 하며 다시 등 떼밀기를 하지만, 우리가 어디로 왜 가야 할지 아무런 합의도 없다. 공허한 주술(呪術)뿐이다.

믿을 곳도, 기댈 곳도 없이 오직 '나'밖에 없는 이 정글을 향한 행진을 계속할 것인가.

* * *

필자는 신문기자로서뿐 아니라 한국 시민의 한 사람으로서 신문을 읽지 않는 시민이 얼마나 건강할지를 우려해 왔다. 신문을 읽지 않는 현상은 읽을 만한 신문이 별로 없다는 신문의 문제에서 비롯된 것일 수도 있고, 인터넷의 확산에 따른 불가피한 현상일 수도 있지만, 신문을 읽지 않게 되었다는 사실은 어쨌든 불길한 징후다. 2008년 한국언론재단 조사에 따르면 신문의 구독률과 열독률이 더 떨어졌다고 한다. 이 소식에 박수를 치는 이들도 있겠지만, 이 같은 신문 신뢰의 하락은 한국적 사건이라는 점에서 심각한 사회문제로 받아들여야 한다.

3부

평화

　평화를 원치 않는 사람은 없을 것이다. 누가 우리의 평화를 위협하는가. 북한인가 일본인가 미국인가. 이대근은 북한과 일본, 미국을 바라보는 우리 안의 시각이 갖는 문제를 먼저 말한다. 획일적인 가치를 강요하는 우리 안의 이데올로기, 헤게모니, 비합리성을 따져 묻는다. 냉전 반공주의든 반일의 민족주의든 맹목적 반미주의든, 우리의 평화 문제를 우리 밖의 악의 세력 때문으로 환원하려는 이해 방식에 대한 저항이다. 그의 글을 통해 우리는 평화를 위협하는 힘도, 평화를 만들어 가야 할 힘도 우리 안에 있다는 사실을 곰곰이 생각하게 된다. _편집부

나는
왜 기독교인이
아닌가

2007. 08. 02.

내가 왜 기독교인이 아닌가를 설명하기 위해서는 두 가지 문제를 짚고 넘어
가야 한다. 첫째, 나는 왜 하나님을 믿지 않는가. 세상 만물에는 원인이 있으
며 그 원인의 사슬을 따라가면 최초의 원인, 하나님이 있다고 한다. 모든 것
에 원인이 있다고 한다면 하나님에게도 원인이 있어야 하고, 어떤 것이 원인
없이 존재할 수 있다면 세상도 하나님처럼 원인 없이 존재할 수 있어야 하므
로 하나님 제1원인론은 아무런 타당성이 없다. 이 논리는, 세계는 코끼리 등
에 얹혀 있고 그 코끼리는 거북이 등에 얹혀 있다는 힌두교도의 관점과 하나
도 다를 바 없다. 하나님이 이 세상을 일정한 목적에 맞게 설계했다는 목적
론을 살펴보자. 이것은 토끼의 꼬리가 흰 것은 총 쏘기에 좋도록 하기 위해
서라든가, 코는 안경 쓰기에 알맞게 만들어졌다는 것과 같은 말이다. 둘째,
나는 예수가 대단히 높은 수준의 도덕적 선을 행했다는 건 인정하지만, 왜
최선의 인간, 최고의 현자였다고는 생각하지 않는가. 예수는 매우 중대한 도

덕적 결함을 갖고 있다. 예수는 자기 설교에 귀 기울이지 않는 사람에게 보복하고 분노한다. 소크라테스에게서는 그런 태도를 찾아볼 수 없는데 그쪽이 훨씬 더 성자답다.

예수는 무화과가 열리는 철도 아닌데 열매가 열리지 않았다고 무화과를 저주해 시들어 버리게 한다. 나는 예수가 지혜로 보나 도덕성으로 보나 역사에 이름을 남긴 다른 사람만큼 높은 위치에 있다고 도저히 생각할 수 없다. 기독교에 매달리지 않으면 사람이 사악해진다고 하지만 내가 보기엔 기독교에 매달려 온 사람 대부분이 극악했다. 어떤 시대든 종교가 극렬할수록, 독단적인 믿음이 깊을수록 잔인성도 더 커졌고 사태도 더 악화되었다. 형법의 개선, 전쟁 감소, 유색인종에 대한 처우 개선, 노예제도 완화를 포함해 이 세계에서 단 한 걸음이라도 도덕적 발전이 이루어질 때마다 세계적 조직인 교회 세력의 끈질긴 반대에 부딪히지 않은 경우는 한 번도 없었다. 교회로 조직된 기독교는 이 세계의 도덕적 발전에 가장 큰 적이 되어 왔다.

이상은 버트런드 러셀이 1927년 3월 6일 영국 베터시읍 공회당에서 "나는 왜 기독교인이 아닌가"라는 제목으로 행한 강연 내용이다. 이 강연이 1980년 지난 낡은 것이라는 생각이 들면 최근 발간된 리처드 도킨스의 『만들어진 신』을 읽어 보아도 좋다. 그러나 불행하게도 우리에게는 러셀이나 도킨스가 없다. 이유가 있다.

한국 기독교는 국회를 움직여 사학법을 다시 개정하게 만드는 막강한 학원 재벌이며 힘없는 비정규직 노동자를 무자르듯 잘라 내는 무자비한 대자본이자, 정권 교체를 추구하는 강력한 정당이고, 신을 팔아 거부가 되는 방법을 아는 탁월한 상인이며, 그 부가 혈맥 속에서 자자손손 흘러가게 할 수 있는 욕심 많은 봉건적인 세습 권력이다. 누가 이 세속의 지배자에게 도전할 것인가.

물론 기독교 비리를 고발하고 비판하는 경우가 종종 있다. 그러나 비리는 일부의 일탈로 규정된다. 그리고 그런 비판을 허용 받는 대가로 한국 기독교 전체를 옹호하지 않으면 안 된다. 극소수만 문제일 뿐 한국 기독교는 문제가 없다고 말해야 하는 것이다. 이런 비판은 정말 쓸모없는 것이다. 왜냐하면, 이런 식의 비판은 그만큼 기독교가 건강하다는 증거로 이용됨으로써 기독교 전체를 살찌우는 영양분이 되기 때문이다.

2008년 7월 21일 부산 서면 지하상가에서 있었던 일이다. 노숙자를 위한 무료 식당인 민들레 국수집을 운영하는 두타 스님은 이날도 식당 운영비 마련을 위해 탁발을 하고 있었다. 그때 '예수 천국'이라고 쓰인 조끼를 입고 거리 전도를 하던 남자가 한 손에는 십자가를 들고 다른 손으로는 이 스님의 머리를 흔들며 회개하라고 '가르침'을 주었다. 그런데 이 스님은 너그럽게도 극소수 기독교인의 행위라며 넘어갔다. 과연 그럴까. 아니다. 그것은 한국 기독교의 본질이다. 독선과 배타성, 다른 문화에 대한 무례, 가히 폭력 수준인 선교 방식과 호전성은 바로 한국 기독교의 특질이다.

그러면 기독교는 이 땅에서 완전히 사라져야 하는 것이냐고 묻는 분들이 있을 것이다. 물론 반드시 그럴 필요는 없다. 교회가 없으면 더 행복해진다고 믿는 이들이 지금보다 훨씬 많아지는 것으로도 충분하다. 그럴 때 교회는 긴장감을 회복해 성찰하게 될 것이고, 사회와 교회의 관계에 대해 진지한 고민을 시작할 것이다.

두려움을 잊을 만큼 크지 않고, 세속의 권력을 쥐고 흔들 만큼 오만하지 않으며, 남의 생각을 쉽게 바꿀 수 있다고 믿을 만큼 어리석지 않다면 누가 뭐라 하겠는가. 절제를 모르는 한국 기독교는 너무 크고 너무 강하고, 너무 많이 가졌다.

• • •

이 글을 쓴 날 밤, 그러니까 이 글이 게재될 신문이 아침에 배달되기 전에 오피니언 면을 담당하는 부장이 전화해 너무 과격하고 위험한 주장이니 수정하는 게 좋겠다는 조심스런 조언을 해줬다. 이 글을 읽은 다른 분들도 너무한 것 아니냐, 아슬아슬했다는 독후감을 전했다. 편집국에도 항의 성격의 전화가 적지 않게 걸려 왔다. 그러나 필자로서는 조용한 것보다 이렇게 시끄러운 게 더 좋다.

미국과의
갈등을
두려워 말라

2008. 07. 10.

시민은 지치도록 요구했고, 요구하다 지쳤다. 그래도 국가는 반응하지 않았다. 시민은 국가를 움직일 힘이 없고, 국가는 시민을 설득할 능력이 없었다. 국가 대 시민이 이렇게 대책 없이 마주한 지 벌써 2개월. 국가로서는 수렁에 빠진 시간이었고, 고장 난 2개월이었다. 이 국면에서 청와대, 내각, 검찰, 경찰, 정당 등 이 사회의 기둥을 이루고 있는 어떤 제도도 제대로 작동하지 않았고, 그 결과 아무것도 해결되지 않았다. 그래도 촛불은 철수하고, 야당은 국회 등원을 한다. 곧 서울 광장, 청계 광장은 아무 일도 없었다는 듯 한가로운 풍경으로 돌아갈 것이고, 한산했던 국회는 소란해질 것이다. 이명박은 악몽의 시간이었다며 털고 일어설 것이다.

그러나 악몽은 끝나지 않았다. 시민의 뜻을 따르자면 미국과 대립해야 하고, 미국의 뜻을 따르자면 시민과 대결해야 하는, 한 나라의 지도자가 처할 수 있는 가장 나쁜 대립 구도에 그는 여전히 갇혀 있다. 쇠고기 협상, 재협상,

추가협상, 고시의 고비마다 미국과 시민 요구가 대립했지만 그는 시민이 아닌 미국의 요구에 응했다. 추가협상 후 시민을 설득할 시간을 갖는다며 고시를 미루겠다던 방침도 미국이 승인하지 않자 조기 강행으로 바꾸었다. 이렇게 그는 시민이 아니라 외국을 대표했다. 존 로크는 국가란 시민의 생명, 자유, 재산을 더 안전하게 지킨다는 사회계약에 의해 성립된다고 했다. 그에 따르면 국가가 시민의 권리를 보호해 주지 못하면, 사회계약은 파기되고 국가권력은 정당성을 잃는다. 이게 이명박 위기의 본질이다. 그런데도 "반미하자는 거냐"라는, 맥락 없는 자기 방어 논리에 의존하고 있다.

이 모두 시민과는 대결할 수 있어도, 미국과 대립할 수는 없다고 생각하기 때문이다. 과거 손상된 한미 동맹을 복원한다는 목표에 과도하게 집착한 결과다. 그러나 이명박 정부는 동맹의 어떤 측면이 손상됐다는 건지 밝히지 못하고 있다. 지난 10년, 5년 동안에도 역시 미국의 요구와 이익이 충실히 관철된 시기였다는 사실을 반증할 수 없었기 때문일 것이다. 물론 이 시기에 몇 가지 현안을 둘러싼 갈등은 있었다. 두 나라가 많은 분야에서 이익을 공유하고 있지만, 그렇지 않은 부분도 있는데 갈등은 바로 여기에서 발생한다. 양보할 수 없는 이익이라는 게 있기 때문이다. 갈등 회피가 우선 목표라면 아무래도 상관없다. 그러나 국익이 우선이라면 달라져야 한다. 김대중, 노무현인들 미국과 갈등하고 싶었을까. 일방적으로 양보하고, 미국을 추종하지 말라는 시민들의 요구 때문에 그들도 어쩔 수 없었을 것이다. 지금도 마찬가지다. 이런 욕구가 높아졌으면 높아졌지 낮아지지 않았다. '잃어버린 10년'이라고 해도 좋다. 그러나 그동안 시민사회가 성숙해졌다는 현실은 받아들여야 한다. 그런 시민들과 맞서서는 성공적인 국정 운영을 할 수 없다. 균형 있는 한미 관계에 대한 시민적 요구는 그에게 거부할 수 없는 운명이자 짐이다. 그런 요구가 없다 해도 마찬가지다. 김영삼도 미국과 크고 작은 갈등을 겪었다. 박정희와 이승만은 미국과 건곤일척의 승부를 했다. 갈등은 잘못된 것도 나쁜 것도 아니다. 국익 추구 과정에서 나타나는 정상적인 현상이다.

이명박은 노무현에게 배울 게 있다. 노무현은 이라크 파병, 미군의 전략적 유연성 등 미국의 요구를 거의 다 수용했지만, 이명박과 같은 딜레마에 빠지지는 않았다. 그 원인은 미국을 불편하게 했던 노무현의 문제 발언들에 있다. 문제 발언은 미국과 갈등한다는 인상을 주었다. 일종의 착시 현상이었으나 '미국과 따질 것은 따지고 있구나'라고 시민을 안심시키는 효과를 냈다.

그러나 이명박은 취임하자마자 미국에 주권 일부를 넘긴 대통령이 되었다. 따지기는커녕 미국 앞에 무장해제되었다. 그래서 부시나 라이스를 만났을 때 그의 얼굴에 나타나는, 그토록 행복하고 편안해 보이는 표정 그리고 포옹과 어깨동무의 제스처는 시민들을 안심시키기보다 불안과 긴장을 불러 일으킨다. 그렇지 않아도 미국과 할 일이 많다는 이명박이다. 미국과 무엇을 하든 앞으로 계속 감시와 의심, 불안의 따가운 시선을 받으며 일할 것인지 선택해야 한다. 갈등하는 척 쇼를 하라는 것이 아니다. 피할 수 없다면, 갈등을 두려워 말라는 것이다. 그것이 시민의 지지와 신뢰를 회복하고 국익도 지키고 지속 가능한 한미 관계를 담보하는 길이다.

* * *

이명박 대통령은 부시 대통령 시절에는 미국과의 갈등을 상상하지 못했을 수 있다. 그러나 오바마 대통령을 맞은 그는 이제 미국과의 갈등이 상상의 영역이 아니라, 현실의 문제임을 깨닫고 있을 것이다.

한반도
비핵화는
사기였나

2006. 10. 26.

김정일 국방위원장은 2005년 6월 17일 정동영 통일부 장관을 만났을 때 한반도 비핵화는 김일성 주석의 유훈이라고 밝혔다. 북한에서 유훈은 목숨을 걸어서라도 실현해야 하는 절대적인 그 무엇이다. 북한에서 어떤 사안에 관해 자신의 의지를 과시하기 위해 쓸 수 있는 언어를 고르라면 이만한 것이 없다. 이 유훈의 무게 때문에 김 위원장의 비핵화 의지에 대한 의심을 거두려 했던 북한 전문가들이 적지 않았다.

그런 북한이 핵실험을 했다. 유훈은 이제 세상에서 가장 가벼운 말의 하나가 되었다. 그런데 김 위원장이 지난 19일 후진타오 중국 국가주석의 특사인 탕자쉬안을 만나서 그 말을 또 했다고 한다. 아니, 이제 '말'이라기보다 '소리'라고 해야 옳다. 핵보유 선언하고 성공적인 핵실험을 했다면서도 비핵화하겠다고 했으니 협상 의사를 비치기 위한 어법이라고 쳐도, 이미 어법(語法)은 못 된다.

214

그러나 김 위원장의 식언만을 공격하는 것은 공정하지 못한 일이다. '말도 안 되는 소리'가 북쪽에서만 나오고 있는 것은 아니기 때문이다. 최상의 언어로 떠받들던 비핵화를 일거에 뒤집고 핵에 매달리는 세력은 남쪽에도 많다.

평소 비핵화를 주장하던 이회창 전 한나라당 총재는 핵무장을 검토해야 한다고 주장했다. 그가 대통령이 되었다면, 그의 달라진 소신과 비핵화라는 국가정책이 충돌할 뻔했다. 그를 위해서나 국가를 위해서나 그가 지금 대통령이 아닌 게 다행이다. '반김 반핵'을 온몸으로 실천해 온 전직 국방부 장관과 군 원로들도 백팔십도 입장을 바꿔 전술핵 배치를 주장했다.

민주노동당의 한 간부는 자위를 위해서라면 핵무기를 가질 수 있으며, 북핵도 인정할 수 있다고 했다. 진보정당에 절대 무기를 숭배하는 이들이 무시 못할 세력으로 남아 있다면, 그것은 이미 진보정당이 아니다. 지구상에서 누구도 폭력을 옹호하는 반평화적인 집단을 진보정당이라고 부르지 않기 때문이다.

평화보다 핵을 사랑하기로 했다면 진보의 간판을 내려야 한다. 진보정당 행세한 것에 대해 무릎 꿇고 사죄해야 한다. 그들은 진보를 최고로 모독했다. 이 민노당이 집권당 아닌 게 다행이라고 안심해서는 안 된다. 집권 세력 역시 1991년 이 땅을 떠난 핵을 다시 들여놓을 길을 찾느라 열심이었다.

국방부는 이번 38차 한미연례안보협의회에서 미국의 핵우산이 강화된 듯 포장하기 위해 무던히도 애를 썼다. 공동성명에 '확장 억지'라는 개념 하나가 포함된 것을 두고, 과장된 설명을 한 것이다. 일부 언론은 보기 좋게 속아 넘어가 미국이 앞으로 한반도에 핵무기를 쏟아 부을 준비가 되어 있는 것처럼

215

보도했다.

그러나 도널드 럼스펠드 미국 국방장관이 말한 대로 달라진 것은 하나도 없다. 확장 억지는 미국이 제3국에 대해서도 핵 억지력을 행사한다는 의미로 핵우산의 다른 이름일 뿐이다. 물론 핵우산보다 확장 억지라는 말을 더 좋아한다면 그것은 국방부 마음이다.

사실 핵우산은 핵에 어울리지 않게 너무 문학적이다. 역시 핵에는 확장 억지라는 딱딱한 용어가 제격이다. 국방부의 언어 감각에 공감한다. 그러나 정부가 핵우산 강화에 매달린 것은 따져 보아야 한다. 정부는 2005년 북핵 문제에 관한 9·19 공동성명 발표로 조성된 한반도 비핵화 분위기의 확산을 위해 핵우산 표현이라도 삭제하려 했다. 그러던 정부가 왜 변했을까. 북핵실험이라는 새로운 상황을 들 수 있을지 모르겠다.

하지만 정부 정책은 여전히 비핵화이며 북한 핵실험은 핵무장이 아니라, 비핵화의 절실함을 깨우쳐 주는 사건이다. 손바닥도 맞부딪쳐야 소리가 나는 법이다. 2020년까지 군비 621조 원을 쏟아 붓고, 핵우산을 강화한다는데 북한에 아무 일도 없을 것으로 믿어서는 안 된다. 이 악순환의 고리를 끊기 위해서는 북핵 폐기와 함께 핵우산 제거 노력도 병행해야 한다.

7천만이 틈새도 없이 부대끼며 사는 이 좁은 땅에서 핵무기로 서로 위협하겠다는 것이 제정신 있는 시민들이 할 짓이 못 된다는 것을 안다면 마땅히 그래야 한다. 그런데 남과 북, 보수와 진보, 정부와 민간 가릴 것 없이 핵무장을 주장하고 핵의 보호를 받아야겠다고 나서고 있다.

핵이라는 신의 강림인가. 우리 모두 비핵화의 가면 속에 핵에의 열정을 숨

기고 있었던 것인가. 북핵실험이 있자 기다렸다는 듯이 '핵의 구원'을 갈구하고 있으니 말이다. 아무래도 한반도 비핵화는 사기였나 보다.

* * *

흔히 위기 때 사람을 제대로 알 수 있다고 한다. 정책도 마찬가지다. 눈앞에 닥친 현안을 임기응변이나 단기 조치, 대증요법으로 땜질하는 것은 하지하(下之下)의 대응이다. 그런데 북한의 핵실험이라는 비상한 상황에 직면하자 서로 다른 시각을 지닌 것으로 알려진 세력들이 핵무장이라는 같은 대응책을 내놓았다. 각자의 본질이 쉽게 드러난 순간이라고 생각한다.

한반도와
괴물

2006. 08. 03.

영화 〈한반도〉와 〈괴물〉은 공통점이 있다. 우선 두 영화 모두 한국인의 대외 인식을 다루고 있다. 〈한반도〉는 일본을, 〈괴물〉은 미국을 응시하는 한국인의 시선을 드러낸다. 영화의 모티브가 한국인의 대외 인식에 영향을 미친 역사적 사실이라는 점도 같다. 〈한반도〉는 백 년 전의 한일합방을, 〈괴물〉은 미군의 포르말린 방류 사건을 모티브로 하고 있다. 그러나 두 영화의 유사성은 이것뿐이다.

사실 두 영화는 너무 다른 영화다. 얼마 전 비공식 모임에서 오시마 쇼타로 주한 일본 대사가 참석자에게 불쑥 "〈한반도〉라는 영화를 보신 분 있습니까"라고 물은 적이 있다. 나는 관객이 찾지 않고, 감동을 주지 못하는 그런 영화에 일본 대사가 신경 쓸 필요가 있을까하는 생각을 했다.

그러나 내 생각이 틀렸다. 그 영화는 생각보다 유치하고 허술했지만, 생각보다 많은 사람이 보았고, 감동받았다(영화 상영 초기에 일부 그런 현상이 있었으나, 나

218

중에 흥행에 참패한 것으로 나타났다). 〈한반도〉는 노무현 정부를 철저하게 흉내 냈다. 이 영화는 한일합방 백 년이 지난 시점에서도 한국 지배 야욕에 불타는 일본과 맞서 싸우는 민족의 영웅 '대통령'을 그리고 있다.

노 대통령을 백 년 전 역사와의 대화에 빠지게 한 역사 전공자 배기찬 동북아시대 위원회 비서관을 연상케 하는 사학자도 등장한다. '대통령'은 이 사학자를 만난 뒤 나라를 일본과의 무모한 대결로 몰아간다. 황당무계한 이야기, 엉성한 플롯의 영화는 흔하기 때문에 이 영화만 나무라는 불공평한 일은 하고 싶지 않다.

고저장단 없이 시종일관하는 분노와 흥분의 시청각적 자극도 참을 수 있다. 수천만 명의 각기 다른 삶과 가치를 민족, 국가라는 하나의 단어로 치환해 버리고 오직 국가대 국가의 갈등만이 문제라는 식의 국가주의적 시각도 그냥 넘어갈 수 있다. 값싼 애국주의, 과도한 영웅주의, 의식의 과잉도 너그럽게 이해해 주고 싶다.

그러나 '치욕' '민족적 자긍심' '대한제국'을 147분 내내 끝도 없이 하는 역사교육은 정말 참을 수 없다. 관객이 이 영화의 주제를 잠시라도 잊을까 봐 그랬을까. 영화 〈메멘토〉도 아닌데 '일본이 왜 나쁜가'를 쉼 없이 주입시킨다. 나중에는 머리가 터져 버릴 지경에 이른다. 돈 내고 온 귀한 관객을 고문하는 영화다. 강우석 감독의 그 도저한 '항일 정신'에 경의를 표한다.

그러나 〈괴물〉에는 〈한반도〉에서처럼 대통령이나 사학자, 국정원장과 같은 '민족의 구원자'가 없다. 조국, 민족도 없다. 군대, 경찰, 병원, 보건 당국이 국가와 같은 어떤 공적 권위를 어렴풋이 대신하고 있을 뿐이다.

〈괴물〉은 간이매점을 운영하는 힘없고 백 없는 가난한 한 시민과 그 가족이 지키려는 작은 행복이 주인공이다. 그런 그에게 그의 행복을 지켜 주지 못하는 국가, 민족, 대통령은 손님이 버리고 간 빈 깡통 같은 것에 지나지 않는다. 어린 딸을 한강 괴물에게 빼앗긴 '강두'는 딸을 찾아 나서면서 이 사회의 모순들과 부딪친다.

강두 가족은 괴물을 숙주로 하는 바이러스에 감염됐다는 의심을 받고 병원에 입원하지만, 병원은 '생명의 수호자'가 아닌 병자라는 약자를 감시하는 체제로 등장한다. "내 딸이 아직 살아 있다"고 호소하는 강두와 소통하지 못하는 경찰은 시민의 보호자가 아닌 통제 장치다.

비상사태 아래 보건 당국은 군사정권과 같은 무지막지한 권력이다. 가족은 자신들을 억압하고 통제하는 이 체제를 벗어나지 않으면 딸을 구할 수 없다는 사실을 절감하고 탈출한다. 그리고 괴물과의 죽음을 무릅쓴 싸움.

그런데 괴물은 무엇인가. 영화는 괴물이 미군의 환경오염으로 인한 돌연변이임을 넌지시 비추지만, 그것은 거대한 힘의 횡포를 눈감아 주는 우리 내부의 대미 의존 성향을 의미하는 것일 뿐 외부 세계로서의 미국 그 자체는 아니다. 괴물은 〈한반도〉의 일본처럼 외부의 적이 아니다.

하루하루의 삶을 왜곡하는 제도, 억압, 부패, 편견, 차별 등 우리들이 만든 우리 안의 모순 — 바로 그것들이 포르말린과 뒤엉켜져서 탄생된 것이 괴물이다. 국가, 시장, 대통령, 헌법 같은 권위와 제도로는 그 괴물을 물리칠 수 없다. 강두 가족이 그랬듯이 그 모순을 느끼는 이들이 스스로 나서서 자기의 삶과 행복을 위해 싸워 물리쳐야 한다. 삶을 왜곡하고 파괴하는 사회적 모순에 맞선 일상적인 투쟁만이 자기의 삶을 개선시킬 수 있기 때문이다.

그런데 우리는 지금 무엇과 싸우고 있는가. 한국인의 삶을 옥죄는 괴물과 싸우고 있는가. 아니면 〈한반도〉처럼 '한반도를 침략하려는 일본'이라는 헛된 망상들과 싸우고 있는가.

⬤ ⬤ ⬤

오시마 대사의 한마디는 필자가 간여하는 비공개 모임에서 한 말이다. 그 발언 자체로는 아무런 의미가 없었으나 이 글의 구성상 편의를 위해 삽입한 것뿐이다. 비공개 조건의 발언이었지만, 그 말은 뼈대가 아니라 가지에 불과했기 때문에 한마디를 넣는 것은 상관이 없겠다 싶었다. 그러나 오시마 대사는 비공개 약속을 지키지 않았다며 여러 차례 불만을 표시해 왔다. 오시마 대사의 그런 소심한 성격에 실망해 응대를 하지 않았으나 결국에 유감을 표명하고 말았다. 이것도 '매뉴얼 사회 일본'의 단면인가.

남북정상회담을
비판하는 법

북한이 '한나라당이 집권하면 전쟁난다'는 공세를 펼 때 한나라당은 내정간섭이라며 국무총리에게 적절한 조치를 취할 것을 요구한 적이 있다. 그 수개월 뒤 정부는 '적절한 조치'라고 하기에 손색없는 대책을 내놓았다. 제2차 남북정상회담을 해서 서로 내부 문제에 간섭하지 않겠다는 선언문을 발표한 것이다.

그러나 한나라당은 반기기는커녕 비판했다. 북한 인권 문제를 제기할 수 있는 길을 막았다는 이유였다. 그러면 내정간섭을 허용하라는 것일까, 말라는 것일까. 한나라당은 북한의 대선 개입을 차단하기 위해 내정간섭을 금지하면 북한 인권 문제 제기를 포기해야 하고, 북한 인권 문제 제기를 위해 내정간섭을 허용하면 북한의 대선 개입을 용인해야 하는 모순에 빠졌다.

왜 이런 딜레마가 생겼을까. 인권 개입을 내정간섭이라고 믿었기 때문이다. 그러나 탈냉전 이후 인권은 인류의 보편적 가치로 정착되었다. 인권은 이미 국가주권의 울타리를 넘었다. 수많은 나라가 민주화 운동을 탄압한 버마 군사정권을 규탄하고 제재할 수 있는 것도 그 때문이다. 정부가 북한 인권 문제를 제기하지 않는 것은 전략적 고려 때문이지 내정간섭이라서가 아니다. 인권 문제는 내정간섭 금지 여부와 상관없다.

문제는 이중 잣대에 있다. 이명박과 부시 면담 합의를 발표했을 때 이명박의 측근은 부시가 이명박의 위상을 인정한 것이라느니, 차기 정부까지 내다본 결정이라느니 하며 마치 미국이 대선에 개입할 의도가 있는 것처럼 주장했다. 북한의 내정간섭은 안 되지만, 미국의 내정간섭은 괜찮다는 것인가. 그리고 설사 선언문의 내정불간섭이 잘못된 것이라 쳐도 남 탓해서는 안 된다.

1991년 남북기본합의서에 상호 내부 문제 개입 금지를 처음으로 명시한 것은 한나라당 전신인 민주자유당(민자당) 정권이었다. 이번 선언의 내용은 남북기본합의서에서 글자 하나 다르지 않게 그대로 옮겨 놓은 것이다. 한나라당은 정부를 비판했다고 생각하겠지만, 실은 자신을 공격한 것이다.

북방한계선(NLL) 문제는 어떤가. 보수 세력은 NLL을 양보하거나 무력화한 것 아니냐고 따졌다. NLL 문제란 무엇인가. 남북이 무력 충돌해 한반도 전체를 긴장시키고, 젊은 군인들이 소중한 목숨을 잃고, 어부는 제대로 꽃게잡이를 못하는 상황을 말한다.

남북은 서해평화협력특별지대로 그 문제를 풀기로 했다. 남북은 더 이상 NLL이라는 선을 두고 싸우지 않기로 한 것이다. NLL은 남북이 싸울 때 문제가 되는 것이지, 협력하기로 했다면 더 이상 쟁점이 아니다. 머릿속에서 지워 버리면 된다. 그런데 보수 세력은 정말 서해에 평화가 올 것인지, 그 실현성 여부를 따지지는 않고 NLL을 양보했다는 주장만 했다.

어린이 만화 영화에 도둑을 쫓던 경찰이 도둑을 앞서 달리고, 그게 신이 나서 더 내달리는 장면이 종종 나온다. 보수 세력이 그렇게 멍청한 경찰이라고는 믿어지지 않는다. 경찰의 목표는 도둑보다 빨리 달리는 데 있는 것이 아니라 도둑을 잡는 데 있다. 도둑을 잡았다는 데도 왜 달리는가.

그래도 NLL이 머릿속을 떠나지 않는 이들을 위해 정리하면 이렇다. NLL 재설정 문제는 향후 남북 국방장관 회담의 토론 주제가 된다. 남북의 입장이 다르니 협의 과정은 매우 길 것이다. 물론 과거처럼 무력이 아니라 말로 한다.

현실의 NLL은 파도에 떠내려가지 않는 한 그 자리에 있다. 달라지는 것이 있다면 NLL이 피 흘리는 대결장에서 토론 주제로 변한다는 사실이다. 선언이 헌법정신에 맞는가 하는 의심도 있다. 대통령의 '영토 보전' 임무를 말하는 것이라면 답은 분명하다. NLL은 영토인 적이 없었고, 영토라 해도 앞서 설명한 대로 NLL에는 아무런 변동이 없다.

이런 비판은 어떤가. 이명박은 남북 정상이 시장을 잘 몰라서 경협을 제대로 못한다고 주장했다. 그러나 경협이 어려운 것은 시장을 잘 몰라서가 아니라 시장을 너무 잘 알기 때문이다. 김정일 북한 국방위원장이 왜 개혁, 개방 용어에 불쾌감을 표시했겠는가. 상대가 불안을 느끼지 않게 하면서 변화로 이끄는 것은 말처럼 쉬운 일이 아니다.

비판은 정확해야 한다. 급소, 정곡을 찔러 상대를 꼼짝 못하게 해야 한다. 선언에 대한 지지가 낮게는 67퍼센트, 높게는 80퍼센트를 넘고, 이번 회담으로 노무현 대통령 지지도는 50퍼센트에 근접할 정도로 껑충 뛰었다. 여론

을 지배하는 보수 세력이 집중 공세를 폈는데도 이렇다. 허술한 주장, 엉성
한 논리로 하나도 아프지 않은 곳만 골라 때렸기 때문이다.

• • •

2007년 12월 민주언론시민연합 신문모니터위원회는 경향신문, 동아일보, 조선일보, 중앙일
보, 한겨레를 대상으로 한 "올해의 좋은 사설(칼럼)"에 이 글을 선정했다.

힐의
평양 가는 길

2005. 10. 03.

당신이라면 '평화공존'(co-exist peacefully)과 '평화적으로 공존'(exist peacefully together), '핵 폐기'(dismantle)와 '핵 포기'(abandon) 가운데 어느 쪽을 선호하는가.

나라면, 아무래도 상관없다. 그러나 미국은 '평화적으로 공존'을, 북한은 '핵 포기'를 선택했다. 미국은 평화공존이 냉전 시대 용어라는 이유로, 북한은 핵 폐기가 강압적 인상을 준다는 이유로 거부했다. 제3자의 눈으로 두 용어 간 차이를 분별하기는 쉽지 않다. 특히 평화공존은 영어로 어떻게 표현하든 동아시아권에서는 평화공존일 뿐이다. 한반도 비핵화 문제를 다룬 2단계 4차 6자회담은 이렇게 남들이 모르는 뉘앙스를 두고도 서로 실랑이하며 막판까지 진통을 겪었다.

그런 북·미가 2005년 '9·19 공동성명'을 냈다. 그 비결은 바로 외교적 모호성이다. 누가 어느 것을 먼저 해야 하는지의 순서를 분명치 않게 표현한 것이다. 그렇다고 공동성명을 휴지 조각 취급해서는 안 된다. 설사 공동성명이 외교적 수사에 불과하다 해도 현 북·미 관계 수준에서는 그것만으로도 매우 유용하다.

외교적 수사는 흔히 빈말, 가식, 나아가 거짓말의 동의어처럼 쓰이지만, 결코 무시할 것은 못 된다. 비외교적 솔직함이 어떤 것인지 한번 생각해 보자. 상상력을 발휘할 필요 없다. 부시 행정부 1기 때 우리는 이미 '솔직한 대화'를 충분히 들은 바 있다.

부시 대통령이 북한을 '악의 축'이라고 공격할 때 북한은 부시 대통령을 '악의 화신'이라고 응대했다. 김정일 국방위원장을 '폭군'이라고 부를 때는 '부시 일당'이 '정치 깡패 집단'이 되어야 했다. '버르장머리 없는 아이'와 '저능아'는 이렇게 티격태격했다. 웬만하면 그냥 넘어가던 백악관 대변인이 6자회담에서 따져야겠다고 했을 정도로 양측은 '허심탄회한 대화'를 맘껏 즐겼다.

이렇게 상대에게 솔직해져 있는 동안 북핵 상황은 어찌 되었을까. 말할 것도 없이 악화일로를 걸었다.

하지만 부시 대통령과 김 위원장이 간접적으로나마 '미스터 김정일' '부시 대통령 각하'를 교환한 뒤에는 무슨 일이 있었는가. 북핵 타결의 공동성명이 나왔다. 외교적 수사를 우습게 볼 게 아니다.

비우호적 관계에서 외교적 수사는 충돌, 갈등의 회피 및 예방 효과가 있다. 그런데 이번 공동성명에는 외교적 수사 이상의 것이 있다. 공동성명이 실질적으로 북·미 양측의 행동을 효과적으로 구속하고 있다는 사실이 이를 증명한다. 북·일 대화가 곧 재개될 예정이고, 크리스토퍼 힐 미 국무부 차관보는 방북을 준비 중이다. 특히 힐 차관보의 방북은 북한과 미국이 어떻게 준비하느냐에 따라 공동성명 이행의 중요한 계기가 될 수 있다.

우선 힐은 좀 더 외교적이어야 한다. 힐은 6자회담 타결 때 북한 인권 문제를 제기, 북한의 속을 뒤집어 놓았다고 한다. 공동성명이 나오자마자 북한이 '선(先)경수로 지원'을 주장한 것은 바로 이 같은 인권 공세에 대한 보복이었다. 만일 힐이 평양에 가서도 인권 문제를 거론한다면, 최악의 시나리오가 펼쳐질 것이다.

힐은 2000년 매들린 올브라이트 국무장관의 방북에서 배워야 한다. 그는 자서전에서 외교적으로 필요한 일이라고 판단해 김일성 주석의 금수산 기념궁전을 찾아 그의 유리관 앞에서 잠깐 걸음을 멈추었다 떠났을 뿐이라고 썼다. 그런데 이후 그의 일정은 완전히 바뀌었다.

김 위원장이 중국의 국방부 대표단은 거들떠보지도 않고 그와 10시간 이상 만난 것이다. 통역을 맡았던 김동현 고려대 연구교수는 김 위원장이 올브라이트의 '김주석 방문'에 진심으로 감동한 것 같다고 회고했다. 힐도 약간의 외교적 행동으로 의외의 성과를 볼 수 있다.

힐은 4차회담 직전 북한의 선물을 미리 확보하고 방북하려다 실패한 적이 있다. 이번엔 그럴 필요 없다. 진전이 있든 없든, 북한은 이야기해 볼 만한 상대라는 것을 라이스 국무장관과 부시 대통령에게 이해시키면 그만한 소득이 없다. 북한은 힐을 길들이겠다며 그를 상대로 위험한 게임을 할 생각은 꿈도 꾸어서는 안 된다.

그가 화난 표정으로 평양을 떠날 때 북한은 큰 실수를 한 줄 알아야 한다. 그는 네오콘의 반대를 물리고 평양행을 하려는, 능력 있는 협상가다. 올브라이트에게 했듯이 그를 대접해야 한다. 왜 그래야 하는지 북한 자신이 잘 알 것이다. 북한은 그를 통해 원하는 것을 얻어 내야 하기 때문이다.

• • •

힐은 2006년 2월 6자회담 2·13 합의문을 채택한 지 4개월 만인 6월 21일 첫 방북을 했다. 이후 그는 북핵 문제가 교착상태에 처할 때마다 방북했고, 이런 노력으로 만족스럽지는 않지만, 북핵 문제 해결 2단계를 어느 정도 마무리하고 2009년 1월 자리에서 물러날 수 있었다. 미국 내 강경파는 그에게 '김정힐'이라는 별명을 붙이며 마치 협상 때 항상 북한에 끌려다닌 듯 여론을 조성했지만, 과도한 의미 부여나 조건을 달아 그의 방북을 막았다면, 이만한 진전도 어려웠을 것이다.

북한 군부에
대한
오래된 오해

2008. 9. 18.

북한에서 조금이라도 낯선 움직임이 잡히거나 예기치 못한 변화가 생기면 외부인들은 흔히 군부를 주목한다. 김정일의 건강 문제가 알려지기 전인 2008년 8월 26일 북한이 핵 불능화 작업 중단 및 원상 복구를 발표했을 때도 그랬다. 사람들은 그 조치가 군부의 입김이 작용한 결과로 이해했다. 그러다 김정일의 뇌졸중설이 돌자 그의 와병을 틈탄 군부 소행일 것이라는 의심으로 바꾸었다. 그리고 권력이 군부로 넘어가고 있다는 설이 그럴듯하게 퍼져 나갔다. 이제 군부가 핵을 통제할 것이라며 걱정하는 이들도 있었다. 김정일 이후를 장악하려는 권력투쟁이 진행 중이며 그 승자는 군부가 될 것이라는 판정도 벌써 내려졌다. 그러나 이런 관측을 뒷받침할 만한 징후는 발견되지 않았다. 그 덕분에 며칠 만에 무성한 소문과 억측은 잦아들었지만, 군부가 혐의를 완전히 벗은 것은 아니다. 정부와 언론은 말할 것도 없고 북한, 안보 전문가조차 설명하기 어려우면 군부 탓으로 돌리는 편리한 습관은 여전하다.

물론 그것이 모두 그들 잘못은 아니다. 북한이 그렇게 유도한 결과이기도 하기 때문이다. 북한은 상대를 압박하고자 할 경우, 때로는 '우리 해당 기관'이라며 은근하게, 때로는 '우리 인민군대가 가만있지 않을 것'이라며 노골적으로 군부를 내세웠다. 외부 세계가 군부를 실세로 인식한다는 점을 이용한 것이다. 이렇게 외부의 군부 인식과 그 인식을 압력으로 활용할 줄 아는 북한의 전술이 상호 작용한 결과는 '북한 군부는 힘센 강경파'라는 이미지의 확대재생산이다.

그럼 그 이미지는 허상인가. 북한 소설의 도움을 받아 보자. 1990년대 인민군의 활약상을 그린 북한 장편소설 『총대』를 보면, 조선인민군 판문점 대표부의 박임수 대좌를 모델로 한 봉명주라는 인물이 등장한다. 그는 말하자면, 군인의 전형이다. 핵 및 미사일 문제에서 그는 항상 강경 입장이다. 가령 "군대식으로 싹 쓸어버리자는 것이지요, 선군 외교 시대 아닌가"(436쪽)라는 식이다. 이 전형적 군인상은 소설 밖에서도 발견된다. "우리의 자주권을 위협하는 자들은 무자비한 보복타격에서 벗어날 수 없다"는 허세가 그것이다. 이는 북한이 군에게 강경파 역할을 요구하고, 군도 그것을 자기 역할로 정의하기 때문에 나타나는 현상이다. 그렇다면 군부가 억울해 할 것은 별로 없다.

그러나 군부가 강경파 역할에 충실하다는 사실과 강경 정책을 주도한다는 주장은 다른 것이다. 만일 군부가 권력을 장악한 강경파라면, 그동안 전쟁이 났어도 열 번은 났어야 했다. 그러나 현실은 다르다. 제한적이나마 개혁, 개방을 했으며, 개성과 금강산의 군사 요충지에 이어 해군기지인 해주

역시 남한에 특구로 넘겨주기로 했다. 강경파 실세 이미지와 일치하지 않는다. 2008년 4월 방북했던 미국의 레온 시걸 박사가 전하는 판문점 대표부 대표 이찬복 상장의 말도 그런 고정관념과 충돌한다. "외부 사람들이 우리 군대는 외무성과 다른 견해를 갖고 있다고 추측하는데 그렇다면 증거를 대보라." 시걸 박사는 "북한 군부가 외무성 관리들보다 진보적이라는 인상까지 받았다"고 밝혔다. 왜 그런가. 군부는 당의 충실한 도구이기 때문이다. 게다가 군대는 독립적인 제도가 아니다. 당과 군은 사상, 조직, 인사로 중첩되어 있다. 군대는 당의 분리할 수 없는 일부인 것이다. 그러므로 군부가 당과 권력투쟁을 한다든지, 김정일 유고 시 당 대신 군부 집단지도체제가 들어설 것이라는, 당과 군의 대립 관계를 전제로 한 관측은 잘못된 것이다.

만일 군부가 당 통제를 벗어나 권력을 휘두른다면 가장 두려워할 쪽이 누굴까. 남한? 미국? 중국? 아니다. 바로 자기 옆에 있는, 명령 하나로 중무장 상태에서 신속하게 동원되는 거대한 상명하복의 집단이 딴마음을 먹을 때 무슨 일이 벌어질지 가장 민감해 할 쪽은 김정일이다. 선군정치를 도입한 것도 어떤 일이 있어도 군부가 딴 마음먹지 못하게 확실히 묶어 두자는 데 있다. 그러므로 군부의 모험을 막는 일은 김정일에게 맡겨 두는 게 좋을 것이다. 그런데 김정일 유고 상태에 가까워졌으니 빨리 통일하자거나 미군과 함께 북한에 들어가 군부를 제압할 준비를 하자는 것은 순진하고도 무지한 생각이다. 군부에 대한 오해는 북한을 잘못 이해하는 것으로 그치지 않는다. 대북 정책 방향을 오도할 수 있다. 우리에게는 북한 군부를 제대로 알아야 할 이유가 있다.

• • •

북한 군부의 정치적 역할로 박사학위 논문을 쓴 필자로서는 흔히 북한에서 무슨 일이 생기기만 하면 '군부'라는 키워드로 설명하려는 경향에 매우 부정적이다. 최근 필자와 같은 생각을 하는 이들이 많아졌고, 그래서 그런 오인이 어느 정도 사라졌으리라고 믿었는데, 김정일 건강 악화설이 불거지면서 그런 경향이 다시 나타났다. 웬만한 의문은 군부라는 단어로 풀려는 경향은 북한 전문가들이라고 해서 예외가 아니었다. 앞으로는 이런 '쉬운 설명' 말고 좀 더 '복잡한 설명'을 기대해 본다.

갑을 관계에
갇힌
대북 정책

2008. 07. 24.

남북 관계가 예전 같기만 했어도 ……. 북한 초병이 박왕자 씨를 쐈다는 소식을 들었을 때 떠오른 생각이다. 만약 그랬다면 그는 새벽 바다 냄새를 맡으며 해변을 산책한 뒤 서울 상계동 집으로 무사히 돌아갔을지 모른다. 지금쯤 사랑하는 남편과 아들, 반가운 이웃과 다시 만나 금강산 여행담으로 이야기꽃을 피우고 있을지 모른다. 상상은 자유니까, 한번 생각해 보자. 이명박이 남북 관계를 중시하지 않는다 해도 지금처럼 나빠지도록 방치하지 않았다면, 북측은 남북 관계 악화를 막기 위해 관광객을 쏘는 일이 없도록 초병에게 단단히 일러두었을지 모른다. 그러나 이런 가정법은 불공정한 것이 될 수 있다. 이명박이 그의 죽음에 책임이 있다는 근거가 없기 때문이다. 분명한 것은 이명박이 남북 관계 개선에 손 놓고 있는 동안 이전 정권에서는 상상할 수 없는 일이 발생했다는 사실뿐이다. 그러므로 이명박이 좀 더 노력했다면 발생하지 않았을 사건이었는지에 대한 판단은 유보하는 게 좋다.

234

그러나 이명박의 대응에는 문제가 있다. 사건과 무관한 개성 관광 중단을 위협하는가 하면, 북측에 주기로 했던 통신 장비 및 옥수수 지원을 끊었다. 대북 압력을 위한 국제사회 공조 방침도 세웠다. 이런 일련의 조치는 경협과 지원의 중단으로 압박하면 북한이 손들고 나올 것이라는 기대를 전제로 하고 있다. 또 경협과 지원을 하는 남한은 갑의 지위, 수혜를 받는 북한은 을의 지위에 있다는 갑을 관계를 바탕으로 하고 있다. 아쉬운 쪽, 잘못한 쪽은 북한이다. 그런데도 과거 정권은 퍼 주면서도 상응하는 대가나 대우를 받지 못했다. 이제 갑을 관계를 바로잡아야 한다. 식량 지원 문제에 관해서도 아쉬운 쪽은 북한이니, 먼저 주겠다고 할 이유가 없다.

이런 인식이 타당할까. 대가 문제를 보자. 지금 남북 간 일촉즉발의 긴장이 없는 것, 더 이상 서해 교전을 하지 않는 것, 갈등은 대화로 풀어야 한다고 믿는 것, 금강산과 개성에서 사업하고 일자리를 얻고, 수많은 남한 사람들이 평양에 갈 수 있는 것은 무엇인가. 이 가운데 거저 얻어진 것은 하나도 없다. 그것들은 너무 당연한 것 아니냐고 한다면, 이런 변화를 당연시하는 그 현실이야말로 대가가 있다는 확실한 증거다. 압박의 효과는 낮다. 북한은 웬만한 압박에도 잘 견디도록 혹독하게 단련된 체제다. 그리고 제한된 목적을 위해서는 제한된 수단을 동원해야 한다. 북핵 3단계로 넘어가야 하는 중요한 시점에 이 사건 하나를 위해 미·중 등 주변국이 대북 제재에 동조할 리가 없다. 게다가 지금 미국 쌀이 북한 남포항으로 들어가고 있다. 북한이 남한에 아쉬워할 게 별로 없다.

압박으로 타격을 받는 쪽이 있다면, 그것은 북한이 아니라 남쪽이다. 중단과 제재는 중소기업을 경영난에 빠뜨린다. 현대아산 직원과 그 가족, 식당과 노래방을 하는 100여 업자들에게 피해를 준다. 남북 관계의 단절은 이산가족 상봉과 납북자 문제 해결을 지연시켜 당사자에게 고통을 준다. 굶주리는 북한 동포를 돕지 못하는 아픔과 슬픔도 크다. 이렇게 대결의 비용보다 대화의 이익이 크다는 합리성, 대북 압박은 우리 자신에 대한 물적, 심적 압박으로 돌아오는 현실, 굶주림에 대한 인간의 보편적 감정인 연민은 대북 행동을 제약한다. 이 때문에 대북 압박에 대한 반발은 북한에 의해서가 아니라 그런 정책을 변경하라는 남한 내부 압력을 통해 먼저 나타난다. 북한도 이 현실을 잘 알고 있다. 북한 노동신문은 "우리는 남조선이 없이도 얼마든지 살아갈 수 있지만, 남조선이 우리와 등지고 대결하면서 어떻게 살아가는지 두고 보겠다"고 했다. 북한은 이 역설적 현실, 우리의 합리성과 선의, 연민을 지렛대 삼고 있다. 남한은 우월적 지위에 있지 않다.

이런 상황을 벗어나고 싶다면 방법은 있다. 보수 세력은 왜 북한에 매번 지느냐고 하는데 이기는 게 목적이라면 이길 수 있다. 군사적 긴장과 대결을 불사하고, 북한이 더욱 고립되고 위험해지는 것을 개의치 않고, 더 가난해져 굶주리는 사람이 늘고, 체제의 폭압이 더 높아져도 무시할 수 있다면 말이다. 대신 우리는 성숙한 시민이라는 자부심을 버려야 한다. 그럴 생각이 없다면, 남북이 상호 인질이 될 정도로 경협과 지원 수준이 더 높아질 때까지 참을성 있게 기다려야 한다. 압박은 북한 문제, 남북문제 이전에 우리 자신의 문제다. 왜냐하면 "우리는 어떤 시민이 되기를 원하는가"를 묻고 있기 때문이다.

• • •

이명박 정부의 대북 정책의 문제점에 대해서는 칼럼에서 여러 번 썼고, 토론회 자리에 가서도 반복해서 제기했지만, 아무 소용이 없었다. 말하는 자의 입만 아플 뿐이다. 같은 주제를 되풀이해서 쓴다는 것도 재미없고, 읽는 이로서는 더욱 그럴 것이다. 아마도 당분간 이명박 정부의 대북 정책 비판은 흥미 없는 주제로 남아 있을 것 같다.

김정일 위원장과
차 한잔

2004. 06. 01.

평양 고려호텔에 짐을 풀고 로비로 나갔더니 놀랍게도 김정일 국방위원장이 거기 있었다. 나는 북한 안내원에게 그와 인터뷰할 수 있는지 알아봐 달라고 부탁했다. "그 문제를 제기해 보겠습니다만 담보는 못합니다." 안내원은 그렇게 말했지만, 잠시 후 "장군님께서 지금 바로 만나시겠답니다"라고 전해 왔다. 그래서 나는 김 위원장과 호텔 커피숍에서 인터뷰를 하게 됐다.

요즘 남한에서는 주한미군 감축이 현실화되면서 안보 우려가 높은데 어떻게 보십니까.
우리는 기름이 없어 전투기 비행 훈련도 제대로 못하고 군인도 배불리 먹이지 못합니다. 그런데 부시는 우리를 가장 위험한 정권이래요. 네오콘인가 뭔가는 미군을 빼돌려서 공화국을 폭격하라고 깜빠니아(캠페인)하고 있어요. 겨우 미군 3,600명을 빼고서는 전력 증강에 3년간 110억 달러나 쏟아 붓는다면서요? 한국은행은 2001년의 우리 공화국 예산을 98억 달러로 추산했던

238

데 한 나라의 예산보다 많은 돈을 전력 증강에 쓴다면, 그게 바로 전쟁 준비가 아니고 뭡니까. 불안한 쪽은 우리입니다. 왜 남조선 인민들이 불안해 하죠?

북한이 항상 전쟁 준비를 하니까 그런 것이겠지요. 장사정포는 정말 겁이 납니다.

아, 그거야 전쟁 억지력으로 있는 거지. 우리가 이라크 꼴 당하면 남조선 인민인들 좋아하겠소? 우리의 군사력은 순전히 자위를 위한 것입니다. 로마 전략가 베게티우스도 '평화를 원하거든 전쟁을 준비하라'고 했어요.

그러나 전쟁을 준비하는 자에게는 전쟁이 오고, 평화를 준비하는 자에게는 평화가 찾아오게 마련입니다.

그 말은 부시에게나 해주시오. 그는 요즘 나의 선군정치를 어설프게 흉내 내고 있지.

이번 기회에 군축 협상을 하면 어떻습니까. 마침 미국 대통령 후보인 민주당의 존 케리 상원의원도 북·미 직접 대화를 통해 감군 문제를 논의할 수 있다는데.

지금 농담합니까. 숫자가 아니라 능력이라며 한미 연합 방위 능력을 더 강화한다고 하지 않아요. 어떻게 그게 군축의 계기가 된다는 말입니까.

미 군사력 증강을 그렇게 두려워하면 왜 타협하지 않고 북핵 등으로 미국을 자극해 군사력 강화를 유도하지요?

잘 모르시는군. 미국은 우리가 무얼 하든 위협할 거요. 이라크를 보세요. 어떻게든 전쟁하잖아. 그리고 미 군사력은 이미 충분히 강해서 더 강해진들 우리에게는 차이도 없어요.

남북정상회담은 왜 안 합니까. 노무현 대통령이 지금 정상회담할 생각이 없다, 서두르지 않겠다고 하지만 진짜 정상회담 생각이 없어서가 아니라 그쪽에서 부정적이니 그런 것 아닙니까.
지금 정상회담하면 북핵 문제를 풀어야 하는데 노 대통령에게 무슨 카드가 있습니까. 노 대통령이 부시를 설득할 힘이 있소? 내게 와서 뭘 말을 하겠어요.

요즘 미국이 한반도 안보와 관련한 주요 정보를 한국 정부에 주지 않는다고 할 정도로 한미 관계가 삐거덕거립니다. 미국이 파키스탄 칸 박사의 북핵 관련 정보를 중국에는 제공해도 남한에는 안 준대요. 바로 당신 귀에 들어갈까 봐.
하여튼 미국인의 상상력은 알아줘야 해. 별걱정 다한다니까. 난 얻어들은 것 하나 없는데 남조선 당국을 곤란하게 해서 미안하군. 그러니까 민족 공조해야지 대미 추종하면 그런 후과가 있다니까.

그는 말하는 도중 비서의 쪽지를 받더니 자리를 뜨려 했다. 나는 한 마디만 더 묻겠다며 그를 만류하다가 찻잔을 넘어뜨렸다. "앗, 뜨거." 순간 나는 잠에서 깨고 말았다.

• • •

이 칼럼은 순수한 창작물이다. 그럼에도 '사실로 알았다' '속았다'는 분들이 일부 있었다. 그분들에게 미안하고, 통쾌하다. 서구 언론에서는 칼럼의 글쓰기 방식이 다양하다. 패러디도 많다. 그러나 한국에서는 여전히 다양한 글 형식에 대한 관용의 폭이 넓지 않고, 그 때문에 이런 방식의 글에 대한 오해도 있다. 이 칼럼은 그런 한국적 엄격성에 도전한다는 생각으로 쓴 것이다.

북한은
왜 미사일을
쏘았는가

2006. 07. 06.

북한이 과연 미사일을 쏠 것인가? 며칠 동안 이 화두를 붙잡고 있었지만, 시원한 답을 찾을 수는 없었다. 여러 사람과 만나 의견을 나눈 결과도 마찬가지였다. 그동안 북한의 '미사일 시위'는 충분했다. 굳이 쏘지 않고도 이미 쏜 효과를 거둔 것 아닐까.

게다가 북한이 미사일을 쏠 때 북한에 닥칠 불이익은 한두 가지가 아니다. 이런 정황 때문에 '북한은 쏘지 않는다. 아니, 쏠 필요가 없다'는 매우 그럴듯한 관측이 나돌았다. 그러나 북한이 돌파구 마련을 위해 쏠 수도 있다. 북한은 역발상과 허 찌르기, 판 흔들기의 명수 아닌가. '현 대북 압박 공세를 뚫기 위해 정면 돌파할 것이다.' 이 논리도 상당히 설득력이 있다. 그래서 내린 결론. '북한이 어느 날 미사일을 쏘았다고 해도 나는 놀라지 않겠다.'

그런 며칠 뒤인 어제 아침 라디오 뉴스는 '북한 미사일 발사'였다. 물론 놀라지 않았다. 그러나 무언가 새로운 느낌이었다. 북한은 스커드, 노동, 대포

242

동 2호 등 온갖 종류의 미사일을 동해 바다에 쏟아 부은 것이다. 1998년 대포동 1기 발사로 '깨끗하게' 북한의 위력을 과시하고 북·미 협상 국면으로 진입했던 때와는 다르다.

북한은 1998년처럼 일발로 끝낼 위협적인 그 무엇을 갖고 있지 못한 것이 틀림없다. 북한인들 왜 대포동 2호 한 발로 멋지게 승부하고 싶지 않았겠는가. 북한이 미국에 전혀 위협이 되지 않는 구형의 단거리와 중거리 미사일을 개발도 채 되지 않은 대포동 2호와 뒤섞어 새벽 폭죽놀이하듯 쏘아 올리고 싶었겠는가. 어떻게 해서든 세계의 시선을 붙잡아 두어야겠다는 북한식 오기 혹은 조급함의 결과일 것이다.

예상대로 세계는 놀라고 시선은 북한에 쏠리고 있다. 그러나 누구도 위협하지는 못했다. 이번 미사일 발사가 1998년과 다른 점 하나는 북한이 미사일 쏘기에 앞서 일본 기자를 평양으로 불러들였고, 북한 인권을 집요하게 물고 늘어지던 제이 레프코위츠 미국 북한인권특사를 개성공단에 초청했다는 점이다. 북한은 대결과 대화의 이중 신호를 보내고 있었던 것이다. 온갖 아이디어를 짜내 그 누구도 상상 못할 '미사일 섞어 쇼'를 하며 신호를 보냈지만, 외부 세계는 "그 의도를 모르겠다"는 논평 일색이다. 북한에 불행인가.

조금만 입장을 바꿔 생각해 보자. 미사일을 발사대에 올려놓고 대화를 요구하는데 미국은 대화는 못하겠다, 쏠 테면 쏘라는 식이었다. 자존심 강한 북한이 아무 일도 없었다는 듯이 슬그머니 미사일을 발사대에서 내려놓을 수가 없게 되어 있다.

물론 좀 더 냉정하고, 이성적이라면, 그래도 안 쏘는 게 낫겠다고 미사일을 내려놓을 수 있었을 것이다. 그러나 한일이 사활적 이익이 걸려 있지도 않은 독도 주변 수역 조사를 둘러싸고 대립하는 상황이 보여 주듯 어떤 비합리적인 요인 때문에 피해도 될 일을 피하지 못하는 경우가 있다.

북한 사정을 한번 보자. 북핵 문제의 교착뿐 아니라, 대북 금융 제재, 대북 인권 공세 등 현 상태로는 북한이 움직일 공간을 찾을 수 없다. 이 판을 흔들려면 위기가 필요하다. 위기의 틈에서 협상의 길을 찾지 않으면 안 된다. 그래도 한계선을 넘으면 안 된다. 그 미묘한 줄다리기의 결과가 이번의 '왕창 세일'이다.

정부 성명이 보여 주듯 북한의 미사일 발사는 자기 손을 묶는 자충수라는 것이 일반적인 인식이다. 국제사회의 대북 강경론의 입지를 강화시킴으로써 북한의 국제적 고립을 심화시키고, 일본의 군비 증강 빌미를 제공하고 미·일 동맹 강화, 미사일 방어체제(MD) 가속화 등등 ……. 그러나 체제 유지를 우선하고 있는 북한에 그런 주변 환경의 악화는 중요하지 않다. 기존의 상태로도 북한은 충분히 조이고 있다.

동북아 안보 환경의 악화는 당장 북한 체제를 흔드는 것이 아니라면 생존의 기로에 있는 북한에 먼 나라 이야기일 뿐이다. 주변 안보 여건 악화 걱정으로는 북한을 감동시킬 수 없다.

북한을 움직일 수 있는 것은 대화다. 북한은 정말 비굴할 정도로 줄기차게 크리스토퍼 힐 미 국무부 차관보를 평양으로 보내 달라고 미국에 구걸했다. 그러나 미국은 핵 시설 가동을 중단하지 않으면 안 가겠다고 버텼다. 그런 미국이 레프코위츠는 개성에 보낼 계획을 갖고 있다. 왜 개성은 되고 평양은 안 된다는 말인가.

힐의 평양 방문 논리대로라면 북한 인권이 개선되지 않는 한 개성 북한 근로자를 만나지 않겠다고 해야 한다. 그러나 미국도 안다. 건건이 그런 조건을 내걸면 누구하고도 상대할 수 없다는 것을. 미국을 비롯한 국제사회는 북한이 보내는 신호를 정확히 읽고 대처해야 한다. 과잉대응은 금물이다.

• • •

북한은 미사일만 발사한 게 아니다. 석 달 뒤에는 처음으로 핵실험을 단행했다. 유엔의 대북 제재 조치가 취해졌고, 긴장이 조성되었다. 그러나 위기를 방치해서는 안 된다는 시급성이 당사국들을 움직였고, 그 결실이 2007년 2·13 합의로 나타났다.

포용정책은
유죄인가

전쟁의 비극으로부터 평화의 가치를 뼈저리게 체득하고 그래서 평화만을 희구하던 한국인들 앞에 이렇게 핵이란 절대 폭력과 공포가 엄습했다. 북한을 구원할 수 없는 길인 줄도 모르고, 북한을 더 큰 불안의 심연으로 끌어들이는 길인 줄도 모르고 그 길로 내달리는 이 역설, 이 속수무책이 우리를 절망케 한다.

이 모순 덩어리의 북한 핵실험은 누구의 탓인가. 북한 포용정책 때문인가. 너도 나도 그렇다고 한다. 북한에 대해 퍼 주기, 봐주기, 묵인하기, 무조건 감싸 주기를 한 김대중, 노무현 정부의 정책이 핵실험을 불러왔다고 한다.

김대중 전 대통령은 단호하게 아니라고 했다. 그러나 노무현 대통령은 포용정책 수정의 필요성을 인정했다. 포용정책을 비판하는 야당이나 보수 인사가 아니라 포용정책의 계승자를 자처한 노무현 정부가 포용정책의 잘못을 시인했다. 이종석 통일부 장관이 뒤늦게 포용정책의 폐기나 전면 수정이 아나라고 해명했지만, 포용정책은 이미 노무현 정부에 의해 상처를 입었다.

오죽 문제가 많았으면 그 오기 잘 부리는 노 대통령이 순순히 인정했겠느냐는 '지레짐작 논법'에 의해 포용정책 유죄론은 강력한 설득력을 갖게 되었다. 노 대통령의 한 마디로 포용정책 유죄론은 이제 믿을 만한 가설이 되고 있다. 그러나 포용정책은 무죄다.

첫째, 북한이 핵실험을 한 책임은 포용정책이 아니라 북한에 있다. 한국, 중국, 미국이 뭐라고 한들 북한은 자신의 의지와 선택에 따라 행동한다. 중국의 대북 지렛대 운운하지만, 핵실험 문제에서 중국이 한 일은 북한으로부터 20분 전 통보받고 관계국에 알려 주는 통신원 역할뿐이었다.

둘째, 포용정책 때문에 핵실험을 한 게 아니라 포용정책을 하지 않아서 핵실험을 했다. 부시 미국 행정부의 협상 거부, 북한 목 조르기는 북·미 대화를 원했던 북한에 좌절감을 안겨주었다. 그래서 북한은 앉아서 당하기보다 충격으로 판을 흔들어 살아갈 틈을 찾아보자고 도발한 것이다. 핵실험은 미국의 '대북 적대 시 정책'의 자연스러운 귀결이며 부시 행정부의 대북 정책 파탄의 결과다.

셋째, 포용정책 때문에 핵실험한 것이라면, 대결 정책을 했으면 핵실험을 하지 않았을 것이라는 논리가 성립되어야 한다. 그러나 대결 정책을 했으면 북한은 10년 전에 핵실험하고, 지금쯤 수십 개의 핵무기를 갖고 있었을 것이다.

넷째, 포용정책을 오해했다. 포용정책은 단기간에 북한의 특정한 행동을 바꾸는 만능 리모컨이 아니다. 포용정책은 어떤 구체적인 조치가 아니라 북한 문제를 접근하는 기본적인 원칙들의 체계다. 북한 문제에 적극 대처해서 남북 평화공존의 길로 이끌자는 대원칙이다. 중장기적인 목표를 지향하는 정책이다.

다섯째, 포용정책으로 우리는 안보와 평화를 얻었다. 북한의 군사적 요충지인 금강산과 개성에서 남한 사람이 북한 사람의 서비스를 받으며 온천욕과 등산을 즐기고, 북한 노동자가 남한 기업의 냄비, 시계, 신발을 만들고 있는 것이 너무나 당연하다고 느낀다면 그것은 포용정책 때문이다. 핵실험에도 불구하고 주가가 폭락하지 않았다면, 남한에서 사재기가 없었다면, 그것 역시 포용정책 때문이다.

여섯째, 포용정책은 북한이 예쁘고 착해서 보상을 주기 위한 것이 아니다. 제재와 대결이 우리에게 바로 돌아오기 때문에 필요한 것이다. 경협 중단, 금강산 관광 중단은 북한의 목을 조르는 것이 아니라 우리의 다리를 절단하는 것이다. 착각해서는 안 된다. 경협과 교류 중단은 우리의 대북 압박 수단이 아니다.

일곱째, 포용정책은 운명이다. 그것은 우리가 옷을 고르듯이 선택할 수 있는 것이 아니다. 북한은 우리의 일부다. 버릴 수도 없고 떠날 수도 없다. 봉쇄하고, 굶겨 죽이고, 압박하고 폭격할 수 없다. 북한의 붕괴는 한반도를 재앙으로 몰고 가는 거대한 핵폭탄이다. 우리에게 선택의 여지가 없다. 평화공존의 날까지 짊어지고 가야할 짐이다. 무겁다고 내려놓을 수 없는 짐이다. 북한의 기아, 위기, 고통에 대한 연민과 동정이 우리 마음 구석에서 꿈틀거리는 한 우리는 북한으로부터 벗어날 수 없다.

우리는 포용정책에서 벗어날 수 없다. 그래서 우리는 포용정책의 포로다.

바꿀 것도 수정할 것도 재검토할 것도 없다.

• • •

북한이 핵실험을 하자 포용정책 때리기가 시작됐다. 포용정책을 했기 때문에 핵실험을 했다는 비논리가 기승을 부렸다. 포용정책은 끝나가는 것 같았다. 당시 분위기는 그랬다. 노무현 대통령도 그 분위기에 편승했을 정도였다. 그래서 이 글을 써야겠다는 생각이 더 절실했다. '고회가 지난 늙은이'라고 밝힌 한 노인은 200자 원고지에 펜으로 단아하게 쓴 글씨체의 편지를 보내왔다. 그는 졸지에 소년 가장이 되는 이문구의 관촌 수필에도, 김남주나 신동엽의 노래에도 끄떡 않던 자신이 이 칼럼을 읽고 왜 눈물을 흘렸는지 모르겠다고 썼다. 답신을 따로 보내 드리지 못했는데 이 기회를 빌어 부끄러운 글을 읽어 주신 것에 대해 감사의 말씀을 전한다.

안보는
정치 무기가
아니다

2006. 09. 14.

얼마 전 무슨 단체인가의 전자메일을 여러 차례 받고 난 뒤의 일이다. 한 여성이 그 단체의 자원봉사자라며 휴대전화를 했다. 그는 전시작전통제권 환수 반대를 위한 서명에 참여하실 의향이 있느냐고 물었다. 그리고 며칠 뒤. 세상이 뒤집어지기라도 한 듯 신문들이 대문짝만하게 보도하는 사건이 터졌다. '선진화 국민회의'가 주도한 전·현직 교수 등 지식인 722명이 서명한 작통권 환수 반대 성명서 발표다.

그 성명서는 꺼져 가던 작통권 환수 반대의 불씨를 되살렸다. 전직 외교관과 경찰 총수들이 나섰고 이제는 보수 단체들이 총결집해 5백만 명 서명운동을 하는 단계로 발전했다. 이들은 한결같이 남북 간 군사적 균형이 심각하게 무너졌다고 우려했다.

이 견해를 지지하지 않지만, 북한 위협이 심각하므로 작통권을 환수해서는 안 된다는 그 논리는 지지한다. 작통권 논쟁은 '북한 위협은 어느 수준인가라는 문제에서 시작되어야 하기 때문이다. 그것이 이성적이고 합리적인 안보 논의의 방식이다.

그러면 북한의 군사적 위협 수준을 논해 보자. 우리가 최근 느낄 수 있는 북한의 군사적 위협이라면 미사일이 있다. 북한 미사일은 남한군 작전 지휘소 한 곳을 파괴하기 위해 160~360발을 쏘아야 한 번 맞힐 수 있을 정도로 정확도가 낮다. 그런 상태로는 전쟁할 수 없다. 정확도를 높여야 한다. 그런데 북한은 사거리를 늘리는데 주력하고 있다. 이는 북 미사일이 전술 무기가 아닌, 공포 무기이며, 북한의 전쟁 억지 수단임을 말해 준다.

남한 지상군 전력 열세의 주요인으로 꼽히는 것이 장사정포다. 그러나 수도권 겨냥이 가능한 포는 300문에 불과하다. 그나마 발사를 위해 포대가 완전히 위치를 잡기 전에 아군의 포격을 받게 된다. 갱도 기지에 돌아가 로켓탄을 재장전해야 하므로 신속 발사는 안 된다. 곡사포는 자체 휴대 포탄이 없어 기습 공격이 어렵다. 10만의 특수 부대는 공포의 대상이다. 후방 침투와 기습 공격 때문이다. 그러나 수송기 헬기의 저속 비행으로 후방 투입 전 지상 포격에 격추될 가능성이 크다.

북한 군비는 어느 규모일까. 2006년 7월 MBC 〈100분 토론〉에서 이종석 통일부 장관은 별로 관심을 끌지는 못했지만, 의미 있는 발언을 한 바 있다. 북한의 국민총소득(GNI)이 60억 달러 정도라고 한 것이다. 한국은행의 공식 추계인 208억 달러의 28퍼센트로 깎아 내렸다. 208억 달러면 1인당 GNI는 914달러다. 베트남(551달러)의 1.6배다. 북한을 가 본 사람은 알 것이다. 북한이 베트남보다 1.6배 잘 산다는 것은 말이 안 된다.

북한 경제가 1960, 70년대 수준이라는 것은 눈대중으로도 알 수 있다. 60억 달러가 합리적인 추정치다. 그렇다면 북한의 한해 군비는 넉넉히 잡아도 18억 달러, 남한 군비의 13퍼센트에 불과하다. 박정희 정권이 자주국방의 기치 아래 군비 증강을 한 지 30년이고, 쏟아 부은 돈이 68조 원이다. 북한이 무기 구입을 못한 지는 10여 년이다. 그런데도 국방부는 이 장관의 60억 달러 추산과 달리 여전히 남한 군사력 열세로 평가하고 있다.

이게 어찌된 사정인지는 따로 따져 보기로 하고 일단 국방부 주장이 맞는다고 치자. 숫자 중심의 남북 군사력 균형을 맞추기 위해서라면 국방부는 군병력 증원, 값싼 무기 대량 구매로 금방 우위를 점할 수 있다. 그런데 국방부는 값비싼 무기를 사들이고, 양이 아닌 질을 추구했다. 그 결과, 이제 세계 8위의 군사비 지출 국가로 우뚝 섰다. 그런데도 북한에 대해서만 군사력 열세를 유지하고 있다.

환수 반대가 진정 안보 관심의 발로였다면, 이런 의문을 포함해서 북한 위협론에 대한 다양한 관점을 놓고 토론을 해야 옳다. 그러나 그런 논의는 찾기 어렵다. '환수 반대'만 외치면 사람들이 흥분해서 모여드는데, 정권 교체만 하면 다 깨끗이 끝날 일인데 그 문제로 골치썩힐 이유가 없기 때문이다.

사실 좀 솔직한 이들은 '환수 반대'가 '정권 교체'의 은밀한 신호라는 비밀을 감추지 않는다. 전직 경찰 총수는 작통권 환수, 국가보안법, 사학법, 과거사 정리, 경제정책 등에 관한 의견을 담은 글을 '시국 선언문'이라고 발표했다. 그들은 정치에 관심이 많지만 북 위협은 그들의 관심이 아니다. 그런 사정도 모르고 공연히 안보타령만 늘어놓았다.

252

• • •
북한의 전력에 관한 부분은 함택영 북한대학원 교수, 서재정 코넬대 교수의 논문 "북한의 군사력 및 남북한 군사력 균형,"『북한군사문제의 재조명』(한울, 2006)을 인용했다.

북한은
절대 핵 포기
안 할까

2006. 12. 21.

북핵 문제 해결을 위한 6자회담이 교착되었을 때 크리스토퍼 힐 미 국무부 차관보는 "내가 바로 강경파"라고 한 적이 있다. 그런 그가 북한이 6자회담에 복귀하자 협상파로 되돌아왔다. 그러나 그가 분위기 따라 강경파와 온건파 역할을 골라 해야 하는 그런 처지로 되돌아온 것은 아니다.

그는 "나에게 힘이 쏠리고 있다"는 말을 했다고 한다. 자신을 대북 정책 조정관으로 임명해 달라고 할 정도로 자신감을 보이고 있다고 한다. 그는 대북 정책에서 과거보다 많은 권한을 행사할 가능성이 있다. 힐이 뭔가 해낼지 모른다는 조심스러운 낙관론이 나돈 것도 그 때문일 것이다. 그런 기대와 낙관은 2005년 12월 5차 6자회담 2단계 첫 회의에서 북한이 완고한 기본 입장을 내놓은 뒤 낮아지기는 했지만, 완전히 사라지지는 않았다.

이 모든 논의는 부시가 변했다는 것을 전제로 하고 있다. 과연 그럴까. 서울은 미국이 획기적 제안을 했다고 평가했지만, 워싱턴은 달라진 것이 하나도 없다고 밝혔다. 모순된 반응이지만 다 맞는 말이다. 북핵 문제 해결 의지가 있는지 의심스러웠던 부시가 1년 6개월 안에 북핵 폐기와 북·미 관계 정상화 등 북핵 문제를 다 해결할 의사가 있다고 한 것은 큰 변화다.

그러나 북한이 먼저 핵 폐기 조치를 취해야 상응 조치를 하겠다는 기존 대북 정책의 원칙은 바뀌지 않았다. 부시가 발상의 대전환을 해서 선핵 폐기 정책을 버리고 북한이 받을 수 있는 대안을 내놓는다면 모를까, 기존 정책의 미세 조정으로는 실질적 진전을 기대하기 어렵다.

그 이유는 딱 하나, 북한이 원하는 것을 미국이 해줄 수 없기 때문이다. '이번 회담의 초점은 미국이 대조선 적대시 정책의 포기로 이어지는 실질적인 행동을 일으키는가에 있다.' 북한 입장을 대변해 온 조선신보의 최근 보도다. 북한은 체제를 위협하지 말고 보장해 달라는 것이다. 그런데 말이 쉽지 어떻게 체제를 보장하는가. 서면으로 안전보장을 약속하면 되는가. 북미 관계를 정상화하면 되는가.

북한은 1차 북핵 문제 때 클린턴 미국 대통령의 체제 보장 친서를 받아 낸 바 있다. 그러나 지금 상황이 말해 주듯 그것은 아무 소용없었다. 북한은 2차 핵 문제가 발생하자 다시 북·미 불가침조약을 요구하다, 서면 안전보장안도 검토할 수 있다고 태도를 바꾸었다. 북·미 관계 정상화도 마찬가지다. 적대 정책 포기가 정말 북한의 목표라면, 미국의 핵 시설 동결 대 북·미 관계 정상화 제의를 거절할 이유가 없다. 관계 정상화는 적대 정책 포기의 결정적 계기가 될 수 있기 때문이다.

그러나 북한은 체제 보장이나 관계 정상화의 구체적인 방안에 진지한 관심을 기울인 적이 없다. 체제 안전은 스스로 지키는 것이지 남이 책임져 주는 그런 성격의 것이 아니라는 사실을 북한이 잘 알고 있기 때문일 것이다. 북한은 이미 남이 넘볼 수 없는 막강한 군사력과 선군정치로 인해 체제를 갖췄다고 자랑해 왔다.

그런 북한에 체제 보장과 관계 정상화를 유인책으로 핵 폐기를 유도하겠다는 미국의 정책이 먹혀들어 갈 리 없다. 특히 1년 6개월 안에 북핵을 폐기하고 관계 정상화하자는 부시의 제안은 역효과를 낼 가능성이 크다. 1년 6개월 이후 먹고살기는 나아지겠지만, 외부 문물 유입으로 북한 사회 내부에 변화가 발생하고 그 변화로 인해 김정일 체제가 위협받을 수 있다.

너무 빠른 변화이고 불안한 속도다. 김정일은 아직 그런 변화에 대비하지 못하고 있을 것이다. 김정일은 '불안한 미래'보다 '불편한 현재'를 택할 수밖에 없다. 최근 전문가 사이에 김정일이 핵무기를 포기하지 않을 것이라는 관측이 우세해진 것도 그런 배경 때문이다.

불행하게도 이렇게 현시점에서 근본적인 해결책은 보이지 않는다. 따분하고 흥미 없는 일이지만 협상과 대화를 지속하는 길밖에 없다. 서로 적응하고 그럼으로써 조금씩 변화하고 그 변화에 준비하도록 하는 것밖에 없다. 안정된 속도로 북한을 변화시키는 것이 유일한 선택이 될지 모른다. 그 결과로 북한이 핵을 포기하는 길이 나올 수도 있다.

미래는 당사자들이 어떤 노력을 하느냐에 달려 있다. 절대로 핵을 포기하지 않을 것이라는 주장도 고정관념이다.

● ● ● ●

'북한은 핵을 포기한다' '절대로 포기하지 않는다'라는 논쟁에 끼어드는 것 역시 다른 북한 문제에 관해 예단하는 것만큼이나 신중해야 할 일이다. 미국의 소련 전문가들이 눈앞에 곧 펼쳐질 소련 붕괴를 전혀 모른 채 소련 연구에 매진했다거나, 한국에서 한 대학원생이 북한은 핵실험을 하지 않을 것이라는 주장을 담은 박사 학위 논문을 쓰던 중 북한이 핵실험을 하는 바람에 수정해야 했다는 이야기에서 배워야 할 게 있다. 북한의 미래, 누가 알 것인가.

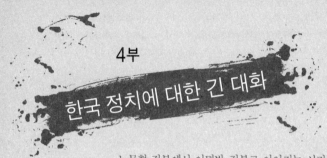

4부

한국 정치에 대한 긴 대화

　　노무현 정부에서 이명박 정부로 이어지는 시기는 흡사 비극과 희극이 동시에 공연되는 무대와 같다. 이탈리아 정치학자 알레산드로 피조르노(Alessandro Pizzorno)는 현실의 민주정치를 시민 '관객'과 정치인 '배우'가 연출하는 '극장'에 비유했다지만, 아마 한국의 사례만큼 극적인 드라마도 드물 것이다. 우리는 어떤 정치를 바랬던 것일까. 무엇에 열광했고 무엇 때문에 절망하고 있는가. 여전히 희망을 말할 수 있다면 어디에서 출발할 수 있을까. _편집부

와이키키
브라더스를
위하여

왜 "와이키키 브라더스를 위하여"라는 제목을 붙였나.

〈와이키키 브라더스〉는 필자가 가장 좋아하는 한국 영화다. 고등학교 밴드부 출신들의 인생 역정을 다루고 있다. 장면 하나하나가 너무 사실적이어서 영화라고 느껴지지 않았다. 옆집에서 실제 벌어지고 있는 사건들을 지켜보고 있는 듯한 착각을 불러일으킨다. 가공하지 않은 날것 그대로의 인생, 서민들의 삶의 풍경을 고스란히 드러냈다.

이 영화에는 우리 주변에서 흔히 만날 수 있는 보잘것없고, 답답하고, 한심한 인생들이 등장한다. 좌절해서 인생을 포기하는 사람, 그래도 희망을 버리지 않으려고 아등바등 매달리는 사람, 현실을 받아들이며 체념하고 사는 여러 종류의 사람들을 만날 수 있다. 학창 시절의 꿈이 자꾸 멀어져 가는 것을 알고 있으면서도 어쩔 수 없는 인생행로를 계속하는 게 이 영화의 주인공들만은 아닐 것이다. 사실은 이 사회의 다수가 그렇게 산다.

정치가 이렇게 좌절하고 소외되고 힘없는 이들을 위해 무언가를 해야 한다는 생각에 책 제목으로 삼았다. 한국 정치가 이들의 이야기에 귀를 기울이고, 이들에게 희망을 심어 주고, 이들을 위한 대안을 준비하기를 바라면서 와이키키 브라더스를 불러낸 것이다.

한국 정치의 가장 큰 문제는 무엇이라고 보는가.

해방 이후 아직까지 이 사회의 다수를 구성하는 가난한 자들이

260

온전한 자신의 정치적 대변자를 가
져 본 적이 없다는 사실이다. 가난한
자에 대한 이 사회의 시선을 한번 보
라. 그들의 가난은 능력이 없어서,
공부를 잘하지 못해서, 게을러서 그
런 것으로 취급된다. 아는 것도 없고
사리 판단도 부족하며 세상 물정도
모른다고 한다. 정치적으로 자기 계
급 이익을 위해 선택할 줄도 모른다
고 한다. 선거가 끝나고 나면 계급
배반의 투표를 한다고 손가락질을
당하고 산다. 자신의 이익을 대변하기는커녕 이익을 더 많이 침해할 정당과
후보를 선택하고는 후회하고 다시 그런 선택을 반복한다. 그들에게는 탈출구
가 없어 보인다. 가진 자에게 자신의 권력을 양도하는 이 자기 부정의 정치가
이렇게 오랫동안 지속되는 게 어떻게 가능한지 놀라울 따름이다. 진보정당이
있지만 아직은 기성 정치의 장식품에 불과하다.

왜 한국에는 하나의 가치, 하나의 헤게모니, 하나의 질서가 지배하고 하나
의 가치, 헤게모니, 질서를 대변하는 정치만 존재할까. 왜 우리는 두 개의 가
치가 서로 경쟁하고 실현 가능한 대안들을 놓고 선택할 수 있는 그런 정치를
하지 못하는가. 다른 정치적 선택을 허용하지 않는 정치체제의 완고성, 이것
이 바로 한국 정치의 최대 문제다.

가난한 자가 배제된 정치는 김대중, 노무현 정부에서도 크게 다르지 않았
다고 보는데, 어떤지.

맞다. 그게 우리의 절망이다. 민주화 운동을 배경으로 집권한 김
대중, 노무현 정부 역시 가난한 자를 대변하는 정치 세력이 아니었다는 것. 그
것이 한국 정치의 불행이다. 민주화 운동 과정에서 이 정치 세력은 부분적으
로 급진화하기도 하고 진보 세력을 대변하는 역할도 했지만, 권력을 장악하고
기득권을 획득하면서 그런 거추장스러운 짐을 내려놓았다. 자기들이 지고 가
야 할 것으로 생각하지 않은 것이다. 가난한 자의 지지와 후원이 필요할 때는
야당할 때였지, 집권 후는 아니었다. 이 세력은 민주 대 반민주의 일시적 국면
에서 자신을 대표할 정당이 없는 가난한 자의 이익을 대변해야 했던 역사적
인연을 갖고 있었을 뿐, 원래 가난한 자의 정치적 대표자는 아니었다. 그들은
본래 보수 정치의 한 분파였다.

오히려 김대중, 노무현 정부는 이 사회의 흔들리는 보수 헤게모니를 공고
화했다는 혐의를 받고 있다. 먼저 이 두 정부는 가난한 자를 따돌리는 신자유
주의 정책을 본격적으로 추진했다. 신자유주의가 가난한 자에게 얼마나 폭력
적이었는지는 분명했지만, 두 정부의 민주화 운동의 정통성에 의해 그 본질이
은폐되고, 그 결과 신자유주의는 한국 사회의 좋은 대안인 양 잘못 인식시키
는 데 기여를 했다. 이것이 두 정부가 가난한 자들을 위해 한 일이다. 한때 일
시적으로 가난한 자를 대변했다는 이유로 이들이 가난한 자를 소외시킨 행위
에 대한 사회적 책임이 가볍게 취급되고 있지만, 가난한 자를 배제하는 이 사

262

회의 보수 헤게모니 강화에 가장 크게 기여한 집권 세력이 바로 그들이라는 사실을 생각하면 결코 그 책임이 가볍다고 할 수 없다.

> 그렇다면 이명박 정부의 등장은 보수파가 승리한 결과가 아니라 민주파와 진보파가 실패한 결과로 봐야 한다는 뜻인가.

맞다. 보수파는 보수적 비전과 가치를 내세워 승리한 것이 아니다. 그들은 비전도, 가치도, 정책도 내놓은 적이 없다. 시민들이 보수를 선택할 명분도 근거도 없었다. 단지 노무현 정부로 대표되는 넓은 의미의 민주화 운동 세력을 선택하지 않은 결과로 그들이 집권할 수 있었다고 보는 게 타당하다.

노무현 대통령은 강력한 변화와 개혁의 열망을 업고 등장했다. 그러나 그는 집권하자마자 스스로 그런 열정을 버렸고, 개혁을 추진할 준비도 의사도 능력도 없었다. 이는 곧 실망으로, 지지 철회로 나타났다. 그러나 돌아선 시민들은 속수무책이었다. 다른 대안이 없었다. 앞에 다른 대안이 있었던 것도 아니다. 민주파는 정당을 다시 정비했지만, 항상 그렇듯이 시민들의 실망을 급진적 개혁 때문이라고 해석하고는 보수 회귀를 했다. 개혁과 진보를 열망하는 시민들은 기성정당 체제에서 선택을 봉쇄당할 수밖에 없었다. 진보정당 역시 실망을 안겨 준 것은 마찬가지였다.

많은 시민들은 결국, 선거에서 투표하지 않는 쪽에 투표했다. 보수정당을 선택하든가 포기하든가의 양자택일로 시민들을 내몰았기 때문에 결과적으로 보수파가 승리할 수밖에 없었지만, 보수파의 승리는 스스로 일구어 낸 것이라기보다 민주파와 진보파가 실패한 결과로 우연히 손에 쥔 그런 성격의 것이라고 할 수 있다.

> 지난 대선과 총선 결과를 보고 지식사회 내에서는, 보수 헤게모니가 안착되었다느니, 시민이 보수화되었다느니 하면서 보수 정권 장기 집권론을 강조했던 해석이 많았다. 이런 해석에 대해서는 어떻게 보나.

이제 확인이 되었지만, 보수 정권 장기 집권이 가능할 정도로 보수가 성공적으로 국정 운영을 할 것이라는 전망은 노무현 정부의 외곽 지식인들이 자기 기득권 유지를 위해 퍼뜨린 헛소문으로 판명되었다. 정권 교체를 막고 민주파의 집권 연장을 위한 공포의 동원에 불과했다는 점은 분명해졌다.

이명박 정부는 출범한 지 1년도 안 돼 파탄 상태에 이르렀다. 보수파들이 민주화 이후 국정을 떠맡을 능력이 있는지에 대해 심각한 의구심을 던져 주었다. 따라서 보수 헤게모니가 이명박 정부에 의해 더욱 확산될 것이라는 전망은 흐려질 수밖에 없다. 오히려 집권한 보수파의 무능과 혼선은 그동안 비교적 견고했던 보수 헤게모니를 균열시킬 가능성이 크다. 지식인들이 지난 10년간의 변화에 적응하지 못하고 있는 보수파를 과대평가해 왔다는 사실도 이제 명백해졌다. 이 모두 이명박 정부의 자살적 행위의 결과이다.

대선 때 이명박 정부에서 시민들이 특별히 더 보수화했다고 결론지을 근거는 여전히 없다. 여론조사를 보면 대체로 진보, 보수, 중도층이 고른 분포를 보이고 진보가 더 많은 경우도 있다. 문제는 이런 시민들의 성향 분포가 정치에 전혀 반영이 되지 않고 있다는 데 있다. 압도적 지지에 의한 이명박 후보의 당선과 한나라당의 국회 지배는 시민사회의 현실과는 다른 것이다. 이 불일치 현상은 독점적인 보수정당 체제 아니면 설명하기 어렵다. 시민들이 보수화하지 않았음에도, 보수화된 기성 체제와 정당 체제는 이 사회 전체의 보수화를 강제하고 진보적 여론을 억압하는 기능을 하고 있다.

민주화 이후 새롭게 등장한 뉴 라이트 운동의 등장에 대해서는 어떻게 생각하나.

뉴 라이트 운동은 한국 사회의 성숙한 발전을 위해 매우 좋은 계기를 제공할 수 있었다고 본다. 건강한 보수 우파는 한국 사회가 절실히 갈망해 온 것의 하나였기 때문이다. 권위주의 체제에서 보육된 한국의 전통적 보수는 사실 민주주의와는 공존하기 어려운 존재였다. 독재, 부패, 반공으로 상징되는 전통적 보수는 민주주의의 구성요소라기보다 민주주의 밖의 존재나 다름없었다. 그 때문에 민주화 이후 보수는 존립의 기로에 서게 되었고, 민주주의 체제에서 보수의 길을 새롭게 모색하지 않으면 안 되는 상황을 맞았다.

그러나 보수의 혁신은 미진했다. 민주화 이후의 변화에 보수는 소극적이고 방어적으로 따라가는 것에 머물렀다. 그 결과, 전통적인 보수의 틀에서 벗어나지 못했고, 이런 보수로는 시민들의 지지를 받으며 재집권할 가능성이 없어 보였다.

265

보수는 기본적으로 진보를 공존해야 할 상대로 인정하지 않았다. 보수는 진보가 자기들과 사고 체계가 다르지만, 한 사회의 중요한 구성 요인이라는 점을 마음으로 기꺼이 수용하지 않았다. 친북이니 빨갱이니 하며 체제의 적으로 간주했을 뿐이다. 말하자면 보수는 성장 지체 증후군에 빠져 있었다.

이때 민주화의 세례를 받은 세대가 주도한 새로운 보수주의 운동이 이른바 뉴 라이트(신우파) 운동이다. 전향한 386 학생운동권 출신이 "자유주의연대"라는 시민 단체를 결성하면서 확산된 운동이다. 새로운 보수에 대한 사회적 요구가 높았던 시점이어서 이 운동은 보수 세력 사이에서 대단한 인기를 끌었다. 늦기는 했지만, 한국 사회의 민주화에 조응할 수 있는 보수의 혁신 가능성을 보여 주는 듯했다. 우선 뉴 라이트는 자유주의를 자기의 이념으로 제시했다는 점에서 혁신적이다. 이 새로운 보수라는 이미지는 한나라당 집권에 대한 공포를 완화시켜줌으로써 이명박 대통령 당선에도 상당한 기여를 했다.

그런데 뉴 라이트의 이념은 시장의 자유에 초점을 두고 있을 뿐 시민적 권리의 보장이란 점에서는 여전히 부정적이고 소극적이다. 자유주의는 본래 양심과 사상의 자유, 언론 출판의 자유와 같은 기본적 권리의 존중에서 출발한다. 그런데 뉴 라이트 운동은 그런 자유주의 기본 이념에 충실하지 않은 편이었다. 그것은 무엇보다 뉴 라이트가 좌파라고 규정한 노무현 정권과 그 지지 세력과의 대결을 주요 활동 목표로 삼고 있다는 데 원인이 있었던 것 같다. 뉴 라이트는 인기 없는 노무현 정권과 싸우는 과정에서 신우파의 참신한 이미지를 만드는 데 성공했다. 낡은 좌파와 싸우는 새로운 보수라는 프레임의 설정에 어느 정도 성공했다.

그러나 그 대결에서 승리하는 순간 뉴 라이트는 운동으로서의 힘을 잃었다. 승리는 이명박 정부의 등장으로 절정에 달했으나, 대신 뉴 라이트 운동의 긴장감은 떨어졌다. 보수를 혁신하기에는 더 많은 시간이 필요했지만, 보수는 불행하게도 혁신할 시간을 갖기도 전에 정권을 잡아야 했다. 보수는 다시 게을러지기 시작했다.

뉴 라이트는 구우파(올드 라이트)와의 차별화에도 실패했다. 뉴 라이트가 자기 정체성을 유지하기 위해서는 구보수 세력을 뛰어넘는 21세기의 흐름이라는 점을 부각해야 했지만, 그 점에서 성과를 내지 못했다. 그것은 바로 뉴 라이트의 갑작스런 성공의 결과이기도 하다. 전통 보수 세력들은 뉴 라이트 운동의 인기에 편승해 스스로 뉴 라이트를 자처하며 그 깃발 아래 모여들었다. 그들이 관점에서 좌파 세력인 노무현 정권과의 대결을 우선 목표로 설정하다 보니 자연스럽게 범보수 대연합이 형성되었고, 그로 인해 올드 라이트와 뉴 라이트의 구분도 사라졌다. 한국은 갑자기 뉴 라이트들로만 가득한 사회로 변한 것이다. 죽어 가는 구보수가 민주화 운동의 정통성을 가진 뉴 라이트라는 구명보트로 옮겨 탄 결과이다. 뉴 라이트는 올드 라이트의 숙주, 올드 라이트의 인큐베이터의 역할을 하게 된 셈이다. 말하자면, 뉴 라이트는 올드 라이트의 시체 위에서 구좌파와 싸운 것이 아니라 구좌파라는 망령과 싸우느라 올드 라이트를 부활시킨 것이다.

| 그렇다면 뉴 라이트 운동은 실패했다고 보는가.

| 그렇다. 이명박 정권에서 뉴 라이트는 이명박 정권의 관변 단체로 전락하면서 자생력과 자율성을 훼손당했다. 권력을 등에 업은 뉴 라이트는 현대사 교과서 개정, 교육 경쟁 강화 운동에서 보여 주듯이 정권의 전위대로 전락하면서 보수의 기득권자로 다시 돌아가는 모습을 보여 주고 있다. 원했든 아니든 올드 라이트로의 복귀, 권력과 재벌의 수호자로의 귀환이다. 이명박 정부의 실용주의도 뉴 라이트의 노선에 의해 발전시킬 수 있었으나 뉴 라이트는 실용주의를 패배시키고, 좌우 이념 대결을 주도함으로써 낡은 시대를 재현하는 데 앞장서고 있다.

뉴 라이트는 자신들이 낡은 좌파라고 규정한 세력과 대결할 때만 자기의 존재 의의와 실력을 드러낼 뿐, 보수를 지속 가능한 보수로 탈바꿈하는 과제에 대해서는 더 이상 흥미를 느끼거나 관심을 갖지 않고 실적도 보여 주지 못하고 있다. 한나라당이 공동체 자유주의를 이념으로 삼는다고 했지만, 한나라당 정권에서 공동체는커녕 자유주의도 발견하기 어려운 것은 이 때문이다.

뉴 라이트 운동은 이제 이명박 정권과 동일체가 되었으며, 따라서 이명박 정권과 운명을 함께하지 않을 수 없는 처지가 되었다. 이는 보수의 혁신을 위해서는 다음 시기를 기다려야 하는 슬픈 상황이 되었다는 것을 의미한다. 언젠가 뉴 뉴 라이트 운동이 전개될 때가 오기를 기다려 본다.

2004년 총선의 하이라이트는 민주노동당이었다. 진보정당의 실험에 대해 처음엔 기대를 갖지 않았나.

민주노동당이 처음 원내 진출할 때는 진보 정치의 싹이 건강하게 자랄 것으로 기대했다. 소수파로서 국회 내 활동에 한계는 있겠지만, 진보 정당이 기성정당과는 다른 무엇인가를 보여 주며 시민들에게 신선한 충격을 줄 것이라고 믿었다. 민주노동당 의원 한 명 한 명이 군계일학의 뛰어난 역량을 발휘하고, 정당으로서도 기성정당과는 다른 면모를 드러낼 것이라 믿었다. 민주노동당 의원들이 기성 정치인과는 다른 성실성, 진실성, 책임성을 갖고, 의원이라면 이 정도는 해야 한다는 말이 나올 만큼 전형을 보여 줄 수 있으리라 생각했다. 한 명이 열 명의 몫을 함으로써 한국 정치의 새로운 바람을 일으킬 수 있다고 보았다.

비록 소수당으로서 정치를 전면적으로 바꾸고 서민들의 삶을 실질적으로 개선시킬 힘이 모자라지만, 열성과 실력을 과시해 만약 그들이 다수라면 확실히 달라질 것이라는 깊은 인상을 심어 줄 수 있으리라 기대했다. 작지만 의미 있는 새로운 정치 모델을 제시할 수 있지 않을까라는 희망을 가졌던 것이다. 진보정당은 이렇게 보수정당과 다르다는 것을 맛보기로 보여 줄 수만 있어도 성공이라고 여겼다. 그러면 시민들 사이에 진보정당을 키워야겠다는 자각을 불러일으켜 다음 선거 때 한 단계 더 도약하는 기틀을 만들 수 있으리라고 보았다. 그러기 위해서는 민생 문제에 집중하는 게 타당하다고 생각했다. 물론 잘 해낼까라는 걱정이 전혀 없었던 것은 아니다.

269

그렇다면 민주노동당 실패의 가장 큰 원인은 뭐라 보나.

조직, 노선, 정책, 정당 활동 전반에서 실패했다. 당 대표와 원내 대표 분리로 당의 역량을 한곳에 집중하지 못했다. 정파 간 연합 구조로 인해 당원, 시민들의 요구를 반영하지 못하는 경직성도 드러냈다. 진보 세력의 인적, 물적 자원이 총집결된 진보 세력의 총본산이 되어야 했지만, 그렇지도 못했다.

서민들의 벗이라기보다는 운동권 출신의 엘리트 정당이었으며, 민주노총의 기득권에 휘둘리는 민주노총당, 참신성보다 고루함이 두드러지는 낡은 정당, 정책적 대안 마련보다 시위에 능한 시민단체와 같은 정당이었다. 그리고 국가보안법, 주한미군 철수, 북핵 문제와 같은 거대 이슈, 서민들의 삶과는 직접 관련이 없는 현안에 매달림으로써 그렇지 않아도 부족한 역량을 낭비하기도 했다. 거대 이슈 매달리거나 백화점식 산만한 활동보다는 서민들이 절실하게 생각하는 핵심 의제에 역량을 집중해야 했다.

이런 문제의 근원을 따져 보면 사실 하나로 수렴된다고 할 수 있다. 그것은 바로 민주노동당이 세상의 변화에 뒤처져 있다는 사실이다. 스스로 변화하지도 못했고, 세상의 변화에 적응하는 데 게을러졌다는 뜻이다. 원내 진출로 얻은 기득권에 안주하기도 했다. 각 정파들은 당내 헤게모니를 지키는 데 힘쓰고 자기의 논리를 서민들에게 강요하려 했다. 그 결과로 조직, 노선, 정책이 경직되고 화석화되어 갔다. 노동자, 농민, 서민의 이익과 욕구에 충실하지 못하고 반응할 줄 모르는 정당이 실패하는 것은 당연하다.

270

자주파의 문제에 대해서 늘 지적해 왔는데.

자주파의 시효는 끝났다. 20세기에는 진보, 좌파일 수 있어도 21세기에는 아니다. 자주파는 더 이상 진보도 좌파도 아니다. 민족주의와 분단에 갇혀 있는 외로운 늑대라고 할까.

자주파는 민족을 단위로 사고한다. 그러나 민족이 지금 외세의 억압을 받고 있나. 민족이 고난에 처해 있나. 지금 고통받고 있는 집단은 민족이 아니다. 비정규직 노동자, 미등록 이주노동자, 88만원 세대, 북한 인민들, 탈북해 중국을 떠도는 북한 난민들이다. 민족은 오히려 이주노동자, 결혼 이민자를 억압하는 주체다. 물론 식민지 시대, 미국 후원하의 독재 시대에는 민족이 저항의 단위, 해방의 단위가 될 수 있었다. 그러나 지금은 아니다.

그리고 자주파는 현 체제의 반대자, 비판자라기보다 옹호자다. 이들은 분단되었기 때문에 한국 사회는 완전할 수 없다는 것을 전제로 하고 있다. 북한이 존재하는 한, 미국이 제국으로 남아 있는 한 한국 사회는 스스로 성숙해질 수 없다고 믿고 있다. 그래서 이들이 한국 사회를 하나의 공동체로 간주하고, 진보적이고, 완전하고 성숙한 사회로 만들기 위한 노력에 얼마나 적극적인지 의심스럽다. 이들은 한국의 보수, 그리고 미국과 적대적 공존을 하며 자기 생명을 연장하고 있다. 한국 사회가 많은 모순들을 해결하며 진보적으로 발전할 경우 그들의 입지는 축소될 것이며, 결국 사라지게 될 것이다.

> 책에서 일본과 싸우는 진보파의 문제를 지적한 부분은 공감이 크게 간다.
> 왜 우리 사회 진보파는 독도 문제 앞에서는 전혀 다른 의견을 갖지 못하는
> 것일까.

앞에서도 말했지만, 한국에서 진보와 민족주의의 끈질긴 인연의
결과가 아닌가 한다. 나라를 잃은 식민지 경험과 나라를 반쪽 낸 분단은 한국
사회에 강한 국가, 민족주의 파토스를 심어 놓았고, 진보 세력도 이를 자연스
럽게 수용했다고 본다. 민족주의가 진보적일 수 없다고 말하는 것이 아니다.
민족주의는 제3세계 민중의 해방과 저항의 이념이자 무기였다는 점에서 역사
적으로 분명히 진보적 의의가 있었다. 그러나 선진국 대접을 받고, 아시아에
서 다른 국가에 대한 제국주의적 행태를 보이는 지금은 아니다.

이런 민족문제가 두드러지는 분야가 한일 관계다. 진보 세력도 한일 관계
를 민족문제로 환원하는 시각에서 자유롭지 못하다. 아니, 한일 관계에 관한
한 누가 더 민족주의적인지, 반일적인지를 두고 진보와 보수파가 경쟁하는 상
황이 아닌가 한다.

진보파는 민족이 아니라 서민, 노동자, 비정규직과 같은 계급을 대표해야
한다. 진보파는 민족을 대표해서도 안 되고, 다른 민족과 대결해서도 안 된다.
한국의 진보에게 국제주의적 전통이 없기 때문에 나타난 현상인 것 같다. 이
런 것은 한국 현대사, 한국적 문화의 산물이므로 진보가 이로부터 완전히 자
유롭기는 어려울 것이다. 그렇다 해도 진보라면, 민족주의 정서를 부추기거나
편승해서는 안 된다. 복수는 복수를 불러오고, 민족주의는 민족주의를 불러온

다. 비합리적 감정의 분출은 상대를 파괴하기에 앞서 자기 자신을 먼저 파멸시킨다는 사실을 알아야 한다.

그런데 진보파들이 오히려 민족주의적 열정을 주도하는 느낌이 있다. 민족 문제의 편협성에서 어느 정도 자유로운 진보 지식인들조차 독도 문제에 관해서는 여지없이 민족 감정에 사로잡히고 만다. 독도 문제는 영토와 과거사가 결합되어 있다는 특성 때문일 것이다. 그러나 정말 과거사 문제이기도 한지 냉정하게 따져 보는 노력이 한국에는 없다. 과거사라는 인식은 한국의 영토였던 것을 일본이 한국을 식민지화하면서 빼앗았다는 것을 전제로 하는데 독도가 식민지 이전 한국의 영토였음을 누가 인정하고 존중했는지 의심스럽다.

독도 문제는 결코 진보적 의제가 아니다. 일본이 독도를 지배하고 있다면, 한국인이 빼앗긴 자로서 저항하고 분노할 수 있다. 그러나 독도는 한국이 실효적 지배를 하고 있다. 독도 문제에 관한 한 한국이 기득권자다. 진보파들이 나설 이유가 없다.

민주화 이후의 한국 정치를 해석하는 데 있어서 역시 꺼지지 않는 주제는 노무현 정부를 어떻게 볼 것인가에 있다고 생각한다. 노무현 정부의 실패 원인을 꼽으라면.

첫째, 노무현 대통령의 배신이다. 노 정권의 실패 원인은 여러 가지이지만, 노무현 정권을 탄생시킨 서민들이 품었던 열망을 배신한 것, 그의 실패는 이것으로부터 시작되었다. 대통령 노무현은 더 이상 서민들이 상상했던 노무현이 아니었다. 이런 배신은 지지 세력으로부터의 고립을 불러왔고, 고립된 그는 무기력 상태에 빠져들고 자포자기했다.

둘째, 관료와 삼성에 대한 의탁이다. 국가를 어떻게 장악하고 통제할 것인가에 대한 준비를 전혀 하지 못한 노무현 대통령은 새 정권을 어떻게 길들일지 잘 준비된 관료와 삼성의 포로가 되어 갔다. 노 대통령은 관료와 삼성이 던지는 의제를 그대로 받아들임으로써 지배 엘리트의 대통령으로 자기 존재를 새롭게 구성했다.

셋째, 분열의 정치를 했다. 대통령은 서민들의 열정을 불러일으키는 의제를 통해 자기 주변에 지지 세력을 결집시키고, 전 시민적 동의를 이끌어 냄으로써 반대 세력을 고립시키는 전략을 구사했어야 했다. 그러나 그는 그 반대로 했다. 노 대통령은 서민들의 열망을 담은 의제를 설정하지 못했고, 그 때문에 지지 세력이 이탈했음에도 불구하고, 아랑곳하지 않고 그들과의 대립도 마다하지 않았다. 그리고 지지 기반을 침식당한 상태에서도 반대 세력에 대한 자극적인 공세를 그치지 않았다. 그 결과, 지지 세력의 결집 대신 반대 세력이 결집하고, 분열은 확대되는 최악의 상황이 나타났다. 그러나 이런 상황은 그를 위축시키기보다 그의 도전 의지를 돋웠고 결국, 국가 지도자가 아닌, 분열과 분란의 주도자가 되었다.

넷째, 자기 권위를 해체했다. 대통령의 권위는 국정의 성공을 위해 활용할 수 있는 좋은 자원이다. 그러나 그는 우선순위에 혼란을 일으켜 권위의 해체를 우선시했다. 그것도 자기 파괴적인 방식으로 전개했다. 그 결과, 대통령으로서 설득하는 힘도 약화되고, 대통령에 대한 신뢰 구축의 기회도 잃었다. 이런 상황은 다시 노 대통령으로 하여금 설득과 타협은 매력 없는 불필요한 비용이라고 인식하게 만들었고, 그로 인해 대결 유혹에 빠졌다. 이같이 정쟁을 주도하는 정치인 노무현이라는 이미지로는 할 수 있는 일이 별로 없다는 것은 당연한 귀결이다.

다섯째, 비현실적인 거대 구상에 빠졌다. 현실에서 실패가 반복되어 성공한 대통령이 될 가능성이 낮아졌기 때문인지, 점차 미래 구상으로 빠져들었다. 그는 실패한 대통령이란 평가를 변명할 수 있는 거대 프로젝트에 매달렸다. 그러나 신뢰와 지지를 잃은 대통령의 비현실적 제안과 구상은 그의 실패의 크기만 키웠을 뿐이다.

> 노 대통령은 '대통령직 못해 먹겠다'는 발언으로 시작해 '대연정 제안'과 '원 포인트 개헌 제안' '한미 FTA' 등은 역대 대통령에게서 보기 어려운 방식의 통치를 했다. 통치자로서 노무현 스타일이 갖는 특징은 무엇인가.

노 대통령의 돌출 발언과 잇단 충격적 제안은 그를 과거 대통령과 구별할 수 있는 요소다. 그는 함부로 발언하고 제안했다가 철회하기를 반복했다. 그 어떤 대통령도 자기의 사적 감정과 의사를 이렇게 자유롭게 표출한 적이 없었다는 점에서 그는 새로운 유형의 대통령임이 분명하다. 최고 지도자로서 어울리지 않는 것이었지만, 그는 지나칠 정도로 자기감정에 충실했다. 그러나 그는 그런 자신을 자랑스러워했으며, 그것을 진정성의 표현이라고 생각했다.

노무현 정부 5년을 이해하는 데 중요한 키워드의 하나가 바로 이 진정성이다. 그는 자기 정부 앞에 닥친 절실한 문제가 무엇이며 그것을 어떻게 해결했는가라는 국정 수행 능력에 의해서가 아니라, 그런 문제에 대한 대통령의 의도가 순수했는가, 불순했는가의 도덕적 준거로 평가 받기를 원했다. 그런 진정성에 대한 집착은 어떤 정책이 우선순위에 있는가 없는가, 현실적인가 비현실적인가, 과정과 절차는 정당하고 합리적인가, 성과는 있었는가 없었는가를 무시하는 것으로 귀결되었다.

대통령직 못해 먹겠다는 발언도 그런 맥락에서 나왔다고 보아야 할 것 같다. 대통령의 고충을 진심으로 털어놓는 것이야 말로 진정성의 표현이라고 인식하지 않았으면 할 수 없는 발언이었기 때문이다. 대통령직 못해 먹겠다는 발언에서 드러나는 대통령직 포기 의사는 대연정 및 개헌 제안, 갑작스런 한미 자유무역협정(FTA) 추진이라는 과도한 대통령 권력 행사와 서로 충돌하는 것처럼 보인다. 그러나 두 가지의 태도는 동전의 양면이다. 현상은 다르지만, 본질은 같다. 대통령은 순수한 의도라면 현실적 조건과 상관없이, 아니 현실적 한계를 뛰어넘어 거리낌 없이 추진해도 된다고 생각했기 때문이다.

말하자면, 진정성은 대통령직을 버릴 수도 있다는 대통령의 순수한 의도를 의심해서는 안 된다는 자기 방어의 표현이자, 시민적 동의 없이도 비현실적인 구상이나 제안도 가능하고 대통령이 하고 싶은 것을 밀어붙일 수 있다는 권력 남용의 논리이자 위험한 자기 정당화의 언어다. 노 대통령의 대담한 구상과 비현실적인 제안, 반대에도 불구하고 정책을 강행하는 태도들은 자기가 처한 현실에서 탈피하려는 욕망의 결과이기도 하다. 좌절할수록, 지지율이 떨어질 수록, 일하는 여건이 악화될수록 더욱 도전 의욕을 불태우며 잇따른 충격 요법을 반복한 것을 그것 말고는 설명하기 어렵다.

이런 노 대통령의 통치 스타일은 또한 정치적·시민적 통제로부터 자율적인 대통령 제도의 문제를 제기한다는 점에서 교훈적이라고 할 수 있다. 대통령이라는 막강한 권력에 대한 견제와 감시가 제대로 작동하지 않으면 얼마나 위험해지는지를 분명히 드러냈기 때문이다. 또한 대통령의 개성에 크게 좌우되는 대통령제의 한계를 보완하지 않으면 민주주의가 위기에 처할 수도 있다는 경각심도 일깨워 주었다.

> 노무현 이후 야당에서 제대로 된 후보 대안이 만들어지지 못한 이유는 뭐라고 생각해야 하나.

노무현 정권의 몰락은 생각보다 심각한 결과를 낳았다. 단지 하나의 정권이 실패한 것에 그치지 않았다. 노무현 정권은 진보와 개혁의 수사를 즐겨 동원했고, 이로 인해 노무현 정권은 보수 세력으로부터 좌파라는 공격을 받았다. 이는 사실 여부와 상관없이 노 정권이 범진보 진영을 대표하는 것으로 인식되는 효과를 낳았고 이런 인식상의 오류로 인해 노 정권의 실정은 진보 개혁 진영 전체가 책임져야 할 일이 되었다. 이명박 정권에서 이 대통령에 대한 실망에도 불구하고 민주당은 물론 민주노동당, 진보신당 모두 낮은 지지에 머무는 것은 바로 그 때문이다.

야당에서 야당을 구출할 생존자를 찾기 어려운 또 다른 이유는 노 대통령

277

의 통치 방식에서 찾을 수 있다. 노 대통령은 열린우리당을 정부로 흡수했다. 당의 주요 지도자를 내각의 장관으로 영입한 것이다. 당연한 결과이지만, 정부에 참여한 이들은 노무현 정권의 실패에 대한 공동 책임론에서 벗어날 수 없다. 야당의 대안적 후보군이 보존될 수 없는 통치 구조였다고 할 수 있다. 노 대통령이 당내 비판 그룹의 존재를 허용하지 않은 결과이다. 노 대통령에 대한 견제가 필요했지만, 당내에는 의미 있는 비판 그룹이 활동한 기록이 없다. 만일 비판 그룹이 존재했었다면 대안적 야당 지도자가 등장할 가능성은 열렸을 것이다.

> 민주당에 대한 시민의 평가가 매우 부정적이다. 촛불 집회에도 불구하고 여당에 비해 절반도 안 된다. 야당의 역할은 필요 없게 된 것인가.

이명박 정권에 대한 실망이 아무리 높아도 한나라당 지지율이 야당인 민주당의 지지율보다 훨씬 높은 현상이 무엇을 의미하는지는 분명하다. 시민들이 민주당을 이명박 정권의 대안으로 인정하지 않고 있는 것이다. 민주당의 존재에 대한 부정이자, 민주당의 역할에 대한 불신의 표시라고 할 수 있다.

그러나 민주당에 대한 부정이 곧 야당이 필요 없다는 뜻은 아니다. 야당은 매우 중요하다. 특히 한 정권이 국회의 절대다수 의석을 차지하고 있고, 그 정권이 시민들의 지지를 받지 못하고 있는 경우라면 더욱 그렇다. 그런 상황이 아니더라도 야당에 의한 견제와 균형은 민주주의를 위해 필수적이다. 만일 야

278

당이 실질적 견제 기능을 하지 못하고, 야당이 별로 할 일이 없는 상태가 온다면 민주주의의 위기라 불러도 괜찮을 것이다. 이명박 정부 출범 1년 만에 그런 위기의 징후를 드러내고 있다.

야당은 그저 장식처럼 어딘가에 놓여져 있는 것으로 충분하지 않다. 권위주의 체제에도 야당은 있다. 야당이 있다는 사실만을 근거로 민주주의 체제라고 하지 않는 데는 이유가 있다. 야당은 집권 가능해야 하며, 그 가능성에 의해 집권 세력을 실질적으로 견제할 수 있어야 한다. 집권 세력이 견제 받지 않는다는 것은 곧 국정의 파탄, 권력 남용과 부패, 비리의 시한폭탄을 안고 있는 것과 마찬가지다. 시민 다수가 반대하는 정책도 일방적으로 밀어붙이고 있는 이명박 정부의 경우라면 더 말할 나위가 없다. 이명박 정부에서야 말로 야당의 역할이 절실하고 중요하다.

그러나 바로 그런 중요한 때에 야당 역할을 제대로 할 수 있는 정당이 없다. 이것은 야당의 불행일 뿐 아니라 이명박 정권의 불운이 될 것이다. 견제와 감시 메커니즘이 작동하지 않는 체제에서 이명박 정권은 어디에서 멈춰야 할지 모를 것이고, 결국은 벼랑 끝까지 내달릴 수도 있기 때문이다.

이렇게 야당의 역할이 어느 때보다 절실한 바로 이때 신뢰할 만한 야당이 없다는 사실, 이보다 더 시민들을 절망에 빠뜨리는 일은 없을 것이다. 시민들이 선택할 수 있는 야당이 없다는 사실 이것은 야당의 문제이자, 한국 정치의 문제이기도 하다.

시민의 기대에 부응하면서 한나라당과 경쟁할 수 있는, 제대로 된 미래 야당의 모습은 어떤 것인가.

야당이 소수당이기 때문에 한나라당과 경쟁할 수 없다고 생각해서는 안 된다. 이명박 정권에 실망하고 있는 다수를 지지 세력으로 결집할 수만 있다면, 소수당이라 해도 다수당 못지않은 힘을 가질 수 있다. 이 사회의 의제들이 모두 표결로만 결정되는 것은 아니다. 토론과 대화의 과정이 필요하며 이런 과정에서 다수의 지지를 받는 설득력 있는 논리와 정책이 있다면, 소수당이라는 사실은 큰 장애가 되지 않는다.

민주당은 소수당이라서가 아니라 미래가 없기 때문에 문제인 것이다. 미래가 없는 민주당을 반면교사로 삼으면 미래가 있는 야당의 모습도 그릴 수 있다.

첫째, 민주당은 애매한 중도 노선을 추구하고 있다. 여기에서 중도가 무엇과 무엇 사이의 중간이라는 뜻인지 불분명하다. 다만 추정할 수 있는 것은 노무현 정부를 좌파 정부로 보고, 좌파 개혁이 심판받았으니 그보다 우경화하는 쪽을 선택했을 것이라는 점이다. 노무현 정부와 이명박 정부의 중간을 민주당의 안전지대로 삼은 것 같다. 그러나 범진보 세력의 지지로 출범한 노무현 정권이 실패한 것은 급진적 개혁을 했기 때문이 아니라 관료들의 논리에 매몰돼 스스로 보수화하면서 국정 난맥을 초래하고 결국 개혁에도 실패함으로써 범개혁 세력이 등을 돌렸기 때문이다. 실용주의를 기치로 내건 이명박 대통령도 진보와 중도, 보수를 아우르는 폭넓은 지지를 기반으로 정권을 장악했다. 그러나 정부 출범 직후 잇단 실정으로 지지자의 이탈이 급증하자 보수 세력이라도 결집하기 위해 실용주의를 버리고 강경 우파 노선을 추구하고 있다. 노무현, 이명박 정권 모두 과격한 우경화로 진보와 중도의 지지를 잃었다는 점에서 공통점이 있다. 그러나 한나라당과 경쟁하는 야당이라면, 이렇게 노무현과 이명박 정권 사이의 비좁은 틈 사이에서 중도를 자처하며 숨을 것이 아니라, 진보와 개혁이 있는 중원으로 당당히 옮겨 가야 한다. 시민들이 보수화되었기 때문에 우경화해야 한다는 주장은 설득력이 없다. 그런 논리로는 촛불 집회를 설명할 수 없다. 이명박 정부의 야당이라면, 진보적 개혁주의 노선으로 전환, 분명한 자기 정체성을 되찾고 그에 합당한 비전과 정책을 제시해야 한다.

둘째, 민주당은 이명박 정권에 실망한 시민을 조직하지도 대표하지도 못하고 있다. 시민들은 민주당을, 자신을 대표할 수 있는 야당으로 인정하지 않고 있다는 것이다. 따라서 민주당이 여당과 대결한다고 목소리를 높여도 민주당에게 반사이익이 없다. 당을 대대적으로 혁신해서 새로운 정당으로 거듭났다는 사실이 명확하게 각인되지 않는 한 이명박 정권과 대결하고 있다는 사실만으로 시민들의 지지를 얻을 수 없다. 서민과, 추락 위기에 처한 중산층의 불만을 조직하고 변화에 대한 그들의 열정을 주체적으로 불러낼 수 있는 정당으로 바뀌는 게 우선 순서다.

셋째, 민주당은 민주화 운동 세력의 잔당이다. 민주당은 파탄 난 지난 10년 정권의 잔존 세력이 생존을 위해 재결집한 당이다. 무엇을 지향하기 위해 모인 미래 정당이 아닌 과거의 정당이다. 이런 정당이 전투에서 승리할 수 없다. 패배 의식과 콤플렉스에 젖은 노무현, 김대중 정권의 생존자 모임이 할 수 있는 것은 실망한 시민들을 한나라당 주위로 몰려가게 하는 것뿐이다. 잔당이

할 수 있는 일은 없다. 매일 거리의 정치에 나선다 한들 거리의 시민들이 환영하지 않는다. 그러나 기반도 허약해 집권당과 타협하고 양보할 처지도 못 된다. 장외투쟁에도 동력이 생기지 않고 장내 활동도 제대로 할 수 없는 이런 딜레마로는 아무것도 할 수 없다. 과거의 실패를 변명하고, 과거의 빚을 갚기 위해 허덕이는 정당이 아니라, 서민들의 꿈을 실현할 수 있도록 그들의 희망을 깨우는 새로운 야당으로 혁신되어야 한다. 민주당이 전면적인 쇄신을 통해 거듭날 수 없다면, 당 안팎에서 새로운 정당 운동이라도 전개해야 한다.

> 정치가 제 역할을 못하는 현실에서 지식인에게 큰 기대가 부여된 시절이 있었다. 하지만 그간 지식인에 대한 실망 역시 매우 심화되어 왔는데, 한국 지식인의 가장 큰 문제는 뭐라 보는지.

> 앎과 삶의 불일치다. 지식인들은 스스로 옳고 그른 것을 잘 판단할 줄 알고 있다고 생각한다. 그러나 그들이 안다는 것과 아는 것을 행하는 것은 다르다. 보통 시민들과 달리 더 많이 알 수 있는 능력과 위치에 있으면서도 아는 바대로 하지 않는 것, 이것이 한국 지식인의 본질이다. 권력, 돈, 명예를 위해서는 자신의 비판 정신을 기꺼이 포기할 의사가 있는 이들이 바로 지식인이다.

권력과 지식인의 관계는 한국 지식인의 한계를 잘 보여 준다. 일단 지식인은 권력과 관계를 맺으면, 자신의 비판적 이성이 어떻게 발휘될 것인지를 고민하지 않는다. 그 결과, 너무 쉽게 권력의 요구를 가장 선도적으로 따르는 권력의 도구로 변한다. 권력에 약한 존재, 그 이름은 바로 지식인이다.

지식인은 본래 자신의 말과 글에 구속되는 사람이다. 지식인은 자기 언행의 포로다. 자신의 말과 글에 책임을 져야 하는 존재다. 자신의 발언으로 사회적 영향력을 행사하고 존경과 명예라는 대가를 받을 수 있는 것도 바로 그런 구속의 대가다. 그런데 자신의 말과 글로부터 자유롭다면 더 이상 지식인이 아니다.

이들의 입바른 소리는 정치권력으로부터 약간의 수혜라도 받을 기회를 얻는 순간, 정치권력과의 사적 인연이 맺어지는 순간, 물거품처럼 사라지는, 세상에서 가장 가벼운 깃털에 불과하다. 그리고 권력, 명예의 분배를 기대하면서 낮에 진보, 밤엔 보수하는 이중성이 생활의 지혜로 평가받는 것, 일관성은 세상 물정 모르는 백면서생의 치기로 취급받는 것, 이것이 지식인의 문제다.

> 1부에 있는 권정생에 대한 헌사는 매우 인상적이다. 한국 사회에서 권정생은 어떤 의미라 보는가.

> 지배 질서에 맞서는 지식인들은 한국 사회에 넘쳐 난다. 그들 가운데 잠시 멋으로 그렇게 하는 이도 있고, 지식인은 그래야 한다는 의무감으로 그러는 이도 있고, 자신의 능력에 비해 대우를 받지 못하는 현실에 대한 불만으로 그러는 이도 있다. 그러나 권정생은 그럴 필요가 없는 사람이다. 그는 멋 낼 이유가 없고, 지식인 행세를 해야 한다는 압박감을 느낄 까닭도 없으며 사회적 대우를 바라지도 않는다. 그의 삶, 그의 철학, 그의 일은 타협 불가능

하다. 타협은 양보의 대가로 얻을 수 있다는 것을 전제로 하는데 그는 더 이상 내놓을 게 없는 분이다. 그는 이 지배 질서가 전복되는 것만을 원하고 있다. 그의 사상, 그의 생활, 그의 작업이 항상 일치했던 것도 그 때문일 것이다. 그는 구도자다.

자본주의, 미국 헤게모니, 전쟁, 생태 파괴를 반대하는 이들은 많지만, 그처럼 반자본주의로 자본주의에 맞서고 반미주의로 미국 헤게모니에 맞서고, 평화주의로 전쟁에 맞서고, 자립 생활로 생태 파괴에 맞서는 분은 많지 않다. 게다가 동화를 통해 그런 가치를 어린이들에게 가르치고 있다는 사실이 중요하다. 어릴 때부터 우리는 너무 빨리 기성 질서를 배운다. 그래서 어른이 되어서도 다른 세상을 상상하지 못한다. 어린이에게 다른 세상을 꿈꿀 수 있는 기회를 주는 거의 유일한 분이 아닐까 한다.

물론 우리 모두 그와 같을 수 없고, 그럴 필요도 없다. 그러나 획일적인 가치관의 우리 사회에 이런 분은 꼭 필요하다. 그만큼 소중한 존재다.

> 한국 정치의 중심 이슈 가운데 하나는 역시 북한 문제다. 하지만 늘 이 이슈는 쉽게 이데올로기화되어 합리적으로 논의되지 못했다. 주류 언론이나 보수적 학자들의 북한관에 대해 어떻게 평가하나.

보수 언론이나 보수학자들의 가장 큰 문제는 마치 자신이 미국이나 유럽에 살고 있는 것처럼 말한다는 사실이다. 미국이나 유럽은 북한의 잘못에 대해 따끔하게 할 말을 하고 필요하면 행동도 할 수 있다. 그것은 북한과 직접 맞닿아 있지 않아 북한과 직접 충돌하고 그로 인해 불안과 긴장을 느끼지 않기 때문에 가능한 것이다. 한국의 보수는 마치 북한과 등을 돌리고 살아도 아무 문제가 없는 것처럼 주장한다.

그러나 남한은 북한과 어떤 관계라도 상관없다고 무시하며 살 수 없다. 북한이 좋건 싫건, 북한과 대결하고 분쟁을 일삼으며 불편하고 불안하게 사는 것은 우리의 선택 사항에 없다. 보수 세력은 대결하면서도 살 각오를 해야 한다고 하는데, 배부른 소리다. 남북 화해와 협력이 축적되어 웬만한 갈등이 아니면 그 기조가 깨지지 않고 일정 수준 남북 관계가 발전해 있는 상태에서나 편하게 할 수 있는 주장이다. 지난 10년간 포용정책 덕분에 그런 말을 쉽게 할 수 있다는 점에서 그들 역시 포용정책의 수혜자라고 할 수 있다. 냉전 시대와 같은 남북 대결의 시대를 살고 있다면, 그런 말이 쉽게 나오지 않았을 것이기 때문이다. 이명박 대통령이 만일 냉전 시대에 집권했다면, 남한의 최우선 과제는 많은 비용을 감내하면서 대결 상태를 화해의 국면으로 전환하는 일이 되었을 것이고, 그를 위해 많은 비용을 감내해야 했을 것이다.

보수 세력은 북한 정권이 나쁜 정권이므로 그에 대한 대가를 치러야 한다는 당위론을 내세운다. 북한이 잘못하면 벌주고 잘하면 보상하면 된다고 한다. 그러나 북한이 대가를 치르게 하기 위해서는 북한의 보복 조치로 인해 초래될 불안을 남한이 감내할 준비가 되어 있어야 한다. 그런데 북한을 혼내 주기 위해 우리가 불안하게 살 각오를 해야 한다고 그들이 시민들을 설득할 수 있을까?

그리고 북한이 아니라 그 어떤 외국에 대해서도 대외 관계를 이런 원칙과 당위론에 따라 하는 나라는 없다. 단순하고도 순진한 발상이다. 그리고 북한에 항상 끌려 다닌다는 매우 오래된 주장도 있다. 그러나 그것은 북한의 최소한의 요구를 수용하면서 평화와 안정을 얻는 매우 합리적이고 이익을 남기는 정책이다. 북한에 끌려 다니지 않고, 이기는 것이 목적이라면 남한은 모든 자원을 동원해서 북한을 이길 수 있다. 그러나 우리 대북 정책의 목표는 남북 대결에서 승리하는 것이 아니라, 남북 간 화해와 평화, 그리고 공동 발전이다.

> **대체 북한은 우리에게 어떤 존재라고 봐야 할까.**

> 북한은 우리를 위협하는 존재다. 또한 우리의 연민을 불러일으키는 존재다. 우리의 도움을 받아야 하며 우리와 함께 살아야 할 이웃이자, 우리 자신이다. 대결 상태가 완전히 해소되지 않은 조건에서 북한은 적이기도 하고, 화해의 대상이기도 하며, 결국에는 하나가 되어야 할 우리의 일부이기도 하다. 이 가운데 어느 하나만을 북한의 실체라고 주장해서는 안 된다. 그 모두가 북한이다.

우리가 북한 문제를 논의할 때 잊지 말아야 하는 것은 우리는 북한과 떨어져 살 수 없는 운명이라는 점이다. 북한이 우리를 위협한다고, 북한이 싫다고 태평양으로 이사 갈 수도 없고, 미국으로 옮겨 살 수도 없다. 북한의 내부가 불안정한가 안정적인가, 북한이 대외적으로 호전적인가 협력적인가와 같이, 북한의 일거수일투족은 우리의 일상생활에 직접 영향을 미친다. 그들이 굶주리고 있다면 도울 준비를 해야 한다. 북한 내부의 사정이라 해도 냉정해질 수 없고, 남의 일일 수 없으며, 외면할 수 없다.

이런 북한이라는 존재의 복합성으로 인해 우리는 미국, 일본 혹은 중국처럼 북한을 대할 수 없고, 그래서도 안 된다. 미국인처럼, 미국의 시각으로 북한을 보는 것은 일종의 오리엔탈리즘이며 우리를 스스로 주체로 인식하지 못하는 노예의 사고를 드러내는 것이다.

> 북한을 전공하는 연구자로서, 북한의 반응을 분석하는 나름의 해석 틀이
> 있다면.

> 북한은 흔히 비합리적 행위자로 인식된다. 북한은 함부로, 불가
예측하게 움직인다고 믿는다. 그러나 북한은 체제의 생존이라는, 절체절명의
과제에 직면해 있다. 북한이 비합리적으로 행동할 여유가 없다. 누구도 자기
의 생명을 두고 도박을 하지는 않는다.

북한은 체제 유지를 위해 매우 정교하고 합리적인 행위를 하고 있다는 사
실을 인정해야 한다. 일견 외부인의 시각에서 비합리적으로 보이는 행동이 있
을 수 있지만, 그것은 외부의 시선에 불과하다. 북한은 함부로 자기의 논리와
주장을 바꾸고 뒤집기보다 비교적 일관된 원칙과 논리를 따랐다. 우리는 북한
의 감춰진 합리성이 무엇인지를 찾아내려는 노력을 더 해야 한다.

마지막으로, 정치 칼럼을 쓰면서 꼭 지키고자 하는 자세가 있다면.

차가워야 한다는 것이다. 자신과 이념, 가치, 정치적 견해가 같다고 편들기를 하거나 옹호하는 순간 신문과 정치를 모두 죽인다. 거리를 두고 냉정한 시선을 유지해야 한다. 그러나 차가운 것으로 끝나서는 안 된다. 그러면 냉소주의, 비관주의로 빠진다.

추구하고자 하는 것이 분명해야 하고 그것을 향한 뜨거운 열정을 갖고 있어야 한다. 사랑하지 않고는 비판할 수 없다는 생각을 해야 한다. 글 속에서 열정이 느껴지지 않으면 독자를 유혹할 수도 없고 감동을 줄 수도 없으며 설득할 수도 없다. 열정이 냉정을 녹여서도 안 되지만, 냉정이 열정을 꺼뜨려서도 안 된다. 냉정과 열정 모두가 필요하다.

288